イラストで見る 全単元・全時間の授業のすべて 外国語 中学校3年

大城 賢・巽 徹 編著

東洋館出版社

はじめに

新学習指導要領により、小学校では、これまでの外国語活動が高学年から中学年へ移行され、高学年では教科としての外国語（英語）が導入されました。これは、英語教育の枠組みが変更されたことを意味します。当然、中学校、高等学校も、その対応が求められます。戦後の英語教育の歴史を振り返ってみても、これほど大きな変化はありません。英語教育の大改革が始まったと言えます。

今回の学習指導要領は、目標や内容が小・中・高と一貫して示されています。全体を俯瞰しながら、それぞれの学校段階の教員が、それぞれの役割を果たす必要があります。小・中・高の連携もこれまで以上に求められます。

小・中・高に共通した改訂の第１のポイントは、国際基準を参考に、「話すこと」が「やり取り」と「発表」の２領域に分けられ、領域ごとの目標が４領域から５領域に変更されたことです。『中学校学習指導要領（平成29年告示）解説　外国語編』に指摘されているように、これまでの英語の授業では、「発表」形式の活動が強調されがちでした（p.83）。「やり取り」は言語習得の研究からも、その重要性が認められています。また、日常の言語生活においては「発表」の場面よりも「やり取り」の場面が圧倒的に多いものです。実際の場面で英語を使うことを重視した改訂と考えることができます。

第２のポイントは、外国語の目標が①「知識及び技能」、②「思考力、判断力、表現力等」、③「学びに向かう力、人間性等」に整理し直されたことです。この３つは「思考力、判断力、表現力等」を中心にしながら一体的に育成していくことが求められています。中でも「思考力、判断力、表現力等」が目標として掲げられたことは、単に「知識及び技能」の習得で終わるのではなく、目的や場面、状況に応じて、思考し、判断し、表現する能力の育成が求められていることを意味しています。さらに、「主体的に学習に取り組む態度」は単にコミュニケーションへの積極性について述べたものではなく、「知識及び技能」や「思考力、判断力、表現力等」を育成する過程で、学習の見通しを立てたり、振り返ったりしながら学習を進めることができる資質・能力の育成を求めています。

第３のポイントは、「言語活動」を充実させるということです。言語活動は目的や場面、状況に応じて自分の気持ちや考えを伝え合う活動です。そして、前述した①～③の目標は、説明や練習を中心に指導するのではなく、「言語活動を通して」指導することが求められています。これは、学習（文法や語彙など）を個別に扱うのではなく、英語を使うことを通して指導することを意味しており、私たちに指導観の変更を迫るものです。

最後に、中学校から小学校へ移行された指導事項や、逆に高等学校から中学校へ移行されたものもあります。小学校で学習したことを繰り返し扱いながら、高等学校から移された内容も扱うことになります。当然、中学校は負担が大きくなることが予想されます。

そのような中、教科書を使って新学習指導要領に対応した授業をどのように創っていけばよいかを示したのが本書です。扱う教科書はNew Horizon（東京書籍）ですが、他の教科書を使っている先生方にも十分にご活用いただけるものと思います。

本書発行に当たり、コロナ禍の多忙な中、原稿をお寄せいただいた現場の先生方、また、各学年を担当された中村典生先生（第１学年）、鈴木渉先生（第２学年）、巽徹先生（第３学年）に感謝するとともに、本書が全国の先生方の外国語の授業づくりのお役に立つことを願っています。

令和４年３月吉日

大城　賢

本書活用のポイント

本書は、全単元の１時間ごとの授業づくりのポイント、学習活動の進め方と板書のイメージなどがひと目で分かるように構成されています。各項目における活用のポイントは以下の通りです。

本時の目標・準備する物

教科書の指導案に示されている目標を参考にしながらも、各執筆者が生徒の実態に応じて本単元で身に付けたい力を目標として設定しています。さらに本時で必要な教材・教具、ワークシート、掲示物等を記載しています。

本時の言語活動のポイント

毎時間、コミュニケーションを行う目的や場面、状況などを明確にした言語活動を行うことになります。ここでは、本時における中心となる言語活動をどのような意図をもって行うかについて述べています。単元のゴールにつなげるためにも、どのような内容を相手や他者に伝えたらよいか、そのことを伝えるために、単元で慣れ親しんだ、あるいは既習の語句や表現から何を取捨選択したらよいかや、話すことの順を入れ替えるなどの工夫を生徒が自分で考え、判断し、表現する場を設定する際のポイントを解説しています。

評価のポイント

本時の授業でどのような生徒の姿を見取り、評価していくかについて解説しています。「指導に生かす評価」を行うのか、「記録に残す評価」を行うのかを各領域に焦点を当てて詳述しています。

第2時

Scene

My Opinion

本時の目標

朝美のレポートを通して、世界の言語使用について自分で調べ、簡単な意見文を書くことができる。

準備する物

・ワークシート（３４用）
・デジタル教科書

【指導に生かす評価】

◎本時では、記録に残す評価は行わないが、意見文を作成するにあたり、中学１、２年生の既習事項の活用状況を観察し、必要に応じて随時指導していく。

本時で活用するワークシート

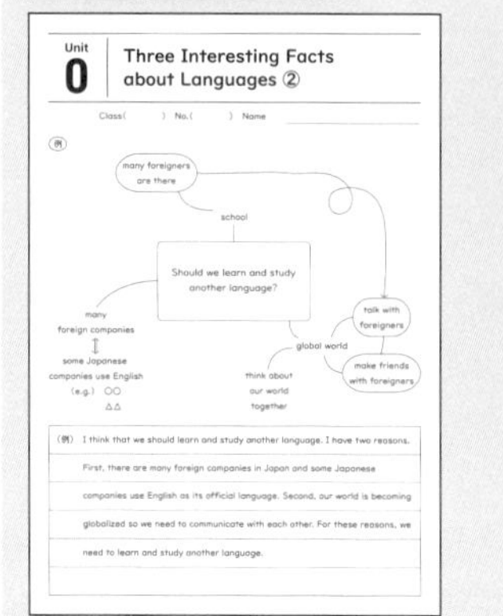
Unit 0 Three Interesting Facts about Languages ②

Class(　　) No.(　　) Name

（例） I think that we should learn and study another language. I have two reasons. First, there are many foreign companies in Japan and some Japanese companies use English as its official language. Second, our world is becoming globalized so we need to communicate with each other. For these reasons, we need to learn and study another language.

本時の展開 ▷▷▷

1 対話活動をする

題材を通して得た知識を基に、導入として、Why do we learn and study English? というテーマに向かって、対話活動を行う。多言語を学ぶことに対する賛否の意見を交流することで、単元の課題につなげていく。

2 Writing Time 1 考えを整理していく

教科書で読み取った事実と、自分で調べてきた情報に、自分の感想や考えを加えながらマッピングし、自分の考えを整理していく。意見を整理することが目的であるため、マップは完成しなくてもよい。

Unit 0／Three Interesting Facts about Languages
028

授業の流れ

本時の主な活動について、そのねらいや流れ、指導上の留意点をイラストとともに記しています。その活動のねらいを教師がしっかりと理解することで、言葉かけや板書の仕方、教材の使い方も変わってきます。この一連の活動で、自分の考えや気持ちを表現し、生徒同士でやり取りをするといった目指す姿が見えてきます。

※本書の編集に当たっては、令和３年発行の東京書籍の外国語教科書を中心に授業を構成しています。
各 Unit の時数を確認し、学習指導要領に即した指導事項や関連する言語活動を確かめてください。

3 Sharing Time

活動のポイント：話し手は、Are you with me so far? Do you have any questions so far? など、聞き手の理解を確かめながら対話を進める。

I think we should study another language, because there are many foreign companies.
I see. Do the companies use English?
Really? I want to know what languages are used.
Not only English. Many languages are used. .... Are you with me so far?
Yes, but I have a question.

生徒はマッピングシートを持ちながら意見交流をする。対話の相手に自分の意見がうまく伝わらない場合には、自分のマッピングを修正したり、仲間から得た情報を新たに加えたりしていく。

3 Sharing Time 互いの意見を交流し合う

自分のマッピングを基に、仲間と意見を交流する。相手の理解度を確かめたり、自分の意見をどのように英語で表現し伝えたらよいのか、ということを考えたりしながら対話をする。対話を通して得た新しい知識は自分のマッピングに追記し、意見文を書く際の参考にする。

4 Writing Time 2 簡単な意見文にまとめる

交流を通して得た仲間の意見や、足りない情報を付け加えながら、自分の意見を再構築していく。そして、「主張」→「まとめ（再主張）」等、読み手に伝わりやすい文章の構成に注意を払いながら７文程度の英文で意見をまとめる。

Unit 0 / Unit 1 / Unit 2 / Unit 3 / Stage Activity 1 / Unit 4 / Unit 5 / Stage Activity 2 / Unit 6 / Stage Activity 3

第2時
029

本時の中心となる活動・板書・ワークシート

本時の目標を達成するための中心となる活動を取り上げ、指導のポイントや流れをイラストとともに記しています。また、板書例は50分の流れがひと目で分かるように構成されています。ワークシートについては、赤字が生徒の記入例になっています。

特典ワークシート

本書で紹介するワークシートは東洋館出版社ホームページ内にある「マイページ」からダウンロードすることができます。配付用のワークシートと、生徒の記入例入りのワークシートを収録しています。何も記載されていないワークシートを実際の指導で活用ください。形式は PDF データになります。入手方法の手順は P.267を参照ください。

※本書内において、[ダウンロード]マークで示されているワークシートがダウンロードできます。

単元計画ページ

各単元の冒頭には、「単元の目標」「単元の評価規準」「単元計画」を記載したページがあります。上段右には、「指導のポイント」「評価のポイント」を記載しています。さらに、単元計画の枠下には、単元終了後に行う授業について記載しています。

イラストで見る全単元・全時間の授業のすべて

外国語 中学校 3 年

もくじ

外国語教育における
授業のポイント

中学校外国語
新学習指導要領のポイント

コミュニケーションを行う目的、場面、状況などを明確にした言語活動を！

1 中学校　外国語の改訂の概要

中学校外国語における改訂の概要は、以下の通りです。

(1)　４領域から「話すこと」が［やり取り］と［発表］に分けられ５領域となります。

(2)　外国語の目標において「知識及び技能」「思考力、判断力、表現力等」「学びに向かう力、人間性等」のように、育成を目指す資質・能力が整理し直されています。

(3)　「互いの考えや気持ちなどを外国語で伝え合う言語活動を通して」指導することが明記されています。

(4)　「授業は外国語で行うことが基本」と明記されています。

(5)　「大文字、小文字」及び「終止符、コンマ」は小学校へ移行されました。

(6)　３学年間で指導する語は、改訂前の1200語～1600語から、小学校で学習した600～700語に1600語～1800語程度の新語を加えた語数になります。

(7)　言語材料については、発達の段階に応じて、生徒が受容するものと発信するものとがあることに留意して指導することが示されています。

(8)　以下の文法項目が高等学校から移行されています。

・感嘆文のうち基本的なもの
・主語＋動詞＋間接目的語＋｛that で始まる文 /what で始まる文｝
・主語＋動詞＋目的語＋原型不定詞
・主語＋ be 動詞＋形容詞＋ that で始まる節
・現在完了進行形
・仮定法のうち基本的なもの

以上のことを十分に確認し、指導に当たることが必要となります。

2 「言語活動を通して」求められる資質・能力を育成する

(1)　言語活動とは

『中学校学習指導要領(平成29年告示)解説　外国語編』（以下、「学習指導要領解説」）では「言語活動は、『実際に英語を使用して互いの考えや気持ちを伝え合うなど』の活動を基本とする（p.85)」と記されています。従来は、言語材料についての理解や練習も言語活動と称していましたが、これからは、それらの活動は「言語活動」とは区別されることになります。それは、従来の「言語活動」が理解や練習だけで終わっていたことが多かったためです。言葉の本来の役割は「自分の考えや気持ち」を伝え合うことです。外国語といえども言葉に変わりはありません。したがって、互いの考えや気持ちを伝え合う活動を基本とする言語活動は、言葉の本来の役割を授業においても体験させることを意味します。

(2)　目的、場面、状況等を明確にした言語活動とは

従来の英語の授業では「目的や場面、状況等」を明確にしないまま、英語の文が導入されることが多くありました。例えば、You have money. の疑問文は Do you have money? ですが、この Do you have money? は「目的や場面、状況」によっては「(すみませんが）お金を貸してくれませんか」にもなりますし、強盗が暗やみで一人歩きの女性に言うときは「金を出せ」という意味になります（和

泉伸一；2014年の沖縄での講演で言及)。「目的や場面、状況等」が示されない限り、言葉は何のために発せられたのか分かりません。もちろん音声に出して発話する場合は「目的や場面、状況等」が示されないと、どのような調子で発話すればよいかも分かりません。

言葉を学ぶには、言語形式（文法、語彙等）や意味（言語形式で表される意味）のほかに言語機能（目的、場面、状況等によって決定される言葉の機能）を学ぶ必要があります。ですから、「目的や場面、状況等」を明確にして言葉を学ぶ必要があるのです。実際のコミュニケーションでは必ず「目的や場面、状況等」があります。今回の学習指導要領において「目的や場面、状況等を明確にした言語活動」が明示されたことによって、授業は実際に英語を使うことを想定したものに変更することが求められていると考えることができます。

⑶ 「言語活動を通して」指導するとは

従前の学習指導要領は、目標や内容を示すことが中心となっていました。しかし、改訂された学習指導要領では、教師の指導法にも具体的に踏み込んでいます。「言語活動を通して」という記述もその１つです。これは、従来のように理解や練習を中心とするのではなく、言語活動（実際に自分の考えや気持ちを伝え合う）を通して指導することを求めています。「学習指導要領解説」には、以下のように記されています。

> 外国語学習においては、語彙や文法等の個別の知識がどれだけ身に付いたかに主眼が置かれるのではなく、児童生徒の学びの過程全体を通じて、知識・技能が、実際のコミュニケーションにおいて活用され、思考・判断・表現することを繰り返すことを通じて獲得され、学習内容の理解が深まるなど、資質・能力が相互に関係し合いながら育成されることが必要である。(p. 7)

ここでは、個別の知識がどれだけ身に付いたかに主眼が置かれるのではなく、言語活動を通して知識・技能を習得させていくことが大切であると示されています。従来の指導においては、十分に知識として理解し、練習を重ねた上で、実際に使ってみるという指導観があったように思います。筆者はそのような指導観を単線型の指導観と呼んでいます。「言語活動を通して学ぶ」ということは、「使いながら学ぶ、学びながら使う」という複線型の指導観に転換することを求めています（下図参照)。この指導観に立つことが学習指導要領の求めている指導法に沿うことになると筆者は考えています。

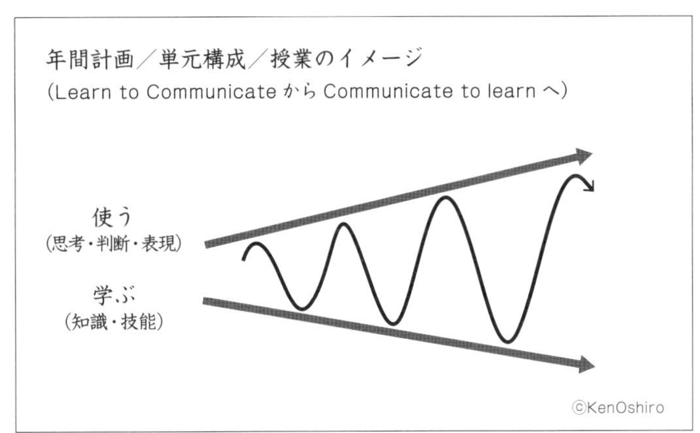

図　年間計画／単元構成／授業のイメージ

⑷ 「言語活動」の設定に際して留意すべきこと

「言語活動」の設定に際して留意すべき点を挙げます。１点目は「言語活動を通して」指導するといっても学習（理解や練習）が全く不要だということではないということです。レディネスが形成されていないと、「言語活動を通して」と言われても難しいものです。生徒の実態を把握しながら課題を設定することがポイントとなります。

２点目は、「間違いを恐れるな」という気持ちを生徒にもたせることは大切ですが、間違いが定着することは避けなければなりません。ですから図に示しているように、「使う」と「学ぶ（理解と練習）」を「行きつ戻りつ」しながら使う能力（思考力、判断力、表現力）を高め、学び（知識・技能）を深めていくことが大切です。

３点目は、「読む書く」の場合は別ですが、「聞く話す」においては即興的な対応力が求められます。ですから「授業は英語で行うことを基本とする」ということが求められるのです。授業を英語で行い、自分の考えや気持ちを伝え合う対話的な言語活動を行わない限り、即興的な能力を生徒に付けることは難しいものとなります。

４点目は、「言語活動」においては「既習表現」を繰り返し活用できるように指導計画を立てるということです。従来の授業は、「既習表現」が単元内や、よく言っても学年内に限定されていたことが多かったように思います。「学習指導要領解説」には、「小学校第３学年から第６学年までに扱った簡単な語句や基本的な表現などの学習内容を繰り返し指導し定着を図る」というように学校種を越えて「繰り返す」ことを記しています。これからは、「既習表現」をもっと広い範囲で捉えた上で、単元や学年を越えて、「既習表現」を繰り返し活用させるような手立てが必要です。

最後に、言語活動においては、伝えたいという気持ちを十分に育むことが大切です。伝えたいという気持ちがない限り、言語活動は成功しないどころか、成り立ちません。サヴィニョン（2009）は「私たちはコミュニケーションをしたいという気持ちと、コミュニケーションの経験があって初めて、文法を習得することができる」と述べています。伝えたいという気持ちを育むために、生徒の興味・関心のある話題を取り上げ、他教科等や学校行事とも関連させながら課題を設定し、対話的な言語活動を進めることが大切です。

3 主体的・対話的で深い学びによる授業改善

「学習指導要領解説」では、「主体的・対話的で深い学び」は１単位時間の授業の中で全てが実現されるものではないことを記し、以下のような視点に立って授業改善を進めることを求めています。

①主体的に学習に取り組めるよう学習の見通しを立てたり学習したことを振り返ったりして自身の学びや変容を自覚できる場面をどこに設定するか。
②対話によって自分の考えなどを広げたり深めたりする場面をどこに設定するか。
③学びの深まりをつくりだすために、生徒が考える場面と教師が教える場面をどのように組み立てるか。（P.83（数字は筆者による））

①は単にコミュニケーションの積極性を述べたものではありません。見通しをもって粘り強く取り組み、自らの学習を調整する力を育成することが求められます。②は生徒同士の対話をはじめ、あらゆる人や書物等の考えを手掛かりに自らの考えを広げることができる力の育成を求めています。授業の場面ではペアやグループ学習等も効果的な活動となります。③は習得・活用・探究という学びの過程の中で、各教科等の特質に応じた「見方・考え方」を働かせながら知識を相互に関連付けたり、情報を精査して考えを形成したり、問題を見いだして解決策を考えたり、思いや考えを創造したりすることです。

筆者はこの３つの能力を育むためには、外国語の特質に鑑みて「言語活動を通して学ぶ」ということを基本にすることが大切だと考えています。つまり、対話が他教科等のように日本語でなされてはあまり意味がありません。英語の対話を通して「対話的な学び」が起こるように仕組むことが大切です。また、「主体的な学び」は、英語で自分の考えや気持ちを伝え合うからこそ、英語特有の「見方・考え方」を働かせ、解決策を考え、思いや考えを創造することができます。そして、実際に英語を使っていく中で、気付きが起こり「深い学び」につながると考えています。

4 学習評価のポイント

⑴ 外国語における評価の観点

学習指導要領が改訂され、目標や内容が再構成されたことに伴い、当然評価もそれに合わせて変わることになります。従前の評価は、①コミュニケーションへの関心・意欲・態度、②表現の能力、③理解の能力、④言語や文化についての知識・理解の４つの観点で構成されていました。これらの４つの観点は明確に区別することができました。

今回は、①知識・技能、②思考・判断・表現、③主体的に学習に取り組む態度の３観点で評価します。それらの３つは一体的に指導し育成されることになっています。先ほどの言語活動の項で述べたように、従来の指導は単線型とも言えるものでした。つまり指導においても「言語や文化についての知識・理解」の部分、「表現（話す書く）・理解（聞く読む）の能力」の部分、そして、「コミュニケーションへの関心・意欲・態度」というように、どちらかというと指導においても区別することができました。ですから、それぞれの指導に合わせて評価も比較的容易に区別することができました。ところが今回は３つの観点を一体的に指導していきます。言い換えると言語活動を通して３つの資質・能力を育成することになります。図でも示したように、授業は「知識・技能」と「思考・判断・表現」の部分が「行きつ戻りつ」しながら、指導は連続的に行われることになります。したがって、それぞれの領域を明確に区別することが難しくなります。

さらに、今回の学習指導要領では５領域と３観点の目標が別々に示されています。ということは、５領域と３観点のマトリックスを作成し、評価データを集める必要があります。例えば「聞く」領域においては、「知識・技能」「思考・判断・表現」「主体的に学習に取り組む態度」の３観点に分けて評価する必要があります。つまり、合計「５領域×３観点＝15スロット」の評価データを集めることになります。

これらの評価を行うには、学期末や学年末に一気にやることなど不可能です。年間計画を作成する際に、しっかりと評価計画を立て、満遍なく評価データを集める必要があります。

⑵ 評価を行う際の留意点

⑴に述べたことは評価規準（のりじゅん）のことです。実際に評価を行う際は、評価規準ごとに、a、b、c の段階を決める評価基準（もとじゅん）を作成しなければなりません。同じ学校で複数の教師が授業を担当している場合は、担当者同士で評価基準を共有しておく必要があります。そうでないとクラス間でばらつきが起こり、生徒は不公平感をもつことになります。また、評価基準は生徒と共有し、生徒も自らの学習に役立てることができるようにすることが大切です。当然、指導者も自らの授業改善に役立てることが大切です。

（大城　賢）

【引用文献】

・サンドラ・サヴィニョン［著］（草野ハベル清子／佐藤一嘉／田中春美［訳］）『コミュニケーション能力』、法政大学出版局、2009

第３学年における指導のポイント

「内容理解」「音読」「リテリング」そして「自己表現」へ！

1 本書をご活用いただく先生方へ―第３学年における指導内容―

本書の執筆にあたっては、それぞれの執筆者がこれまでの英語指導経験、指導のアイディアをもとに協力して全時間の指導内容を提供しました。「聞くこと」「読むこと」における教科書で扱われる題材やその文章の「理解」の面では、内容の大まかな理解から詳細な理解へ向かうような設問や課題の設定を心がけた指導過程を提案しています。また、「話すこと［やり取り］」「話すこと［発表］」「書くこと」においては、言語材料の理解に基づいた「表現」の活動で、新出の言語材料や語彙に加えて、既習表現も繰り返し用いながら生徒自身の気持ちや考えを伝え合う活動に慣れていけるような指導計画を立てています。

本書を手に取って明日からの授業をお考えになる際には、まず、各単元の指導計画全体を見通し、どのようなアプローチで単元終末の活動にたどり着こうとしているのかを理解していただき、その上でユニット内の各セクションの授業内容を見ていただくことが良い授業づくりにつながると考えています。

2 各領域のポイント

(1) 聞くこと

外国語の学習において、豊富なインプットに触れることが重要であることは誰しも疑う余地のない考えであると思います。母語の習得においても通常「聞くこと」→「話すこと」→「読むこと」→「書くこと」の順で習得されていくように、外国語の習得も例外ではありません。発話されたことばをたっぷり「聞くこと」によって、少しずつその言語の音声や意味を理解し、徐々に自分でも口に出して発話ができるようになっていく道筋をたどっていきます。「聞くこと」が「５つの領域の中で基盤となる領域」（小学校学習指導要領）であると重視されている理由が理解できると思います。

中学校での「聞くこと」においては、以下の３点が目標として設定されています。

①必要な情報や考えなどを聞き取ることができるようにすること
②話の概要を捉えることができるようにすること
③短い説明の要点を捉えることができるようにすること

「必要な情報や考えなどを聞き取る」とは、「目的や場面、状況などに応じて何を聞き取らなければならないか、あるいは読み取らなければならないのかを判断し、聞いたり読んだりして理解した情報を整理したり、吟味したり、既にもっている知識と照らし合わせて関連付けたりして、必要な情報や考えなどを理解すること」と指導要領では説明されています。つまり、「話されることの全てを聞き取ろうとするのではなく、自分の置かれた状況などから判断して必要な情報を把握すること」が大切です。

本書で示した授業においては、「必要な情報や考え」を聞き取れるようにするため、聞き取るポイントを示したり、内容理解の確認のための設問を設けたりして聞かせるようにしています。その際には、単にリスニングテストを行うように聞かせるのではなく、教科書の内容を表すピクチャーカードなどを示して生徒と英語でやり取りをしたり、誰と誰の会話なのか、どのような場面や状況で話されている内容なのかなどの情報を合わせて提供したりすることで、何が「必要な情報や考え」であるかを聞き手自身が判断し能動的に聞く活動となるような指導の手順を提案しています。

「話の概要を捉える」ことについては、「一つの話題に沿って話されるある程度まとまりのある英語を聞き、全体としてどのような話のあらましになっているのかを捉えること」とされ、「必要な情報や考え」の聞き取りと同様に、「一語一語や一文一文の意味など特定の部分にのみとらわれたりすることなく」全体としての大まかな内容を理解することが大切となります。本書で示した授業においても「Scene」や「Read and Think」などの話題について、まとまりのある会話や説明を聞いて、各生徒が理解した話の内容をメモしたり、聞き取った内容を他の生徒と共有したりして概要の理解を深める活動が設けられています。

「短い説明の要点を捉える」とは、「ある程度の情報が含まれるまとまりのある内容を聞き取って、話し手が伝えようとする最も重要なことは何であるかを判断して捉えること」とされ、場面や状況の十分な把握から話し手が最も伝えたい内容は何かを理解することが求められます。本書では、「ティーチャー・トーク」や「Small Talk」の導入部分などで、まとまりのある発話を聞く機会を設け、要点を捉える聞き方が行われるような場面としています。教科書の題材に関連した話題や日常生活において生徒が興味を持ちそうな話題を選んで、教師や ALT がまとまりのある内容を話して伝えたり、生徒同士がそれらの話題についてやり取りを行ったりすることで、「聞くこと」ならびに「話すこと」の言語活動を充実させるような授業内容が組まれています。

「聞くことの」評価では、「知識・技能」の観点で目標とする言語材料の特徴やきまりを理解していること（知識)、また、言語材料の理解を基に、内容を聞き取る技能を身に付けていること（技能）を評価することになります。「思考・判断・表現」では、聞き取る「目的や場面、状況」に応じて、必要な情報・話の概要や要点を聞き取っていることを評価します。「主体的に学習に取り組む態度」では、必要な情報・話の概要や要点を聞き取ろうとしていることを評価することになります。つまり、「聞くことの」指導ならびに評価では、それぞれの指導・評価場面でどのような聞き方が求められるのか、指導者がしっかりと見極めた上で聞き取りのポイントや課題を提示し、その結果を把握することが大切になります。

本書で示した授業では、聞き取りのポイントや課題が示されたワークシート等が利用可能です。単元計画や各時間の授業案・板書計画に合わせて、ワークシートの内容も見ていただきながら授業の具体的なイメージを組み立てていただき、活動後はワークシートを回収し、生徒の聞き取った内容を把握し「指導に生かす評価」とすることができます。一方で、「聞くこと」の「記録に残す評価」場面は、本書ではそれほど多く設定されていません。それは、「聞くこと」の「記録に残す評価」は、単元や学習のまとまりごとに行われる「単元確認テスト」や「中間・期末テスト」の一部分として実施することを想定しているためです。

単元や学習のまとまりごとの評価においても、言語材料の理解やそれに基づいた聞き取りの技能のみの評価に偏ることなく、コミュニケーションの場面や状況が十分示された中で、必要な情報や話の概要・要点が聞き取れているかを評価できるような課題の設定を行うことが大切となります。

⑵ 読むこと

現行の中学校学習指導要領では、取り扱う語数が増加され、小学校で学習する600～700語に加え、「1600～1800語程度」の語となりました。旧版の教科書と比べ教科書本文の分量が増え、教材に含まれる情報量も増加しました。

「読むこと」の言語活動では、以下の３点が目標として設定されています。

①必要な情報や考えなどを読み取ることができるようにすること
②話の概要を捉えることができるようにすること

③短い説明の要点を捉えることができるようにすること

本書で示した「読むこと」の指導においては、読みに入る前の活動として「Pre-reading」、実際に読む活動として「In-reading」、読後に行う活動として「Post-reading」と、段階を追って「読むこと」の指導を進めていくこととしています。

「Pre-reading」では、「教材のテーマを提示し、学習者の興味や関心を高める。」「読むための目的を明確にし、積極的な読みを促す。」「語彙や文法項目などの言語材料で、難解なものがあれば理解を促す。」（大喜多 2007）などのことを行い、生徒が実際に英語の文章を読む際の動機づけや、内容理解や読みを深めるための手助けとなるような活動を行います。「In-reading」では、「テキストの修辞構造を理解させ、テキストの内容を正しく理解させること」（門田他 2010）を目的とした設問や課題を提供し、それらに取り組ませることで生徒が、筆者の意図や文や段落の組立を理解できるようにすることを目指しています。「Post-reading」では、「語彙や文法知識をさらに定着・内在化」させることを目指して「学習内容をスピーキングやライティングなど他の技能」（門田他 2010）に応用し、自己表現活動につなげるような指導のプロセスを組むことが大切です。

本書で示した授業では、「Pre-reading」として、教師のオーラル・イントロダクションを行い、題材のテーマやストーリーの概略を提示してから読ませたり、生徒とのやり取りを加えたオーラル・インタラクションなどを実施して題材の背景知識を得た上で文章を読ませたりするなどの工夫を行っています。また、読み取るポイントを事前に示し、その内容を予想した上で文章を読ませることなどは「Pre-reading」としては有効な手法であると考えます。「In-reading」の活動として、教科書では「Read and Think」のページに「Round １～３」の設問が設けられています。これらは、生徒に教科書本文を異なる視点で繰り返し読ませるための読み取り課題です。それぞれの Round では、内容の大まかな理解から詳細な理解へと、徐々に深い読みがなされるような設問となっています。本書で示したワークシートには、Round １～３を補う、さらなる読み取りポイントを示した設問が用意されています。「読むこと」においては文章を読み返すことが可能で、「聞くこと」に比べ、より詳細な内容を理解することが期待されます。生徒が教科書本文を繰り返し読み返す機会を設けることで、より深い内容理解を促すとともに、文章中に用いられている英語の表現に何度も触れことができるようになると考えています。「Post-reading」では、本文の内容を自分の言葉で言い直して伝える活動である「リテリング」や、読み取った内容から考えたことを他の生徒と伝え合う活動、自分の考えを書いてまとめる活動を行うなど、「読むこと」と「話すこと」「書くこと」の技能を統合した発展的な活動も設定しました。

評価においては、「聞くこと」と同様の観点について、文字を介した言語活動を通して生徒の到達度を判断することとなります。つまり、「読むこと」の指導ならびに評価では、読み物の特徴や内容に合わせて、それぞれの指導・評価場面でどのような読み方が求められるのか、指導者がしっかりと見極めた上で読み取りのポイントや課題を提示し、その結果を把握することが大切になります。本書では、「聞くこと」同様に、ワークシートや生徒の発言を基に、生徒の読み取った内容を把握し「指導に生かす評価」とする場面が多く設定されています。一方で、「読むこと」の「記録に残す評価」は、単元や学習のまとまりごとに行われる「単元確認テスト」や「中間・期末テスト」の一部分として実施することを想定しています。

単元や学習のまとまりごとの評価においては、その文章が、何のために、誰に向けて書かれたものであるのか、「目的や場面、状況」が設定された中で「読むこと」が行われるような課題を準備し、文章の種類や特徴に合わせて、必要な情報や話の概要・要点が読み取れているかを評価することが大切となります。

(3) 話すこと［やり取り］・［発表］

現行の指導要領では、「話すこと」の領域は、「話すこと［やり取り］」と「話すこと［発表］」に分けて示されています。このことは、「話すこと」を聞き手に対して一方向で話す「発表」に限定せず、「互いの考えや気持ちなどを伝え合う対話的な言語活動」の重要性を強調したものと考えられます。日常生活においても「話すこと」と言えば、話し手と聞き手が双方向で行うコミュニケーションの機会が多いことからも「やり取り」が重視されることが理解できます。

「話すこと［やり取り］」「話すこと［発表］」の言語活動では、それぞれ、以下の３点が目標として設定されています。

「話すこと［やり取り］」

①関心のある事柄について、即興で伝え合うことができるようにすること
②日常的な話題について、事実や自分の考え、気持ちなどを整理して伝えたり、相手からの質問に答えたりすることができるようにすること
③社会的な話題に関して聞いたり読んだりしたことについて、考えたことや感じたこと、その理由などを述べ合うことができるようにすること

「話すこと［発表］」

①即興で話すことができるようにすること
②事実や自分の考え、気持ちなどを整理して、まとまりのある内容を話すこと
③聞いたり読んだりしたことについて、考えたことや感じたこと、その理由などを話すことができるようにすること

「即興で伝え合う」また「即興で話す」というのは、「話すための原稿を事前に用意してその内容を覚えたり、練習したりするなどの準備をすることなく、相手と事実や意見、気持ちなどを伝え合ったり、スピーチをしたりすること」です。即興で話すためには、既習の知識や表現を適切に使って発話をすることが必要になります。日頃から、既習の語句や表現を意味のある場面で繰り返し継続的に使用し、不自然な間を開けることなくそれらを即座に使えるような状態にしておくことが大切です。本書で示した授業の多くでは、即興のやり取りを行う言語活動として、「Small Talk」を帯活動として、５～10分間程の時間で継続的に行うようにしています。「Small Talk」は、小学校高学年の外国語授業でも実施されており、「児童が興味・関心のある身近な話題について、自分自身の考えや気持ちを楽しみながら伝え合う中で、既習表現を繰り返し使用し、その定着を図るために行うもの」（文部科学省 2017）と説明されています。このような即興で自由に英語のやり取りを行う活動は、一度の授業や一度の活動で上手に行えるようになるものではありません。はじめは、会話が続かなかったり、何を話せばよいのか思いつかなかったり、言いたいことを表現する英語が出てこなかったりすることは珍しくありません。しかし、そこで生徒に英語を使わせることをあきらめては、「即興」による表現ができる力を育てることはできません。生徒のつまずきを学びの機会と捉えて、根気強く継続的に取り組むことが重要です。生徒の発話意欲が向上するような話題の設定を工夫したり、ときには、会話を継続させるために有用な表現などを集めて練習する機会をもったり、「言いたいけど言えなかった事柄」をどのように英語で表現できるかをクラスで考え共有したりするなど、「Small Talk」を育てていく手立てを考えながら、小さな進歩を認め合えるような学習の雰囲気を醸成しつつ取り組んでいくことが大切になります。

本書の授業においては、「Small Talk」の取組などを土台として、生徒が即興で行うスピーチなどの場面も設けています。たとえば、「Stage Activity １」では、部活動や委員会・係活動など、各生徒がこれまでの学校生活における諸活動を振り返り、自分の行ったことや経験について即興でスピーチを

行います。スピーチを行う際には、活動報告のメモ（マッピング）を作成し、それを参考にしながら発話ができるような支援の手立ても示してあります。また、スピーチ後の聞き手からの質問や発表へのアドバイスを基に、改善されたスピーチを再度行う機会を設定し、内容や使用する英語表現の向上を生徒自身が自覚できるような指導ステップを組んだ計画となっています。同様に、「Stage Activity 2」でも、「ALT の先生に日本の魅力を伝えるための日本文化を紹介」する内容の即興スピーチを行うことになっており、期間を開けてくり返し即興による発表に慣れていくような指導計画となっています。

「整理してまとまりのある内容を伝え合うこと」また「整理してまとまりのある内容を話すこと」では、「話し手として伝えたい内容や順序、聞き手に分かりやすい展開や構成などを考えたり、事実と考えを分けて整理したりするなど、話す内容を大まかな流れにしてコミュニケーションの見通しを立てること」が必要となります。本書で示す授業では、「整理してまとまりのある内容」を表現することを可能するために、メモやキーワードを頼りに話す活動が設定されています。たとえば、Unit 4 では、「自分のオススメの防災グッズを紹介しよう」という活動で、グッズの特徴を記したメモを基にペアで紹介し合う活動があります。活動を行う際のポイントとなるのは、紹介活動を一度で終わりにせず「くり返し」行うことです。聞き手を変えてくり返し紹介を行う中で、聞き手の反応や質問などから、聞き手が必要とする情報や説明で強調すべき点は何かということに生徒が気付いて説明内容を見直したり、表現に工夫を加えたりできるように指導することが大切となります。また、このような場面を捉えて、生徒の「聞き手に分かりやすくグッズの特徴をとらえて説明している姿」に注目し、「思考・判断・表現」の「記録に残す評価」を行うことになります。

「聞いたり読んだりしたことについて、考えたことや感じたこと、その理由などを述べ合ったり、話したりすること」は、複数の領域を統合した活動となります。教科書の文章を読んで、あるいは、まとまりのある内容を聞いて、それらを共通の話題として互いに考えや気持ちを述べ合ったり、聞き手に伝えたりする活動です。これらの活動では、まず、読み取った内容、聞き取った内容の理解が必要です。その上で、自らのこれまでの知識や経験に照らし合わせて新たな考えに至り、それを表現するという「理解」→「思考」→「表現」の過程をたどることになります。本書では、その過程にひと段階加え、理解した内容の概略や要点を英語で話して伝える「リテリング」の活動を含む単元を設けています（「理解」→「思考」→**「リテリング」**→「表現」)。「リテリング」は、聞いたり読んだりした内容について原稿を見ない状態で、そのストーリーの内容を知らない人に語る活動です。自らの考えや感じたこと、その理由などを述べるためには、まず、読みとったり聞き取ったりした内容を大まかに表現できることが前提となります。「リテリング」を行うことにより内容の共通理解が深まることになり、本文で述べられている内容を引用しながら概要を述べたり要約したりすることも可能で、自らの考えを述べる際に使える表現が広がることにもつながります。

評価においては、リテリングやその後の表現活動において、聞いたり読んだりして得た情報のうち、生徒がどの情報を取り上げるのか、また、話す上でどの表現を活用できるのかを見取り、コミュニケーションを行う目的や場面、状況に応じて考えたことや感じたことを、その理由などを加えて話している姿に注目し評価を行うことになります。

⑷ 書くこと

「書くこと」は、生徒にとってハードルが高く学習の成果に差がつきやすい領域であると考えられます。それは、「書くこと」では、綴りや語順、文法、語彙だけでなく、発想や情報整理、文章構成など多岐にわたり生徒自身が考えながら取り組む必要がある領域だからです。指導要領では「書くこと」の目標として、次の 3 点が示されています。

①関心のある事柄について、正確に書くことができるようにすること
②事実や自分の考え、気持ちなどを整理し、まとまりのある文章を書くことができるようにすること
③社会的な話題に関して聞いたり読んだりしたことについて、考えたことや感じたこと、その理由などを書くことができるようにすること

「話すこと」の目標にも示された②伝える内容を整理することや、③聞いたり読んだりした内容を基に自らの考えなどを表現することに加え、「書くこと」では、①正確に書くことが求められていることがわかります。正確に書くことができるようにするためには、まず、音声による発話ややり取りを通して表現の充実や内容の整理を行わせ、その段階を経た後に「書くこと」に取り組むことが重要です。本書の授業においては、口頭でやり取りした内容や発表した内容を書いてまとめる「話す」→「書く」の指導順を大切にしています。メモやマッピングを用いて即興で話した内容を、その後に文字で書き表すことにより、音声で伝えることができた内容をより正確な表現で表す機会とすることができます。「Let's Read 1」では、読み取った内容をペアで話して伝え合い、その内容を各自が書いてまとめる活動が設定されています。Unit 4の「オススメの防災グッズ紹介」やStage Activity 2の「日本文化紹介」の活動でも、口頭で説明した後に、その内容を書いてまとめるという指導の流れとなっています。また、Stage Activity 1の例のように、書き上げた文章を仲間と読み合って互いにアドバイスをし合い、より伝わりやすい活動報告書となるように、生徒同士で文章の修正を加えていく活動も紹介しています。また、生徒が英語の文章を書く上では、参考にする「手本」を示すことが有効です。教科書に示された例文やモデルとなる本文のパラグラフなどを示し、表現や文章構成を考える上での参考にして書くことができるような支援を行うことも重要です。

評価においては、ワークシートを回収し、生徒の書いた文章について、文構造や文法事項が正しく用いられているか、伝えたいことについての情報を正確に捉え、整理したり確認したりしながら書くことができているかに注目し「知識・技能」の評価を行うことになります。また、文章の構成を考え、一貫性のある文章となっているか、自らの考えなどについて、理由を明確にしながら述べているかという視点で「思考・判断・表現」の評価を「主体的に学習に取り組む態度」の評価とともに行い、記録に残すことになります。

以上のような本書の各単元のアイディアを参考にし、さらに、生徒の実態やご自分が目指す授業のイメージなどに照らし合わせ、時には異なる単元の様々なパーツを組み合わせて柔軟に各授業の計画をお考えいただけるとありがたいと思います。

（巽　徹）

【参考文献】

・文部科学省（2018）『小学校学習指導要領（平成29年告示）解説　外国語活動・外国語編』
・文部科学省（2018）『中学校学習指導要領（平成29年告示）解説　外国語編』
・大喜多喜夫（2007）『英語教員のための授業活動とその分析』昭和堂
・門田修平他（2010）『英語リーディング指導ハンドブック』
・文部科学省（2017）『小学校外国語活動・外国語研修ガイドブック』

言語活動のポイント

言語活動の充実を目指した「音読」の役割と指導の在り方

2 教科書表現をインテイクする Copy Reading

活動のポイント：教科書の有用表現を覚えて、リテリングに生かす。

〈Copy Reading の活動の手順〉

①教科書内の使えそうな表現に線を引く。

②じゃんけんする。

✌：read the textbook　✋：copy

③線を引いてあるところを練習する。（3分）

活動例）

✌：Haiku have been

✋：Haiku have…（教科書を見ないでくり返す）

✌：Haiku have been

✋：Haiku have been

✌：an important part

✋：an important part

✌：of Japanese culture　…

④発音があいまいなところを確認する。

（教科書の QR コードを読み取り、音声を確認する）

⑤同じペアで役割を交代して練習する。（3分）

✋：read the textbook　✌：copy

Haiku have been …
Haiku have been
ペアのリピートをする
教科書を読む

「目的を明確にした」音読の実施

多くの中学校授業で「音読」を行うシーンに出会います。しかし、時として何のために音読を行っているのか、理解に苦しむこともあります。儀式としての「音読」を避け、何をできるようにするための音読であるか、目的を明確にして行うことが大切です。また、音読する文章の吟味も大切です。

「音読の役割」を理解した授業づくり

「音読」は、言語材料について理解したり練習したりするための指導の一つで、言語活動を充実させるための活動です。生徒が、英語の音声と文字をつなげ、意味と表現をつなげたり、表現の構造理解を深めたりして、使える表現として取り組むことを可能にします。

本書で扱う音読活動

本書では、様々な音読方法を提案しています。生徒がくり返し音読に取り組むことで、表現を定着させ言語活動の中で自分の考えや気持ちを伝え合うために使用できるようにします。たとえば、全単語を把握するための「一語読み」、意味のかたまりを意識させる「チャンク・リーディング」、文の構造・意味・音声を考えながら読む「穴あきリーディング」、表現を取り込ませる「インテイク・リーディング」など、それぞれの音読方法のねらいと役割を考え、提示された単元以外でも活用いただけるものと考えます。

ワークシート
活用のポイント

長文理解からリテリング、さらに、自分の考えなどを書いて表現！

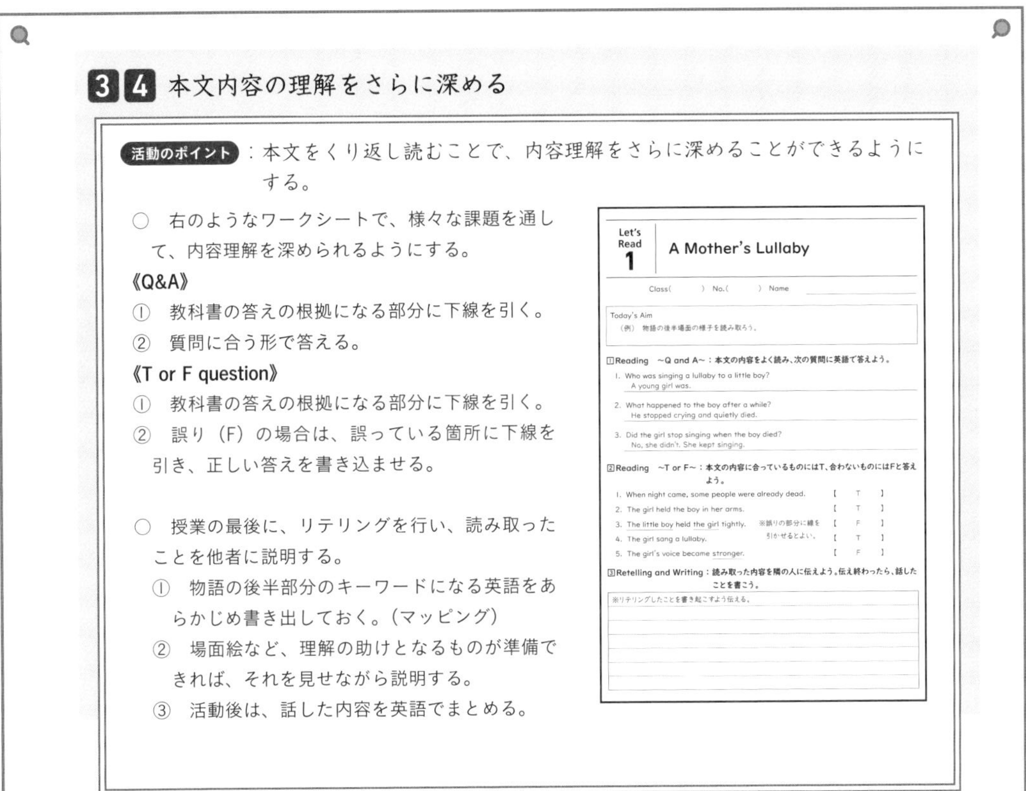

3 4 本文内容の理解をさらに深める

活動のポイント：本文をくり返し読むことで、内容理解をさらに深めることができるようにする。

○ 右のようなワークシートで、様々な課題を通して、内容理解を深められるようにする。

《Q&A》

① 教科書の答えの根拠になる部分に下線を引く。
② 質問に合う形で答える。

《T or F question》

① 教科書の答えの根拠になる部分に下線を引く。
② 誤り（F）の場合は、誤っている箇所に下線を引き、正しい答えを書き込ませる。

○ 授業の最後に、リテリングを行い、読み取ったことを他者に説明する。

① 物語の後半部分のキーワードになる英語をあらかじめ書き出しておく。（マッピング）
② 場面絵など、理解の助けとなるものが準備できれば、それを見せながら説明する。
③ 活動後は、話した内容を英語でまとめる。

Let's Read 1　A Mother's Lullaby

Class(　　) No.(　　) Name

Today's Aim
（例） 物語の後半場面の様子を読み取ろう。

①Reading ~Q and A~：本文の内容をよく読み、次の質問に英語で答えよう。

1. Who was singing a lullaby to a little boy?
A young girl was.
2. What happened to the boy after a while?
He stopped crying and quietly died.
3. Did the girl stop singing when the boy died?
No, she didn't. She kept singing.

②Reading ~T or F~：本文の内容に合っているものにはT、合わないものにはFと答えよう。

1. When night came, some people were already dead.　【 T 】
2. The girl held the boy in her arms.　【 T 】
3. The little boy held the girl tightly.　【 F 】
4. The girl sang a lullaby.　【 T 】
5. The girl's voice became stronger.　【 F 】

※誤りの部分に線を引かせるとよい。

③Retelling and Writing：読み取った内容を隣の人に伝えよう。伝え終わったら、話したことを書こう。

※リテリングしたことを書き起こすよう伝える。

文章量の増加に対応する「くり返し読み」

中学校で扱う語数の増加とともに、教科書本文の長さ、情報量が増加しています。読む量の増加に対応し、理解を深めるには、異なる視点でくり返し読むことが有効です。本書では、教科書で設定されている「Round 1～3」の設問に加え、更なる読み取りの視点を Q&A や T or F question などの形式でワークシートに設定しました。

読み取りからリテリングへ

内容理解の段階で学習が終了すると、用いられている表現への気付きに至らず、使える表現として定着できません。本書では、理解した内容を自分の言葉で他の人に英語で伝える「リテリング」の活動を多く設定しています。「リテリング」は、自己表現への「橋渡し」の活動と位置付けています。

ワークシート活用の留意事項

教科書の設問やワークシートの読み取りポイントを扱う際には、設問ごとに本文を読み返すように指導を行うことが効果的です。生徒が教科書の英文を異なる視点で、できるだけ多くの回数読み返す機会を提供することが大切になります。また、設問を解答する際には、文章中のどの部分を根拠にして答えたかをペアなどで共有し、本文理解をさらに深めることを目指します。「リテリング」は、本文の暗唱を行うことが目的ではなく、生徒自身が伝える内容や使用表現を考えながら相手に伝えることが大切であることを理解させます。

イラストで見る
全単元・全時間の授業のすべて
外国語　中学校３年

【中心領域】書くこと、読むこと

Three Interesting Facts about Languages （2時間）

単元の目標

世界の主要な言語について、クラスメートに向けたクイズ形式で書かれた朝美のレポートを読む活動を通して、世界では、どこでどんな言語が使用されているのかを読み取ったり、自分で調べたりしながら、朝美のレポートに対する自分の意見文を書くことができる。

単元の評価規準

知識・技能	思考・判断・表現	主体的に学習に取り組む態度
・受け身〈be 動詞＋過去分詞〉を用いた文の形・意味・用法を理解し、正しく活用して話したり書いたりすることができる。 ・ある程度まとまった文章を聞いたり読んだりする活動を通して、内容を正しく捉えたり、それに対する自分の意見を書いたりする技能を身に付けている。	・朝美のレポートに対する自分の意見文を書くという目的に向かって、レポートから必要な事実や情報を読み取っている。 ・朝美のレポートの事実に対して、自分で調べたり分析したりしたことを基に、簡単な語句や文を使って、自分の意見をまとめている。	・朝美のレポートに対する自分の意見文を書くという目的に向かって、レポートから必要な事実や情報を読み取ろうとしている。 ・朝美のレポートの事実に対して、自分で調べたり分析したりしたことを基に、簡単な語句や文を使って、自分の意見をまとめようとしている。

単元計画

第1時（導入→展開）	家庭学習
1．世界にはいくつの言語があるのだろう **①世界ではどこで、どんな言語が話されているのだろう。** 日本と Josh の出身国であるフィリピンの言語使用について比較しながら、世界には1つの国の中で多くの言語が使用されている国があることや、文化的・歴史的な背景があることに気付く。 **②対話活動** Do you think Japanese people need English? **③ Listening（Q&A）** 朝美のレポートを聞いて、ワークシートの Q&A に答えた後、Mini Activity の朝美と Josh の対話を聞いて、問いに答えることで、題材の概要をつかむ。 **④単元の課題を共有する** What do you think of the facts about languages? 「意見文を書こう」 **⑤ Reading（Q&A）** 朝美のレポートを読んで、世界の言語使用についての情報や事実を読み取る活動を通して、それらを伝えるための語彙や用法などを確認する。	**【調べ学習】** ○第1時4の「単元の課題」に関わって、生徒に家庭学習用ワークシートを配布する。 ・朝美のレポートの3つの「fact」から、興味のある事実を1つ選び、調べ学習をする。 （例）Should we learn another language? ・日本には、他言語を使う仕事がどのくらいあるのか（数・種類）。 ・日本の中学校では、主に英語を学んでいる。他言語をどこで学ぶことができるのか。 ・日本語以外を話すことができる日本人はどのくらいいるのか。 【方法】 インターネットや書籍 【まとめ方】 メモ、グラフ、マッピング　など ＊自分の意見文に反映しやすい方法を選ばせるとよい。

指導のポイント

世界で使用されている言語については、生徒は中学 2 年生 Unit 1 A Trip to Singapore において、シンガポールのお金で、多文化社会における多言語使用について学んでいる。また、登場人物の Josh の出身国であるフィリピンは、170以上の言語が混在する国である。このような既習事項や身近な登場人物を通して、生徒が興味・関心をもつことができるような内容を教師がプレゼンテーションなどで紹介することで、単元の導入をその後の活動に入りやすいものとしたい。

本題材はレポートである。そのため、比較級や最上級を使用しながら、具体的な数値を示して事実を述べた英文が多い。生徒は中学 2 年生 Unit 6 Research Your Topic において既にこのような文章に出合っている。そのため、本単元では、主に中学 2 年生の学習を復習しながら、自分で調べた事実をどの語彙・用法（比較級・最上級、受け身、前置詞 as など）を使って文章化すると、より読み手に伝わるのか、というところに指導のポイントを絞って単元を進めていけるとよい。

評価のポイント

教科書での Unit 0の位置付けは、中学 1 、 2 年生の復習である。そのため、新しいことを学ばせるという負担を生徒が負うような活動ではなく、朝美のレポートを読み、題材に対して理解を深める活動を通して、受け身の用法を確認したり、自分で調べた事実を基に、受け身や既習語彙・用法を活用しながら簡単な意見文を書いたりすることができるようにしたい。

記録に残す評価については、学校ごとに、生徒の実態に応じて行いたい。Unit 0を、中学 3 年生外国語科の導入として位置付けるのであれば、今回はじっくり生徒に寄り添い、安心して新しい学びに向かっていける土台づくりとして、生徒の学習状況を診断的に捉える場として活用していきたい。

第 2 時（展開→終末）

2．My Opinion

⑥対話活動

Why do we learn and study English?

⑦ Writing Time 1

教科書で読み取った事実と、自分で調べてきた情報に、感想や考えを加えながらマッピングし、思考を整理していく。
＊完成しなくてもよい。

⑧ Sharing Time

自分のマッピングを基に、課題について仲間と意見を交流する。聞き手の質問に答えたり、考えながら仲間に自分の意見を話したりすることで、自分の考えを整理していく。

⑨ Writing Time 2

交流を通して得た、仲間の意見や、足りない情報を取り入れながら、自分の意見を再構築する。

第1時

Scene

世界にはいくつの言語があるのだろう

本時の目標

世界の主要な言語についての朝美のレポートを聞いたり読んだりする活動を通して、世界の言語事情について理解を深めることができる。

準備する物

・ワークシート（3 4用）
・導入用プレゼンテーション
・デジタル教科書

【指導に生かす評価】

◎本時では、記録に残す評価は行わないが、ワークシートの Q&A には、知識・技能や思考力・判断力・表現力を問うものをバランスよく入れる。

ワークシート活用のポイント

〈Listening〉 1 2

教科書は開かずに、音声のみで行う。朝美のクイズ形式のレポートである点を活かし、クイズの答えとなる情報に着目して聞き取ることができるようにする。また、ワークシートに教科書の Mini Activity の解答欄を作り、連続した思考の流れが記載されていくようにする。

〈Reading〉 3

事実を読み取るだけでなく、図を用いながら、得た情報を整理して考えさせることができるような問いを作成する。また、英問英答の問題ばかりでなく、日本語で答える問題を用意するなど、様々なパターンでの内容理解を行わせたい。

本時の展開 ▷▷▷

1 世界では、どこでどんな言語が話されているのだろう

導入において、日本とシンガポール、Josh の出身国であるフィリピンの言語使用について比較しながら、世界には 1 つの国の中で多くの言語が使用されている国があることや、文化的・歴史的な背景があることに気付く。

2 対話活動をする

世界には、多言語社会が意外にも多いことに気付いた生徒に、“Do you think Japanese people need English?” と言語に関する問いを投げかけることで、単元に対する意識を高めたり、言語に関わる表現に慣れ親しんだりすることができるようにする。

3 Listening & Reading

1 朝美のレポートを聞いて、次の質問に答えよう。 Listening

(1) How many languages are there in the world?

A. 700　(B. 7,000)　C. 17,000　D. 70,000

(2) What is the most common first language?

A. Japanese　(B. Chinese)　C. English　D. Spanish

2 朝美と、朝美のレポートを読んだJoshの対話を聞いて、会話の内容に合っているものにはTを、合っていないものにはFを書きましょう。

(1) Josh thought Asami's report was interesting.　(T)

(2) The second most common language is English.　(F)

(3) Many people use Spanish in Josh's country now.　(F)

3 朝美のレポートを読んで、次の質問に答えましょう。 Reading

(1) (　　　　)に適切な数字を入れましょう。

(A)+(B)=7,000 languages【100%】

→ about (1,400) languages【 20 %】

(A)　(B) → about (5,600) languages【 80 %】

(2) 日本語はA／Bどちらの部類に入りますか。　【 A 】

(3) (1)の図からどんなことが分かりますか。

(例)　世界で使用されている言語のほとんどが10万人以下の話者で成り立っている。

3 ワークシートの 1 2 Listening (Q&A) をする

朝美のレポートや、Mini Activity の朝美と Josh の対話を聞いて、ワークシートの Q&A に答える。対話から必要な情報を聞き取ることで、言語に関わる知識を深め、レポートの概要をつかむ。また、題材の概要がつかめたところで、単元の課題を共有する。

4 ワークシートの 3 Reading (Q&A) をする

…are used by fewer than 10,000 people. のように受け身や比較を使いながら数字を示すと説得力があるな。

朝美のレポートを読んで、ワークシートの Q&A に答える。世界の言語使用における情報や事実を読み取る活動を通して、具体的な数字や、受け身、比較級や最上級の活用の仕方を学ぶ。読み取りの確認後、家庭学習の指示をする。

第2時

Scene

My Opinion

本時の目標

朝美のレポートを通して、世界の言語使用について自分で調べ、簡単な意見文を書くことができる。

準備する物

・ワークシート（3 4 用）
・デジタル教科書

【指導に生かす評価】
◎本時では、記録に残す評価は行わないが、意見文を作成するにあたり、中学1、2年生の既習事項の活用状況を観察し、必要に応じて随時指導していく。

本時で活用するワークシート

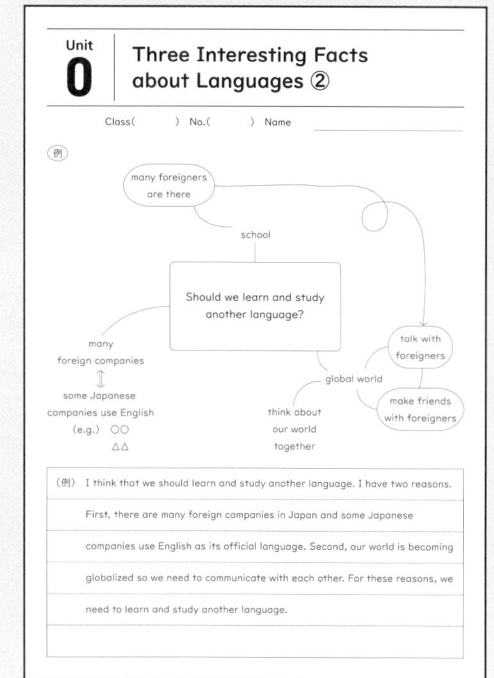
Unit 0 Three Interesting Facts about Languages ②

Class(　　) No.(　　) Name

(例)

(例) I think that we should learn and study another language. I have two reasons. First, there are many foreign companies in Japan and some Japanese companies use English as its official language. Second, our world is becoming globalized so we need to communicate with each other. For these reasons, we need to learn and study another language.

本時の展開 ▷▷▷

1 対話活動をする

題材を通して得た知識を基に、導入として、Why do we learn and study English? というテーマに向かって、対話活動を行う。多言語を学ぶことに対する賛否の意見を交流することで、単元の課題につなげていく。

2 Writing Time 1 考えを整理していく

教科書で読み取った事実と、自分で調べてきた情報に、自分の感想や考えを加えながらマッピングし、自分の考えを整理していく。意見を整理することが目的であるため、マップは完成しなくてもよい。

3 Sharing Time

活動のポイント：話し手は、Are you with me so far? Do you have any questions so far? など、聞き手の理解を確かめながら対話を進める。

I think we should study another language, because there are many foreign companies.
I see. Do the companies use English?
Really? I want to know what languages are used.
Not only English.
Many languages are used.
…………….
Are you with me so far?
Yes, but I have a question.

生徒はマッピングシートを持ちながら意見交流をする。対話の相手に自分の意見がうまく伝わらない場合には、自分のマッピングを修正したり、仲間から得た情報を新たに加えたりしていく。

3 Sharing Time 互いの意見を交流し合う

自分のマッピングを基に、仲間と意見を交流する。相手の理解度を確かめたり、自分の意見をどのように英語で表現し伝えたらよいのか、ということを考えたりしながら対話をする。対話を通して得た新しい知識は自分のマッピングに追記し、意見文を書く際の参考にする。

4 Writing Time 2 簡単な意見文にまとめる

I think that we should learn another language. I have two reasons.
First, there are many
….

交流を通して得た仲間の意見や、足りない情報を付け加えながら、自分の意見を再構築していく。そして、「主張」→「まとめ（再主張）」等、読み手に伝わりやすい文章の構成に注意を払いながら 7 文程度の英文で意見をまとめる。

Unit 1 【中心領域】書くこと

Sports for Everyone （12時間）

単元の目標

パラリンピックの選手の功績や彼らの思いに触れたり、障がい者スポーツを支える科学技術について理解を深めたりする活動を通して、Sports for Everyone の意味を自分なりに捉え、仲間と交流することで、「スポーツの力」に対する考えを深めることができる。

単元の評価規準

知識・技能	思考・判断・表現	主体的に学習に取り組む態度
・現在完了（経験用法）〈have＋過去分詞〉、make＋（代）名詞＋形容詞、SVOO（that 節）を用いた文の形・意味・用法を理解し、正しく活用している。 ・ある程度まとまった文章を聞いたり読んだりする活動を通して、内容を正しく捉えている。	・障がい者スポーツやその選手への理解を深めるために、朝美の発表や英字新聞を通して、必要な情報等を整理し、読み取っている。 ・Sports for Everyone の意味を題材を通して考え、簡単な語句や文を使って、自分の意見を書き、仲間と共有している。	・障がい者スポーツやその選手への理解を深めるために、朝美の発表や英字新聞を通して、必要な情報等を整理し、読み取ろうとしている。 ・Sports for Everyone の意味を題材を通して考え、簡単な語句や文を使って、自分の意見を書き、仲間と共有しようとしている。

単元計画

第1～3時（導入 / 場面の把握）	第4時～7時（展開① / 内容理解）
1．What does "Sports for Everyone" mean? ① オリンピックやパラリンピックについて交流したり、ピクトグラムクイズをしたりすることを通して、スポーツに対する意識を高め、タイトルに対する自分の考えを仲間と交流する。 **2．アンケートの内容を聞いて答えよう** ・Listening ①〈Preview & Scene ①〉では戸田先生のアンケートの内容を聞き取る活動を通して、内容を把握する。 ・自分の立場でアンケートに回答し、それを基に仲間と交流する。 **3．Josh と朝美の対話の内容を聞き取ろう** ・Listening ②〈Scene ②〉では Josh と朝美のパラリンピックについての対話の内容を聞き取る活動を通して、対話の内容を把握する。 ・Have you ever seen the Paralympic Games? というテーマで、競技や選手のことについて仲間と意見を共有する。	**4．朝美の発表の内容を読み取ろう①** ・Reading〈Read and Think ①〉では朝美の発表内容から、事実や情報を正しく読みとる。 ・発表内容を自分の言葉で説明する。 **5．朝美の発表の内容を読み取ろう②** ・Reading〈Read and Think ①〉では朝美の発表から、要点や概要を適切に捉える。 ・発表の内容に対する自分の考えを仲間に伝えたり書き表したりする。 **6．英字新聞の内容を読み取ろう①** ・Reading〈Read and Think ②〉では英字新聞の内容から、事実や情報を正しく読み取る。 ・新聞の内容を自分の言葉で説明する。 **7．英字新聞の内容を読み取ろう②** ・Reading〈Read and Think ②〉では英字新聞の内容から、要点や概要を適切に捉える。 ・記事から学んだことを仲間に伝えたり書き表したりする。

指導のポイント

導入において、オリンピックやパラリンピックの様々な様子を紹介しながら、“Why do the Olympics and Paralympics fascinate people?” と生徒に問う。生徒には、スポーツには選手だけでなく、観客や家族、コーチ、医者、技師など、多くの人々が関わっていることに気付かせたい。この題材のタイトルである Sports for Everyone の意味を最初に感じる瞬間である。この単元では、障がい者スポーツ選手や障がい者スポーツを支える科学技術に目を向け、題材を通して、タイトルの意味を考えることができるような単元にしたい。そのため、生徒には、単元の最初と最後に同じ問いを投げかけることで、一貫した学びができるようにし、題材を通して自己の考えや理解の深まりを感じられるようにしたい。また、活動における学びの必然性も大切にしていき、とりわけ音読活動では、何のために音読をするのか、活動の目的を明確にし、生徒が思考を働かせながら学ぶことができるようにする。

Unit 1では、単元末の Unit Activity のかわりに、第10時に終末の言語活動を行うこととした。

評価のポイント

内容理解（第５～７時）において、問いを理解し、解答する際に、Key Sentence や新出の熟語の使用が必然となるようなワークシートを作成する。そうすることで、生徒は題材を通して自然に、語彙・語法の活用場面の理解を深めることができ、教師もポイントを絞って指導することができる。

価値付けや修正の場として、コミュニケーション活動における全体（中間）交流の場を設定する。そこでは、①相手意識をもって（主体性）、目的や場面、状況に応じた（思考・判断・表現）対話の価値を共有、②文法や表現等（知識・技能）の修正を全体で確実に指導することができ、生徒は全体交流後の対話活動ですぐに生かすことができる。

第８時～９時（展開② / 音読）	第10～12時（終末）
8．２人の車いすテニス選手について説明しよう ・音読〈Read and Think ②〉では「２人の車いすテニス選手について説明できるようにしよう」という課題に向かって音読する。 【音読】 個人→音声チェック（ICT）→ペア→穴あきリーディング ・音読したことを基に、２人の車いすテニス選手について、仲間に伝える。 **9．Technology はどのようにスポーツを支えているのか説明しよう** ・音読〈Read and Think ②〉では「Technology はどのようにスポーツを支えているのか説明しよう」という課題に向かって音読する。 【音読】 個人→音声チェック（ICT）→ペア→穴あきリーディング ・音読したことを基に、スポーツを支える Technology について仲間に伝える。	**10. What does “Sports for Everyone” mean? ②** ・題材を通して学んだことや自分で得た情報、経験を基に、単元のタイトルについて仲間と意見を交流する。 記録に残す評価【書】 知・思・主 **11. 有名人への手紙・ファンレターを書こう〈Let’s Write 1〉** 気持ちを伝えるために、表現方法を工夫したり、ある程度まとまりのある文章の書き方を確かめたりしながら、有名人へのファンレターを書く。 記録に残す評価【書】 知・思 **12. それぞれの意見を聞こう〈Let’s Listen 1〉** 修学旅行の班行動の予定を立てるために必要な情報を聞き取り、誰の案がよいと思うか、自分の意見を述べる。

※ Unit 1では、単元内第11、12時にそれぞれ Let’s Write 1（１時間）、Let’s Listen 1（１時間）を行う。

第1時

単元表紙

What does "Sports for Everyone" mean? ①

本時の目標

人々を魅了するオリンピックやパラリンピックについて考えたり、単元の表紙を見たりしながら、タイトルについて考えることができる。

準備する物

・オリンピック、パラリンピックの様子が分かる資料（掲示用）
・スポーツピクトグラムクイズの資料

【指導に生かす評価】

◎本時では、記録に残す評価は行わないが、目標に向けて指導を行う。生徒の学習状況を記録に残さない活動や時間においても、教師が生徒の学習状況を確認する。

本時の言語活動のポイント

スポーツが好きかと問うと、興味の有無がはっきりしてしまうだろう。そこで、今回は2021年の東京オリンピックで注目を浴びたピクトグラムでクイズを出しながらの導入とした。また、オリンピックが人々を魅了するわけを考えることにより、単元のタイトルを身近に感じられるように工夫した。

この単元では生徒に、導入と終末に同じトピックを与える。これは、最後にトピックについて話すときに、自分の学びを実感できるようにするためである。よって、この第1時では、できる限り生徒に自由に自分の考えを発言させたい。そして、授業の最後に、「この単元を通して、タイトルの意味を考えていこう」と投げかけるようにする。

本時の展開 ▷▷▷

1 Why do the Olympics and Paralympics fascinate people?

スポーツピクトグラムクイズで生徒の興味を引き付ける。また、オリンピック・パラリンピック選手が活躍する様子や観客などの様子を生徒に見せ、なぜオリンピックやパラリンピックは人々を魅了するのかを交流する。

2 What does "Sports for

1 を通して、スポーツには選手だけでなく、観客や家族、コーチ、医者、技師など、多くの人々が関わっていることに気付いた上で、単元の表紙を見る。そして、「Everyone とはどういう意味か」と問いかけ、タイトルの意味についてペアで交流する。

3 What does “Sports for Everyone” mean?　ペア交流と全体交流

活動のポイント：生徒の意見交流の机間指導をしながら、教師はキーワードを板書していく。

交流中、生徒は英語で話したくても分からない言葉があると、つい日本語を使用してしまう。教師はあらかじめ生徒の対話内容をある程度予測して、キーワードとなる英語を準備しておいたり、適宜交流を止めて、“Any Questions?” と聞いたりして、難しい表現でも、既習事項で言い換えることができることを全体で共有する。さらに、“We support them.” などの生徒の発話に、助動詞の can や should を付け加えるよさを教師から提示することで、自分の気持ちを伝えるための表現に気付くことができるようにする。

Everyone” mean?

ペア交流中、教師は生徒の意見を聞きながら黒板に意見を位置付ける。教師は全体（中間）交流を適宜設ける。生徒の表現の仕方に対する疑問を全員で解決したり、板書を使って文法の修正や助動詞など、表現の活用の仕方を全体で共有したりする。

3 Writing Time 自分の意見をまとめる

自分の意見に加え、交流を通して学んだことや、自分の経験などを付け加えながら、タイトルについて自分の意見を整理し、ワークシートやノートに書く。本時は、教師はあえて文法等の指導は行わず、生徒に自由に書かせるようにしたい。

第2時

Preview, Scene ①

アンケートの内容を聞いて答えよう

本時の目標

戸田先生のアンケートの内容を聞き取る活動を通して、内容を把握することができる。

準備する物

・デジタル教科書（教材）または教科書のQR コード

【指導に生かす評価】

◎本時では、記録に残す評価は行わないが、目標に向けて指導を行う。生徒の学習状況を記録に残さない活動や時間においても、教師が生徒の学習状況を確認する。

本時の学習活動のポイント

ペアでの対話活動を行う。最初に“Which applies to you?”と互いに問いながら、パラリンピックスポーツを見た経験があるかを確認する。対話のポイントである現在完了形 経験用法について簡単にまとめたものを大型モニターなどに示すことで、生徒が用法を正しく理解しながら話すことができるようにする。

次に、“What Paralympic sports are you interested in?”と互いに問いながら、パラリンピックスポーツへの興味を共有する。パラリンピックスポーツに興味がなくても、大型モニターなどに映された画像を見比べながら、“If you choose one, what will you watch?”などと問いながら話を進めていくことができるようにする。

本時の展開 ▷▷▷

1 Communication Time トピックについて交流する

様々なスポーツの試合の様子などの画像を生徒に見せながら、生徒とインタラクティブなやり取りをすることで、トピックについて自然に思考が向いていくようにする。そして教師がトピックを示し、生徒は自由に自分の意見を仲間と交換する。

2 Listening 〜Preview〜 目的・場面・状況の把握

大型モニター（TV 画面）に教科書の挿絵を映し、朝美の試合を見に来た海斗と Meg の対話の内容を把握できるようにする。その際、「聞く」ことに集中させるために、内容に関わる他の画像を見せたり、単語の意味を教えたりすることはしないようにしたい。

4 Exchange opinions　アンケートに答え、意見交換をする

活動のポイント：Key Sentence の表現を自然に使えるように、大型モニター（TV 画面）にキーワードとなる表現を位置付けたり、パラスポーツにおける知識があまりない生徒のために、実際の画像を示したりすることで、対話活動をしやすくする。

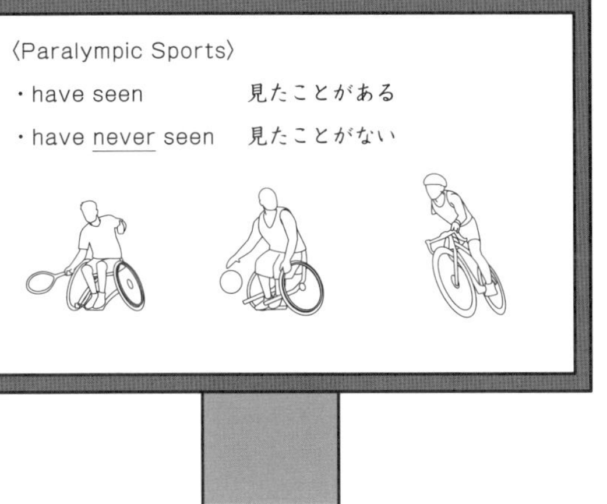

2つ目の問いに対して、パラリンピックスポーツに興味がない生徒にとっては、なかなか答えることが難しい。そのため、ピクトグラムだけでなく、実際のパラスポーツの画像を数枚用意しておき、中間交流において、“if you choose one, what will you watch?” や、“What sports do you want to try?” など、生徒が対話を続けられる表現を紹介する。

3 Listening ～Scene ①～ アンケートの内容を聞き取る

戸田先生のパラリンピックに関するアンケートに Josh が答えているという場面を共有した後、Scene ①の音声を流し、教科書上のアンケートを確認する。その際、「聞く」ことに集中させるために、Preview 同様、他の情報は与えないようにしたい。

4 Exchange opinions アンケートに答え、意見交換をする

生徒は戸田先生のアンケートの2つの質問に対して自分の意見をもち、仲間と意見交換をする。その際、生徒が対話しやすいように、大型モニターには、キーワードとなる表現や、2つ目の質問に出てきた実際のスポーツの画像を示しておく。

第3時

Scene ②

Joshと朝美の対話の内容を聞き取ろう

本時の目標

Josh と朝美のパラリンピックについての対話の内容を聞き取る活動を通して、対話の内容を把握することができる。

準備する物

・デジタル教科書（教材）または教科書のQR コード

【指導に生かす評価】

◎本時では、記録に残す評価は行わないが、目標に向けて指導を行う。生徒の学習状況を記録に残さない活動や時間においても、教師が生徒の学習状況を確認する。

本時の学習活動のポイント

ペアで対話活動を行う。最初に、教師が大型モニターなどにパラリンピック種目のピクトグラムを映し、パラリンピック種目クイズをしたり、選手の画像を映して功績を紹介したりすることで、生徒の問いに対する関心を高め、対話の内容を深めやすくする。

また、現在完了形経験用法の疑問文について簡単にまとめたものを大型モニターなどに示すことで、生徒が用法を正しく理解しながら話すことができるようにする。

本時の展開 ▷▷▷

1 Communication Time トピックについて交流する

Do you want to see
Paralympic sports?

生徒に、"What sport do you know?" と問う。出てきたスポーツの名前やそのスポーツに似ているパラスポーツの実際の画像を見せながら、生徒とインタラクティブなやり取りをした後、教師がトピックを示し、生徒は自由に自分の意見を仲間と交換する。

2 Listening ～Scene ②～ 対話の内容を聞き取る 1

大型モニター（TV 画面）に教科書の挿絵を映し、Josh と朝美がパラリンピックについて話しているという場面を共有した後、Scene ②の音声を流し、どんなことが聞こえたか全体で共有する。Scene ①同様、他の情報は与えないようにしたい。

4 Exchange opinions トピックについて意見交換をする

活動のポイント：Key Sentence の表現を自然に使えるように、大型モニター（TV 画面）にキーワードとなる表現を位置付ける。さらに、パラスポーツにおける生徒の素直なイメージや感想を大切にするため、理由を問いながら意見を深めていけるようにする。

〈Paralympic Sports〉
・Have you ever seen ～？
　見たことがあるか
・Yes, I have. / No, I haven't.
〈Do you know?〉
Olympic　＝ 33競技339種目
Paralympic　＝ 22競技539種目　→why?

活動を始める前に、全体に向かって、教師が "How many sports are there in the Paralympics?" や "（パラスポーツ選手の画像を見せながら）Do you know this man?" などと生徒に問いながらパラリンピックスポーツに関心が向かうような導入を行うことで、生徒が対話活動に入りやすいようにする。

3 Listening ～Scene ②～ 対話の内容を聞き取る 2

対話の内容が最も
予想されることを
考えてみよう。

Scene ②の音声を流し、対話の内容から朝美の今後の行動として予想されるものを考えさせる。これは、「思考・判断・表現」に関する問いである。続けて、知識・技能に着目した問いや思考・判断・表現に着目した問いをバランスよく出題する。

4 Exchange opinions トピックについて意見交換をする

・Have you ever seen ～？
・Yes, I have.
・No, I haven't.

"Have you ever seen the Paralympic Games? Why?" というトピックで生徒同士で意見を交換しながら、パラスポーツ競技の面白さや選手などに対話の内容を広げたい。大型モニターには、キーワードとなる表現や実際のスポーツ選手の画像を示しておく。

第4時

Read and Think ①

朝美の発表の内容を読み取ろう①

本時の目標

朝美の車いすテニス選手たちについての発表の内容を読み取ることができる。

準備する物

・読み取り用ワークシート（2 3用）
・リテリング用ワークシート（4用）

【指導に生かす評価】
◎本時では、記録に残す評価は行わないが、目標に向けて指導を行う。生徒の学習状況を記録に残さない活動や時間においても、教師が生徒の学習状況を確認する。

ワークシート活用のポイント

第4時のワークシートには、事実や情報を本文の中から見つけ出す知識・技能に関する読み取りができる問いを設定する。たとえば、代名詞が指しているものは何か、という形式や、本文の内容に合っている文を選ぶ形式、さらに英問英答などが考えられる。

また、単元計画「評価のポイント」でも記載したように、問いを作成する際、生徒が、汎用性のある語彙や定型句に目を向けられるような問いを用意し、生徒が自然に目標とする英語表現を身に付けられるようにしたい。

本時の展開 ▷▷▷

Communication Time トピックについて交流する

Have you ever ridden on a wheelchair?

様々な場面で使用されている車いすの画像を生徒に見せながら、生徒とインタラクティブなやり取りをすることで、トピックについて自然に思考が向いていくようにする。そして教師がトピックを示し、生徒は自由に自分の意見を仲間と交換する。

2 Reading ～Read and Think ① ～発表の内容を読み取る

読み物教材であるので、本時の課題を共有したら、すぐに教科書 p.12の朝美の発表を読み、問いに向かわせる。読解力を鍛えることを目的としているため、読む前に音声を流したり、Picture Card で場面を捉えさせたりはしないようにしたい。個人で取り組んだ後、グループ交流へ。

2 Reading ～ Read and Think ① ～発表の内容を読み取る

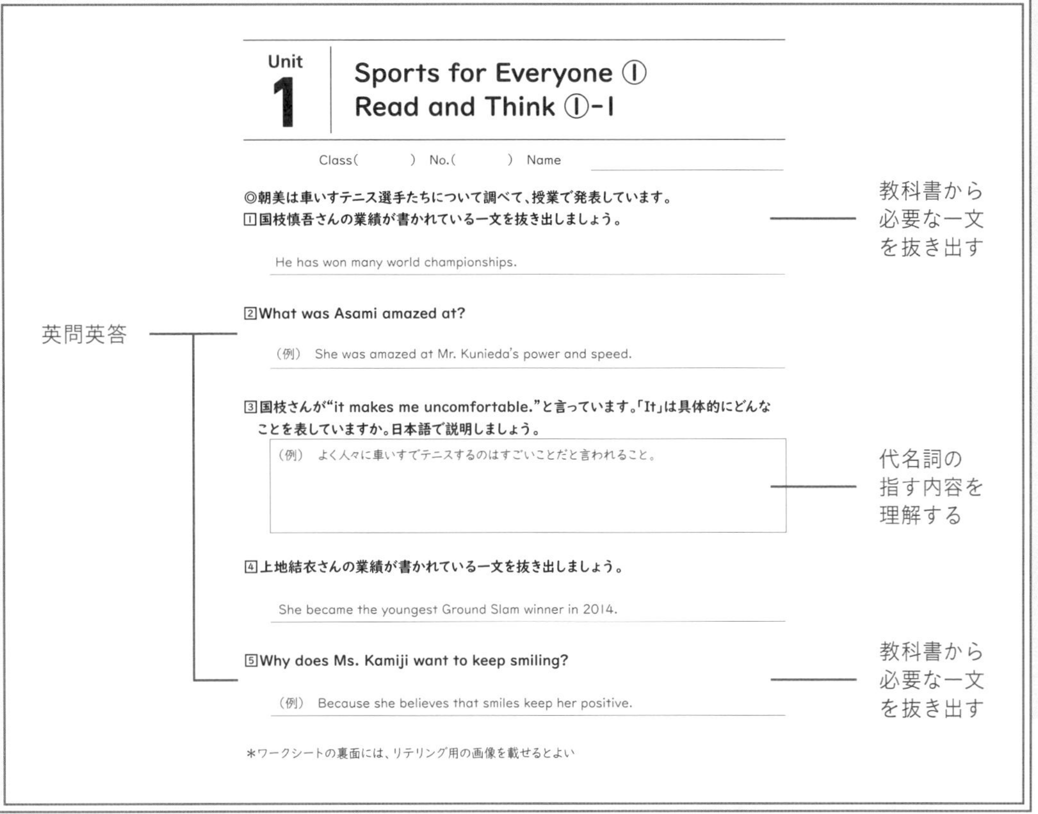

Unit 1 | Sports for Everyone ①
Read and Think ①-1

Class(　　　) No.(　　　) Name

◎朝美は車いすテニス選手たちについて調べて、授業で発表しています。

1 国枝慎吾さんの業績が書かれている一文を抜き出しましょう。

He has won many world championships.

2 What was Asami amazed at?

（例） She was amazed at Mr. Kunieda's power and speed.

3 国枝さんが"it makes me uncomfortable."と言っています。「It」は具体的にどんなことを表していますか。日本語で説明しましょう。

（例） よく人々に車いすでテニスするのはすごいことだと言われること。

4 上地結衣さんの業績が書かれている一文を抜き出しましょう。

She became the youngest Ground Slam winner in 2014.

5 Why does Ms. Kamiji want to keep smiling?

（例） Because she believes that smiles keep her positive.

＊ワークシートの裏面には、リテリング用の画像を載せるとよい

3 Reading ～Read and Think ① ～読み取った内容を共有する

個人やグループで交流したことを基に、全体で読み取った内容を共有する。生徒には、下線を引かせるなど答えの根拠となる箇所を必ず示させたい。教師は必要に応じて、Key Sentence に関する知識や、汎用性のある定型句などの使い方などの指導をする。

4 リテリング 発表の内容を自分の言葉で説明する

生徒にリテリング用のワークシート（朝美の発表の内容に合わせて、デジタル教材の中にある絵を数枚載せておく）を作成し配る。生徒は読み取った知識を生かし、ペアの仲間に絵を指し示しながら自分の言葉で朝美の発表内容を説明する。

第5時

Read and Think ①

朝美の発表の内容を読み取ろう②

本時の目標

朝美の車いすテニス選手たちについての発表の内容を読み取ることができる。

準備する物

・読み取り用ワークシート（2 3用）

【指導に生かす評価】

◎本時では、記録に残す評価は行わないが、目標に向けて指導を行う。生徒の学習状況を記録に残さない活動や時間においても、教師が生徒の学習状況を確認する。

ワークシート活用のポイント

第5時では、思考・判断・表現に関する読み取りができる問いを出すようにする。今回は教科書 p.13の Round 1.3を参考にした。さらに、生徒が思考しながら答えられるよう、本文を要約するような形式を出題した。

また、単元計画「評価のポイント」でも記載したように、問いを作成する際、生徒が、汎用性のある語彙や定型句に目を向けられるような問いを用意し、生徒が自然に目標とする英語表現を身に付けられるようにしたい。

本時の展開 ▷▷▷

1 教科書に登場する選手について理解を深める

教科書に登場する2名の車いすテニス選手の東京パラリンピックで活躍やこれまでの功績などを写真や表などで生徒に紹介することで、パラスポーツ選手についての理解を深めたり、教科書の内容をより身近に感じたりできるようにする。

2 Reading ～Read and Think ① ～発表の内容を読み取る

思考・判断・表現に関する問いは、ある程度本文全体を読んで理解しないと答えられないことが多いため、2回目の読解ではあるが、個人で取り組む時間を十分とる。また、朝美の発表のどの部分から判断して解答したのかを明確にしておくように、生徒に指示する。

2 Reading ～ Read and Think ① ～発表の内容を読み取る

1 下の表の(　)に適切な語句を入れて、情報を整理しましょう。

Asami introduces (　1　) wheelchair tennis players.
One example is (　2　). He has won many championships. Asami was (　3　) at his games. Sometimes people say playing tennis in a wheelchair is (　4　). Mr. Kunieda doesn't like it because he is playing tennis (　5　) as other people.
Another well-known player is (　6　). She became the (　7　) Grand Slam winner. When she plays tennis, she (　8　) smiling because it (　9　) her positive.

(1)　two	(2)　Kunieda Shingo	(3)　amazed
(4)　amazing	(5)　same	(6)　Kamiji Yui
(7)　youngest	(8)　keeps	(9)　makes

※本ワークシートの前後に、教科書p.13のRound 1、3で理解を深めるとよい。

3 Reading ～Read and Think ① ～読み取った内容を共有する

7行目に uncomfortable とあるから、国枝さんはその言葉を好んでいません。その理由の文から、(5) には same を入れました。

個人やグループで交流したことを基に、全体で読み取った内容を共有する。その後ワークシートに取り組む。生徒には、答えの根拠となる箇所を必ず示させたい。教師は必要に応じて、Key Sentence に関する知識や、汎用性のある定型句などの使い方などの指導をする。

4 Exchange opinions トピックについて意見交換をする

I think so too because
I feel happy when I play soccer.

教科書の Round 3の2で自分の考えをまとめ、仲間と意見交換をする。より相手意識をもたせるために、全体（中間）交流では、共感するときの表現や、反対するときの表現などを生徒に示し、交流の質を少しずつ深めていくようにする。

第6時

Read and Think ②

英字新聞の内容を読み取ろう①

本時の目標

戸田先生が見せてくれた英字新聞の内容を読み取ることができる。

準備する物

・読み取り用ワークシート（**2** **3** 用）
・リテリング用ワークシート（**4** 用）

【指導に生かす評価】

◎本時では、記録に残す評価は行わないが、目標に向けて指導を行う。生徒の学習状況を記録に残さない活動や時間においても、教師が生徒の学習状況を確認する。

ワークシート活用のポイント

第6時のワークシートは、知識・技能に関する読み取りを行う問いである。英字新聞を読んで、事実や情報を本文の中から見つけ出す問いとなっている。ワークシートのほかに、教科書 p.15の Round 2の問題がそれにあたるので、一連の思考で取り組めるよう、ワークシートに回答欄を用意した。

さらに、T or F question を取り入れた。パターンを変えて様々な種類の問いに生徒が取り組み、内容理解が深まるようにしたい。

また、単元計画「評価のポイント」でも記載したように、問いを作成する際、生徒が、汎用性のある語彙や定型句に目を向けられるような問いを用意し、生徒が自然に目標とする英語表現を身に付けられるようにしたい。

本時の展開 ▷▷▷

1 Communication Time トピックについて交流する

What makes you happy/excited?

Read and Think ①での朝美の最後の言葉を紹介し、その流れで教師がトピックを示す。最初に教師の例を示す中で、happy と excited の感覚の違いにも触れるようにしたい。その後、生徒はトピックを自分の立場に置き換え、自由に仲間と意見を交換する。

2 Reading ～Read and Think ② ～発表の内容を読み取る

読み物教材であるので、第4時同様、課題を共有後、すぐに記事を読み、問いに向かわせる。読解力を鍛えることを目的としているため、読む前に音声を流したり Picture Card で場面を捉えさせたりはしないようにする。個人で取り組んだ後グループ交流へ。

2 Reading ～ Read and Think ②～ 発表の内容を読み取る

1 発表を終えた朝美に、戸田先生が英字新聞の記事を見せてくれました。

1　2行目の“It was …”の「It」が示すものを本文から抜き出しましょう。

a special wheelchair company (in Chiba)

2　本文の内容に合うものにはTを、合わないものにはFを(　)に書きましょう。

(F) Ishii Shigeyuki started a wheelchair tennis and made wheelchairs for the players.

(T) Mr. Ishii's custom-made wheelchairs were lighter than ordinary types.

(T) Mr. Ishii's company uses technology to make wheelchairs for the athletes.

2 教科書のRound 2に答えましょう。

① Because he himself was a wheelchair user, and was not satisfied with ordinary types.

② Kunieda Shingo and Kamiji Yui do.

③ They tell the company that wheelchairs are like part of their bodies.

ワークシートの裏面などに、画像を配置してリテリングを行ってもよいだろう。リード・アンド・ルックアップなどでのインプットの後に行うとより効果的である。

3 Reading ～Read and Think ②～読み取った内容を共有する

個人やグループで交流したことを基に、全体で読み取った内容を共有する。生徒には、答えの根拠となる箇所を必ず示させたい。教師は必要に応じて、Key Sentence に関する知識や、汎用性のある定型句等の使い方などの指導をする。

4 リテリング 発表の内容を自分の言葉で説明する

生徒にリテリング用のワークシート（記事の内容に合わせて、デジタル教材の中にある絵を数枚載せておく）を作成し、配る。生徒は読み取った情報を活かし、ペアの仲間に絵を指し示しながら自分の言葉で記事内容を説明する。

第7時

Read and Think ②

英字新聞の内容を読み取ろう②

本時の目標

戸田先生が見せてくれた英字新聞の内容を読み取ることができる。

準備する物

・読み取り用ワークシート（**2** **3** 用）

ワークシート活用のポイント

第7時のワークシートは、思考・判断・表現に関する読み取りを行う問いである。読み物の目的や場面、状況に応じて、要点や概要を適切に捉える問いとなっている。今回は教科書p.15の Round 1などをワークシートの前後に取り入れてもよいだろう。さらに、本文の内容を整理し、自分の言葉で内容を説明する問いを出題した。

また、単元計画「評価のポイント」でも記載したように、問いを作成する際、生徒が、汎用性のある語彙や定型句に目を向けられるような問いを用意し、生徒が自然に目標とする英語表現を身に付けられるようにしたい。

【指導に生かす評価】

◎本時では、記録に残す評価は行わないが、目標に向けて指導を行う。生徒の学習状況を記録に残さない活動や時間においても、教師が生徒の学習状況を確認する。

本時の展開 ▷▷▷

1 多機能で、様々なつくりをした車いすについて知る

どの車いすが、何のスポーツで使用されているか、クイズを出しながら、形やつくり、機能が全く違う車いすを生徒に紹介する。そして、誰でもスポーツを楽しめるように、あらゆる技術が支えていることを感じることができるようにする。

2 Reading ～Read and Think ② ～発表の内容を読み取る

思考・判断・表現に関する問いは、ある程度本文全体を読んで理解しないと答えられないことが多いため、２回目の読解ではあるが、個人で取り組む時間を十分とる。また、記事のどこの部分から判断して解答したのかを明確にしておくように、生徒に指示する。

2 Reading ～ Read and Think ② ～発表の内容を読み取る

◎発表を終えた朝美に、戸田先生が英字新聞の記事を見せてくれました。

1 この記事のテーマをA～Cから1つ選びましょう。　（ B ）

A：wheelchair sports　B：technology for sports　C：opinions for athletes

2 Explain about Ishii Shigeyuki.

（例） Ishii Shigeyuki was a wheelchair user, but he was not satisfied with ordinary types of wheelchairs. So he decided to design custom-made wheelchairs. They are lighter, stronger and sportier. Also, he established a special wheelchair company in Chiba.

3 記事の最後に続く言葉として適切でない文を選びましょう。（ イ ）

ア：So, wheelchairs will be more functional and stylish.

イ：So, Mr. Ishii's company will stop making the wheelchairs.

ウ：So, many wheelchair athletes will be able to show their best performances.

4 以下の質問に対し、自分の意見を書きましょう。

Q. What do you think about this article?

（例） I think this article teaches me that technology is supporting athletes these days. I hope that everyone can enjoy sports in the future.

3 Reading ～Read and Think ② ～読み取った内容を共有する

個人やグループで交流したことを基に、全体で読み取った内容を共有する。生徒には、答えの根拠となる箇所を必ず示させたい。教師は必要に応じて、Key Sentence に関する知識や、汎用性のある定型句などの使い方などの指導をする。

4 Exchange opinions トピックについて意見交換をする

This article told me that technology supports everyone to enjoy every sports.

ワークシートの4でまとめた自分の考えを基に、仲間と意見交換をする。より相手意識をもたせるために、全体（中間）交流では、共感するときの表現や、反対するときの表現などを生徒に示し、交流の質を少しずつ深めていくようにする。

第8時

Read and Think ②

2人の車いすテニス選手について説明しよう

本時の目標

音読活動を通して、2人の車いすテニス選手について、仲間に説明することができる。

準備する物

- 国枝慎吾さんと上地結衣さんの写真を載せたワークシート（1 4用）
- 穴あきリーディング用ワークシート（3用）
- タブレット端末

【指導に生かす評価】

◎本時では、記録に残す評価は行わないが、目標に向けて指導を行う。生徒の学習状況を記録に残さない活動や時間においても、教師が生徒の学習状況を確認する。

本時の言語活動のポイント

この音読活動のポイントは2つである。

1つ目は、課題達成のために必然性のある音読活動をする、ということである。生徒が、何をできるようにするために音読を行うのか、目的を明らかにして学習に取り組めるようにしたい。

2つ目は、「まずやってみる」を大切にすることである。本時の 1 4 の活動では、あえて教師がトピックについて説明する例を示さない。音読活動でも、教師による“Repeat after me.”は極力せず、生徒が自分を知り、何をできるようにしたいのかを自分で考え、学習を自ら調整しながら活動できるようにし、最後には、自分の成果を実感できるようにしたい。

本時の展開 ▷▷▷

1 Explain about Mr. Kunieda and Ms. Kamiji ①

生徒は、国枝さんと上地さんについてペアの仲間に説明する。その後、「新しい単語や正しい文を使って、2人について説明することができるようにするために、音読をしていこう」という本時の課題を共有する。

2 音読（個人→ペア）

まず個人で音読し、自然な速さで読みにくい単語や文を確認する。その後、デジタル教科書の音声で正しい読み方を確認する。次に、個人のタブレット端末で教科書のQRコードを読み込み、苦手な単語や文を何度も聞きながら読む練習をし、ペアで確認する。

1／4 課題を達成するために必然性のある音読活動

活動のポイント：教師が例を見せることはしない。まず生徒がその時点での自分の力を知ることができるようにすることが大切である。

導入で、教師が国枝慎吾さんと上地結衣さんの画像を見せ、生徒に "Can you explain about them?" と問うことで、本時への流れを作る。

4において、必要に応じて、「①国枝さん、上地さん、それぞれについて説明しよう。②朝美の言葉を使って、２人についてまとめてみよう。③できる人は自分の感想や意見を交えながら話してみよう」とアドバイスをすることで、ある程度構造的に説明できるようになる。また、英語が得意な生徒にとっても、課題に飽きることなく、最後まで思考を働かせながら活動をすることができる。

3 穴あきリーディング（個人→ペア）

汎用性のある単語が穴あきになっているワークシートを使って、本文の内容をイメージしながら音読する練習をする。次に、ペアである程度自然な速さで正確に読めるようになったかを確認し合う。

4 Explain about Mr. Kunieda and Ms. Kamiji ②

本時の目標に向かって、再度、国枝さんと上地さんについてペアの仲間に説明する。生徒の実態に応じて、可能であれば、自分の感想や意見を交えて話すことに挑戦させたい。また、その姿を全体で共有し、広げられるようにしていきたい。

第9時

Read and Think ②

Technologyはどのようにスポーツを支えているのか説明しよう

本時の目標

音読活動を通して、テクノロジーはどのようにスポーツを支えているのか、仲間に説明することができる。

準備する物

・石井重行さんと国枝慎吾さん、上地結衣さん、教科書 p.15のレース用車いすの写真を載せたワークシート（1 4用）
・穴あきリーディング用ワークシート（3用）

【指導に生かす評価】

◎本時では、記録に残す評価は行わないが、目標に向けて指導を行う。生徒の学習状況を記録に残さない活動や時間においても、教師が生徒の学習状況を確認する。

本時の言語活動のポイント

第8時同様、この音読活動のポイントは2つである。

1つ目は、課題達成のために必然性のある音読活動をする、ということである。生徒が、何をできるようにするために音読を行うのか、目的を明らかにして学習に取り組めるようにしたい。

2つ目は、「まずやってみる」を大切にすることである。本時の 1 4 の活動では、あえて教師がトピックについて説明する例を示さない。音読活動でも、教師による “Repeat after me.” は極力せず、生徒が自分を知り、何をできるようにしたいのかを自分で考え、学習を自ら調整しながら活動できるようにし、最後には、自分の成果を実感できるようにしたい。

本時の展開 ▷▷▷

1 How does technology support sports? ①

生徒は、登場人物を通して、テクノロジーとスポーツの関係についてペアの仲間に説明する。その後、「新しい単語や正しい文を使って、説明することができるようにするために、音読をしていこう」という本時の課題を共有する。

2 音読（個人→ペア）

まず個人で音読し、自然な速さで読みにくい単語や文を確認する。その後、教師のデジタル教科書の音声で正しい読み方を確認する。次に、個人のタブレット端末で教科書のQRコードを読み込み、苦手な単語や文を何度も聞きながら読む練習をし、ペアで確認する。

1／4 課題を達成するために必然性のある音読活動

活動のポイント：教師が例を見せることはしない。まず生徒がその時点での自分の力を知ることができるようにすることが大切である。

Mr. Ishii established a wheelchair company. It uses technology. Athletes are happy now.
OK.

There is a special wheel chair company in Chiba. It was ○○. The company's wheelchairs are stylish and functional because technology is used. I think the company really cares about athletes…
I see.

導入で、教師が石井重行さんや、国枝慎吾さん、上地結衣さん、レース用車いすの画像を見せ、生徒に "How does technology support sports? Explain with these pictures." と問うことで、本時への流れを作る。

4において、必要に応じて、「① There is … ② The company's wheelchairs are… ③ The company uses technology to/because…」と話し始めの文型を示すことで、ある程度構造的に説明できるようになる。また、英語が得意な生徒には、自分の意見を交えながら話すようにアドバイスをする。

3 穴あきリーディング（個人→ペア）

汎用性のある単語が穴あきになっているワークシートを使って、本文の内容をイメージしながら読む練習をする。次に、ペアである程度自然な速さで正確に読めるようになったかを確認し合う。

4 How does technology support sports? ②

本時の課題に向かって、再度、テクノロジーとスポーツの関係についてペアの仲間に説明する。生徒の実態に応じて、可能であれば、自分の感想や意見を交えて話すことに挑戦させたい。また、その姿を全体で共有し、広げられるようにしていきたい。

第10時

What does “Sports for Everyone” mean? ②

本時の目標

題材を通して学んだことや自分で得た情報、経験を基に、再度、タイトルについて仲間と交流し、自分の意見をまとめることができる。

準備する物

・リテリングで使用したワークシート（2用）
・意見を書くためのワークシート（4用）

【「書くこと」における記録に残す評価】
◎生徒が選手や観客、テクノロジーという様々な視点から、具体的な例や根拠を基に、タイトルの “everyone” の意味について意見をまとめることができているかを評価する（知・技）（思・判・表）（主）。

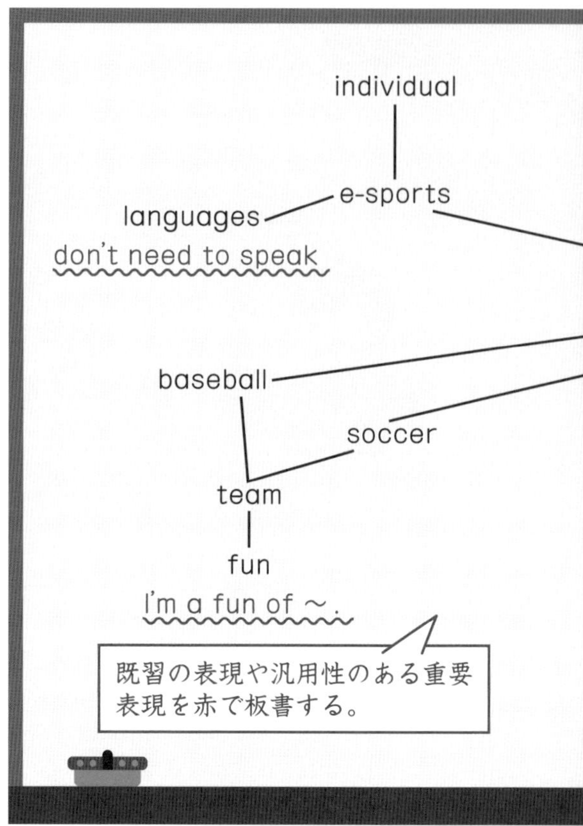

本時の展開 ▷▷▷

1 What is your image of sports?

My image of sports is “team” because I am in the volleyball team. I always play with …

教科書 p. 7 の Sports という言葉の周りを囲んでいる単語を生徒に見せながら、“What is your image of sports?” と問う。生徒はそれぞれの視点から、自由に自分の意見を仲間と交換する。

2 What does “Sports for

After I knew about Ms. Kamiji, I watched her game on the internet. It was so …
Really?

車いすテニス選手やテクノロジーを用いて競技用車いすを作っている会社について軽く触れながら、生徒に “What does ‘Sports for Everyone’ mean?” と問いかける。生徒は、題材を通して学んだことや自分で得た情報、経験を基に仲間と交流する。

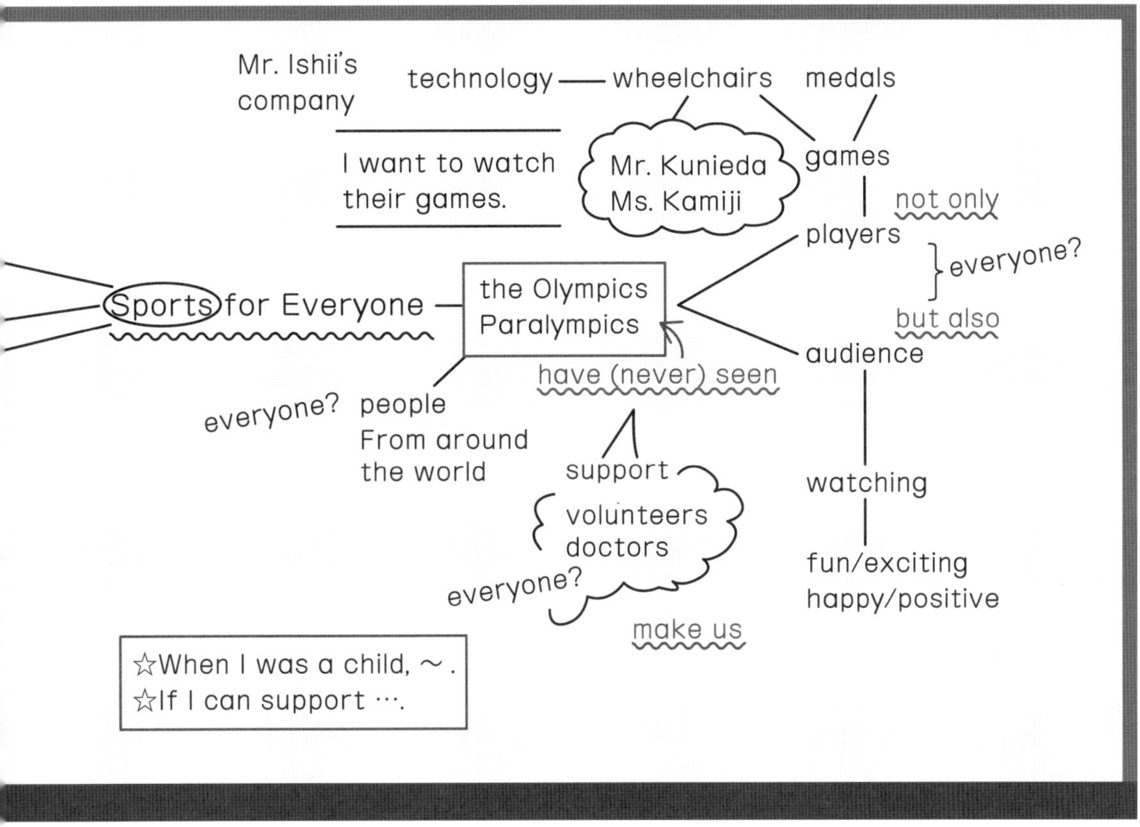

Mr. Ishii's company
technology — wheelchairs
medals
I want to watch their games.
Mr. Kunieda
Ms. Kamiji
games
players
not only
everyone?
but also
audience
Sports for Everyone
the Olympics
Paralympics
have (never) seen
everyone?
people
From around the world
support
volunteers
doctors
everyone?
watching
fun/exciting
happy/positive
make us

☆When I was a child, ～.
☆If I can support ….

Everyone" mean?

ペア交流中、教師は生徒の意見を聞きながら黒板に意見を位置付ける。教師は全体（中間）交流を適宜設ける。生徒の表現の仕方に対する疑問を全員で解決したり、板書を使って文法の修正や助動詞等、表現の活用の仕方を全体で共有したりする。

3 Writing Time 自分の意見をまとめる

自分の意見に加え、交流を通して学んだことや、自分の経験などを付け加えながら、タイトルにおける自分の意見を整理し、用意したワークシートに書く。書いた後、第１時で使用したワークシートの内容と読み比べるように指示し、学びを実感できるようにする。

第11時

Let's Write 1

有名人への手紙・ファンレターを書こう

本時の目標

気持ちを伝えるために、表現方法を工夫しながらファンレターを書くことができる。

準備する物

・ファンレター用のワークシート（4用）

ワークシート活用のポイント

ファンレターを書くということは、「相手意識」が大切なポイントとなる。書き手は、読み手が自分の書いた内容を100% 理解してくれることを望んでいるからである。そこで、朝美のファンレターから、朝美が伝えたいことをどのように英文で表現しているのか、ということに注目させるようにワークシートを作成した。また、必要に応じて生徒には教科書 p.17の Tool Box の表現を積極的に活用させたい。

Let's Write 1を1単位時間で終えるのは難しい。そこで、1 2 の後、自宅でタブレット端末等を使って情報収集をある程度させた上で、2単位時間目に 3 4 を行ってもよいだろう。

【「書くこと」における記録に残す評価】

◎有名人への手紙を書くという目的において、相手の魅力などを交えながら、構造的に適切な表現で書くことができているかを評価する（知・技）（思・判・表）。

本時の展開 ▷▷▷

1 ALT または好きな有名人の紹介を聞く

This is ○○. He is a great singer. His performances are always awesome.

ALT または教師が自分の好きな有名人について、その人の魅力やよさを英語で熱弁する。その中で、様々な気持ちを表す表現や、"I" 以外の主語をできるだけ多く用いるようにする。生徒に、「一緒に自分の好きな有名人にファンレターを書こう」と言い、課題化する。

2 朝美のファンレターから学ぶ

①朝美はどんなところが好きだと伝えていますか。
②どんな質問をしていますか。
③どんな表現を使用して①②を伝えていますか。

朝美のファンレターを通して、上記の①②③を生徒と確認する。好きな気持ちを伝えるためには、より多くの種類の言葉を使ったり、主語を「もの」に変えたりすることで、表現の豊かな文章になることを共有する。

2 朝美のファンレターから学ぶ

○気持ちを伝えるために、表現方法を工夫しながらファンレターを書きましょう。
12朝美のファンレターを読んで、1．2にあてはまる内容を本文から抜き出しましょう。

1．好きなところ
Your last performance was really awesome. I especially love the words of your songs. “Bright Horizons” always makes me hopeful.
2．質問内容
When you face a difficult challenge, how do you get over it?

3大好きな人やあこがれの有名人にあてて、ファンレターを書きましょう。
〔上の表にならって、自分の大好きな人やあこがれの有名人についてまとめましょう。〕

1．好きなところ
(例) You are always smart and creative. I'm also interested in your volunteer work for children in need.
2．質問内容
(例) What is your life motto?

〔ファンレターを書こう！〕

Dear ○○
(例) My name is □□. I am a junior high school student in Japan. I am a big fan of yours.
I learned about you from a book. You are always smart and creative. I was surprised at your actions. I'm also interested in your volunteer work for children in need. I have a question. What is your life motto? Please write back if you have time. I'm looking forward to reading your next book.

All the best,
□□

朝美のファンレターの内容から表現を学ぶ

ファンレターの内容を整理した後、各自でファンレターを書く

3 ファンレターを書く

自分の好きな有名人の①好きなところ②質問内容の２点を整理する。そして、朝美のファンレターで手紙の文章構成を確認し、実際にファンレターを作成する。教科書 p.17の Tool Box を参考にすることができるということも生徒に伝える。

4 仲間のファンレターから学ぶ

それぞれが書いたファンレターを、グループの仲間と読み合う。目的は、①第三者が読んだときに、書き手の思いが伝わる文になっているか②正しい表現、文法で書くことができているかの２点の確認である。グループでの活動が終わったら、再度修正をして、提出する。

第12時

Let's Listen 1

それぞれの意見を聞こう

本時の目標

ディスカッションを聞き、自分の意見を考えるのに必要な情報を理解することができる。

準備する物

・デジタル教科書（教材）

【指導に生かす評価】

◎本時では、記録に残す評価は行わないが、目標に向けて指導を行う。生徒の学習状況を記録に残さない活動や時間においても、教師が生徒の学習状況を確認する。

本時の言語活動のポイント

リスニングの活動に入る前に、活動の「目的・場面・状況」を確認し、何のために聞くのかを共有する。本時は最後に、誰の案がよいのかを自分で理由を付けて考えなくてはいけない。そのためには、登場人物それぞれの行きたい場所だけでなく、なぜそこに行きたいのか、というところに注目して必要な情報を聞き取らなくてはいけなくなる。このように、活動に入る前に、活動をする必然性を生徒に与えることは大切である。

また、教科書 p.18の Sound Box を STEP ① の活動時に、聞き取りのポイントとしてアドバイスをするとよいだろう。聞く活動を終えた後に音声スクリプトを提示して理解を補ったり、表現を確認したりすることも有効である。

本時の展開 ▷▷▷

1 Communication Time トピックについて交流する

教科書 p.18の Before You Listen を基に、修学旅行で行きたい場所についてペアで交流する。その際、必ず理由を含めて、その場所の魅力や特徴について話せるようにしたい。

2 目的・場面・状況の共有

大型モニター（TV 画面）に教科書の挿絵を映し、「目的・場面・状況」を共有する。本時の最後には、誰の案がよかったかを仲間と交流するため、案を選ぶためには「理由」の部分を注意深く聞き取らなくてはいけないことを確認する。

2～3 目的・場面・状況の共有をした後にリスニング

活動のポイント：【目的】班行動で、誰の案がよいのかを決める
【場面】朝美たちがグループで話し合いをしている
【状況】京都への修学旅行前に班行動の予定を相談している

「目的・場面・状況」を確認することで、聞く必然性を生徒に与えることは大切である。また、目的に応じて内容を聞くには、どうしたらよいのかを、「聞き取りのポイント」として全体で共有したい。

3 STEP ① それぞれの意見を聞こう

教師はデジタル教科書（教材）を使って音声を流す。生徒は、教科書 p.18の STEP ①に書き込む。一度聞いた後、または必要に応じて、Sound Box を聞き取りポイントとして生徒に紹介するとよい。最後に、聞き取った内容を全体で共有する。

4 STEP ② 誰の案がよいか、交流しよう

全体で答え合わせをした後、「誰の案がよいと思うか」について仲間と意見交換をする。そのときに、接続詞 "because" "so" "but" などを使い、理由を明確にしながら結論を話すことができるようにアドバイスをする。

本単元の Key Activity

What does “Sports for Every-one” mean? ②

活動の概要

第10時において、本単元の最終活動として、導入時にも行った What does “Sports for Every-one mean”? の交流を行う。生徒は単元を通して、２人の車いすテニス選手のスポーツへの思いや、選手を支えるテクノロジーの存在を知った。さらに、聞き取りや読み取り、音読活動を通して、自分の思いを伝えるための表現も多く学んできたため、本時では、様々な立場の視点から、適切な表現で、根拠をもって話すことができるようにしたい。

活動をスムーズに進めるための３つの手立て

①導入
単元表紙の Sports を囲む単語に目を向けさせ、スポーツの様々な見方を想起させる。

②板書でマッピング
机間指導中、生徒の意見を黒板にマッピングし、話すときの参考にできるようにする。

③全体（中間）交流
生徒の疑問の共有や、文法の修正や助動詞等、表現の活用を全体で確認する。

Playerだけじゃなくて、観客も楽しめるって、どう言えばよいのだろう…。

活動前のやり取り例

T　：What is your image of sports?
S1　：My image of sports is “the Olympics and Paralympics” because many athletes show their best performances there. I like to see them.
S2　：I see. Before I learned about this Unit 1, I wasn’t interested in Paralympics. But now, I’m interested in the players’ tools like Mr. Kunieda’s wheelchair.
S1　：Oh, I know you want to be an engineer, right?
S2　：Right, so I also want to check Mr. Ishii’s company on the internet.
S1　：Great.

活動前のやり取りのポイント

単元の表紙をもう一度見て、スポーツには様々な見方があることを想起させる。そしてペア交流において、自分とは異なる見方や考え方を聞くことで、個人の思考を広げたい。この活動でスポーツへの視野を広げた上で、次のメインの活動である、“Sports for Everyone” につなげていくようにする。

活動のポイント

　メインのペア交流の時間を、全体（中間）交流を含めて20分は確保できるようにしたい。より多くの仲間と交流する機会をもつことで、自分の考えを伝えるだけでなく、仲間の考えに対して自分の考え方を語ったり、多くの意見を自分に取り入れたりすることができるからである。十分な交流によって、トピックに対する見方が広がるだけでなく、考え方が再構築され、整理されていくだろう。

メイン
活動
Have you ever watched Mr. Kunieda's game? It was so exciting. His performance always makes me positive. So ……
I've never watched his game before, but I want to check it on the internet. He is great.

活動のやり取り例

T　: What does "Sports for Everyone" mean?

S1 : I have never watched wheelchair tennis, but I knew about Mr. Kunieda in this Unit 1. When I read his word "We're playing tennis just like other people", I was shocked because I have thought they can't play sports like us.

S2 : I understand you. I watched Ms. Kamiji's tennis game on the internet. She was smiling then. I like her smile.

S1 : Me too. I think sports make not only players but also other people like us happy. What do you think?

S2 : I really agree with you.

活動後のポイント

活動後は、自分の考えを書きまとめる。その際、① I think/am sure that ～.（主張）② I have two reasons.（理由の数）③ First, Second, Finally（理由・根拠）④ So, Thus（結論・まとめ）のように、構成を考えながら文章を書くことができるように指導したい。

Unit 2 【中心領域】話すこと［やり取り］、書くこと

Haiku in English （13時間）

単元の目標

ALT の魅力を引き出すためのインタビュー活動を通じて、相手の人柄を引き出すためには、話しやすい雰囲気をつくったり、相手の経験や思いを引き出したりするとよいことに気付き、会話をリードしながら ALT の魅力を引き出すことができる。

単元の評価規準

知識・技能	思考・判断・表現	主体的に学習に取り組む態度
・海外でも愛されている俳句や英語俳句の魅力を理解している。 ・現在完了の完了用法、継続用法、現在完了進行形を理解し、それらを用いて、ずっと好きなことやこれまで取り組んできたことについて問答する技能を身に付けている。	・相手の人柄を引き出すためのインタビューにおいて、話しやすい雰囲気をつくったり、経験や相手の思いを引き出したりしている。	・相手の人柄を引き出すためのインタビューにおいて、話しやすい雰囲気をつくったり、経験や相手の思いを引き出したりしようとしている。

単元計画

第1～3時（導入）	第4～7時（展開①）
1．単元の見通しをもとう ALT の人柄について考える活動を通して、「ALT の魅力を引き出すインタビューをする」という本単元の中心となる言語活動への意欲を高める。 **2．Meg と海斗のメッセージのやり取りを読み取ろう** Meg と海斗のメッセージのやり取りについて理解する活動を通して、Meg は俳句作りの宿題を終わらせたことに気付き、Meg と海斗の状況を現在完了の完了用法で示す。 **3．Baker 先生の魅力を読み取ろう** 朝美と Baker 先生の対話を理解する活動を通して、Baker 先生は子供の頃から俳句が好きで、日本に俳句について学ぶために来たことに気付き、Baker 先生のことを継続用法を用いて表現する。	**4．俳句の歴史について読み取ろう** 俳句について紹介した本を読み取る活動を通して、日本人が俳句をずっと作り続けてきたことに気付き、俳句について現在完了進行形を用いて表現する。 **5．ALT に俳句の魅力を紹介しよう** 俳句の魅力について ALT の先生に紹介する活動を通して、英詩と俳句を比較すると魅力が伝わりやすいことに気付き、英詩と比較しながら俳句の魅力を紹介する。 **記録に残す評価【書】** 思 **6．英語俳句について読み取ろう** 英語俳句について読み取る活動を通して、英語俳句は簡単に作れて楽しいために人気があることに気付き、英語俳句の魅力を現在完了形や現在完了進行形を用いて表現する。 **7．英語俳句を作ってみよう** 英語俳句を作る活動を通して、英語俳句はリズムが大切だと気付き、リズムのよい英語俳句を作る。

指導のポイント

この単元の Unit Activity では、ペアでインタビューを行う活動を扱っている。しかし、日本人の生徒同士が英語でインタビューし合う活動は必然性に欠ける。そこで、ALT にインタビューをするという言語活動を実施することにする。

ALT の人柄を引き出す必然性を生み出すために、単元の第 1 時において、生徒たちに学校に赴任している ALT について "What do you know about them?" と尋ねる。生徒たちは、軽い自己紹介しか受けていないため、出身地や好きなものしか答えられない場合が多いだろう。そこで、教師が "What do you want to know about him (her / them)?" と問うと、生徒たちは「どんな人なのか、人柄を知りたい」「なぜわざわざ日本に来たのか知りたい」と答える。そこで、教師が "How will you know about him (her / them)?" と聞くと、「本人に聞いてみよう」、「インタビューすればよい」という意見が出るので、単元を貫く課題を "Let's Interview!～ALT の魅力を引き出すインタビュアーになろう～" と設定する。

生徒たちが主体的に学習に臨めるように、単元の最後にはインタビューで得た情報を新聞にまとめる活動を位置付ける。

評価のポイント

まず、第 2 ～ 5 時にかけて、教科書の Baker 先生に焦点を当てて、彼がどれだけ俳句が好きかや日本に来た理由を掘り下げていく中で、現在完了形や現在完了進行形の用法を理解する。また、第 2 ～ 7 時において、授業の帯学習として Small Talk を行う。話しやすい雰囲気をつくる上で大切な "Question（質問）, Repetition（くり返し）, Admiration（感嘆）, Compliment（誉め言葉）, Empathy（共感）" について学習していく。最後に、第 9 時～10時にかけて、ペア対話を行い、相手の魅力を引き出す方法について考えていく中で、経験や思いを引き出すことが必要であることに気付かせたい。

第 8 ～10時（展開②）	第11～12時（終末）
8．歓迎する気持ちを伝えよう〈Let's Talk 1〉 Baker 先生と海斗の初対面の会話を読み取ることを通して、海斗が Baker 先生を歓迎していることに気付き、歓迎するときの表現を考えることができる。 **9．話しやすい雰囲気をつくろう** 仲間の魅力を引き出す活動を通して、話しやすい雰囲気をつくるとよいことに気付き、反応したり、相手に共感したりしながら対話する。 **10．仲間の経験とその裏にある思いを引き出そう** 仲間の魅力を引き出す活動を通して、経験とその裏にある思いを引き出すとよいことに気付き、相手の経験とその裏にある思いについて質問する。	**11．ALT の魅力を引き出すインタビュー活動** ALT の先生の魅力を引き出すために、話しやすい雰囲気をつくったり、経験や相手の思いを引き出したりする。 記録に残す評価【や】 知 思 態 **12．ALT について新聞にまとめよう** インタビューで聞いた内容を新聞にまとめる活動を通して、段落を分けて書くと分かりやすくなることに気付き、経験と思いを、段落を分けて書く。 記録に残す評価【書】 知 思 **13．講演を聞き取ろう〈Let's Listen 2〉** Food miles についての講演を理解する活動を通して、長い文章を聞くときにはキーワードを聞き取るとよいことに気付き、聞き手が一番伝えたいことを理解する。

※ Unit 2では、単元内第 8 、13時にそれぞれ Let's Talk 1（1 時間）、Let's Listen 2（1 時間）を行う。

第1時

単元の見通しをもとう

本時の目標

ALT の人柄について考える活動を通して、「ALT の魅力を引き出すインタビューをする」という本単元の中心となる言語活動への意欲を高めることができる。

準備する物

・移動の仕方を示したプリント
・単元を貫く課題を書く紙またはノート
・振り返りシート

【指導に生かす評価】

◎本時では、記録に残す評価は行わないが、目標に向けて指導を行う。生徒の学習状況を記録に残さない活動や時間においても、教師が生徒の学習状況を確認する。

インタビューの組み合わせ例

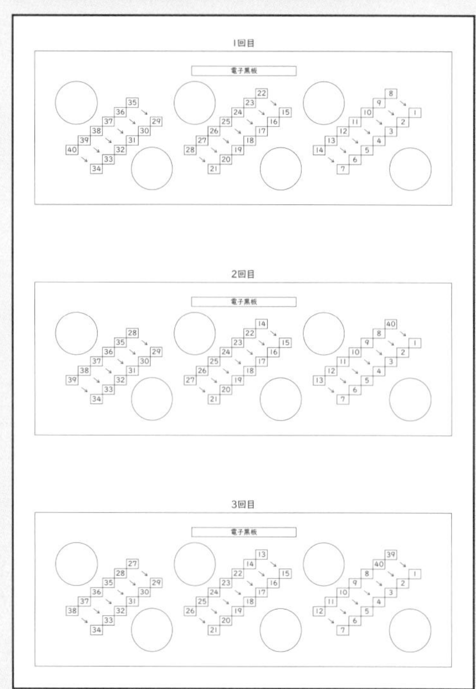

本時の展開 ▷▷▷

「単元を貫く課題」を設定する

What do you know about our ALT?

ALT について知っていることを振り返る中で、ALT についてあまり知らない事実に気付く。“How will you learn about him?” と問うことで、単元を貫く課題「Let's Interview!～ALT の魅力を引き出すインタビュアーになろう」につなげる。

2 1回目のインタビュー活動を行い中間交流をする

Today's Point
manner
・May I ask you some questions?
・Thank you for sharing!

1分半でペアの生徒にインタビューする。役割を交代した後、1分半で1セットとする。

中間交流では、相手への礼儀の大切さを確認する。“May I ask you some questions?” で始めたり、“Thank you for sharing.” で終わったりすることのよさに気付かせたい。

2 仲間の魅力を引き出すインタビュー活動

活動のポイント：仲間の魅力を引き出すために、インタビューをしてみる。

〈活動例〉

A：Interviewer, B: Interviewee で 1 分半インタビューした後、役割を交代してもう一度行う。

A：May I ask you some questions? What sport do you like?
B：I like badminton very much!
A：Why?
B：It's exciting, and I want to be a professional player.
A：Are you good at badminton?
B：Ah, not so good.
A：Thank you for sharing.

＊既習の表現を用いて、仲間の魅力を引き出す活動を行う。色々なペアとインタビュー活動を行うために、左図のようにペアリングを行う。色々なペアと交流する時間を設けることで、仲間の多様な表現に気付いたり、学級の仲間の新たな一面に気付いたりするきっかけにする。

3 2 回目→「言いたいけれど言えない表現」の共有→ 3 回目

2 回目のペア対話の後、生徒の「言いたいけれど言えない表現」をどのように表現するか学級で考える。生徒の考えた表現を大切にしつつ、有用な表現をインプットしていく。＊生徒の発話の様子を動画に撮り、中間交流で適宜紹介できるようにしておくとよい。

4 本時の振り返りをする

今日の振り返り
年 月 日
振り返りによって主体的に学習に取り組む態度を確認する

本時の振り返りを書く。「どうしたら魅力を引き出せるのかよく分からず、ただただ質問を並べる形になってしまった。どのように会話を展開していけばよいのか考えていきたい」のように、単元を貫く課題を達成するための課題意識をもたせたい。

Scene ①

Megと海斗のメッセージのやり取りを読み取ろう

本時の目標

Megと海斗のメッセージのやり取りについて理解する活動を通して、Megは俳句作りの宿題を終わらせたことや海斗はまだ終わらせていないことに気付き、Megと海斗の状況を現在完了形の完了用法で示すことができる。

準備する物

・ワークシート

【指導に生かす評価】

◎本時では、記録に残す評価は行わないが、目標に向けて指導を行う。生徒の学習状況を記録に残さない活動や時間においても、教師が生徒の学習状況を確認する。

ワークシート活用のポイント

くり返し聞いたり、読んだりする中で、徐々に内容理解を深めていけるようにする。

1 Megと海斗がいつメッセージを送ったかをリスニングで理解する。一度聞いてみて理解できない生徒には、もう一度聞かせたり、新出単語の意味と発音を確認したりして理解できるようにする。

2 T or F questionに取り組む。問題文を読み、生徒が理解できていないようなら、絵などを用いて質問の意味を確認する。その後、本文を音読してから各自黙読させる。答えを共有する際には、根拠となる英文を示すように指導する。

3 いつ宿題をしたか、いつメッセージを送ったか、いつ寝たかを時間軸に整理することで、完了用法への理解を深める。

4 空所補充を行う中で、完了用法が理解できているか確認する。

本時の展開 ▷▷▷

1 Small Talkをする

今回は趣味について聞くよう指導する。中間交流では、たくさん質問すること（Question）のよさに気付いたり、「言いたかったけれど言えなかった表現」を共有したりすることで、2回目につなげる。

2 ウォーミング・アップをした後に課題化する

ALTとJTEのやり取りから、Megと海斗がメッセージのやり取りをしていることに気付き、“What did they talk about?”という課題を設定する。生徒の自由な発想で予想させ、課題解決の見通しをもてるようにする。

3 くり返し聞いたり読んだりして内容理解を深める

1 Let's listen!

When did they send a message? Choose one from the box.

Friday
Saturday
Sunday

・Meg sent a message on ＿＿＿＿＿＿＿＿＿＿＿＿.

・Kaito sent a message on ＿＿＿＿＿＿＿＿＿＿＿＿.

2 Let's read the textbook and try T or F questions.

1. Meg finished her English homework. (　　)
2. Meg was looking forward to reading everyone's haiku. (　　)
3. Kaito read Meg's message on Saturday evening. (　　)
4. Kaito didn't do his homework on Saturday evening. (　　)

3 What did Meg and Kaito do on the weekend?

矢印や点で、Megと海斗がいつ何をしたかを、例のように矢印で表そう。

	Saturday	Sunday
Meg	⇒ slept	
Kaito		

したこと

did her homework / sent a message / slept

4 Let's write about Meg and Kaito's homework.

What words are in the blanks?

・Meg (　　　　)(　　　　)(　　　　) her homework.

・Kaito (　　　　)(　　　　) finished it (　　　　).

3 ワークシートの 1 ～ 3 をする

リスニングやT or F question、時間軸にまとめる活動を通して、Megは俳句作りの宿題を終わらせたことや海斗はまだ終わらせていないことに気付けるようにする。適宜、絵などを活用して、教師が英語で補足して内容理解ができるようにする。

4 ワークシートの 4 空所補充をする

理解が難しい生徒には、alreadyやyetなどの完了用法で用いるキーワードを示し、全員が本時の目標を達成できるようにする。

解答例)

・Meg has already finished her homework.

・Kaito has not finished it yet.

Scene ②

Baker先生の魅力を読み取ろう

本時の目標

朝美と Baker 先生の対話を理解する活動を通して、Baker 先生は子供の頃から俳句が好きで、日本に俳句について学ぶために来たことに気付き、Baker 先生について現在完了形の継続用法で示すことができる。

準備する物

・ワークシート

【指導に生かす評価】

◎本時では、記録に残す評価は行わないが、目標に向けて指導を行う。生徒の学習状況を記録に残さない活動や時間においても、教師が生徒の学習状況を確認する。

Unit 2 Haiku in English

Greeting

Warm up

Small Talk
Interview

Today's Point

Repetition

「Basho's image of Japan made him curious. ってどういうこと？」と問い、芭蕉の「古池や　蛙飛び込む　水の音」などの俳句を想起させる。

本時の展開 ▷▷▷

1 Small Talk をする

Sushi!
I like sushi!

今回は好きな食べ物について聞くように指導する。中間交流では、キーワードをくり返して反応すること（Repetition）のよさに気付いたり、「言いたかったけれど言えなかった表現」を共有したりすることで、２回目につなげる。

2 ワークシートの 1 Picture Matching をする

Is it difficult? Do you need hints? Let's check new words!

３枚の絵の中から What does Mr. Baker like? の答えを見つける。もう一度聞かせたり、新出単語の意味と発音を確認したりして、Baker 先生は芭蕉が好きであることに気付けるようにする。Poet と発音の似た pot や since に似た science などと間違えないようにしたい。

板書のポイント：ワークシートに沿って現在完了形の時間軸を視覚化して理解を促す。

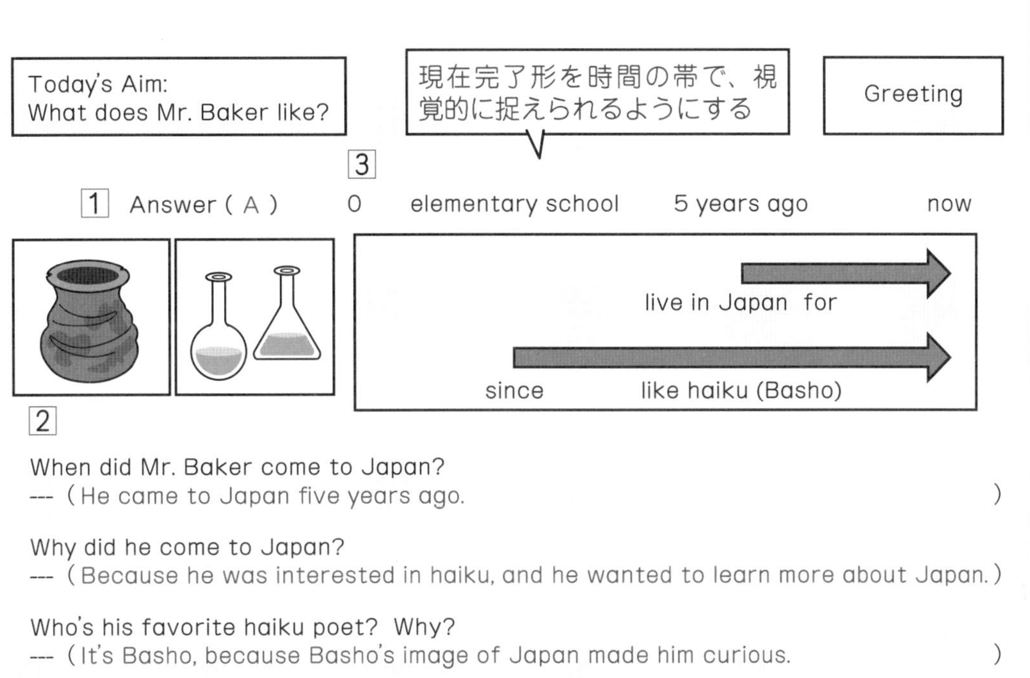

3 ワークシートの 2 英問英答をする

Now, find the answers.
I'll read the textbook, so please repeat after me.

難しい場合は以下の手順を踏むとよい。

①質問を読んで、理解できているか確認する。もし理解が難しければ、絵で説明する。

②教科書を音読し、答えだと思われる文章に下線を引くように指導する。

③形式に合うように答える。

4 ワークシートの 3 時間軸の整理、 4 評価問題をする

Live Live Live
have lived!

矢印を用いて、継続していることを時間軸で視覚的に捉えられるようにする。期間を表す for と行為の最初の時点を表す since を提示し、全員が Baker 先生の魅力を現在完了形の継続用法で表現できるようにする。

第4時

Read and Think ①

俳句の歴史について読み取ろう

本時の目標

俳句について紹介した本を読み取る活動を通して、日本人が俳句をずっと作り続けてきたことに気付き、俳句について現在完了進行形で示すことができる。

準備する物

・ワークシート
・Picture Card

【指導に生かす評価】

◎本時では、記録に残す評価は行わないが、目標に向けて指導を行う。生徒の学習状況を記録に残さない活動や時間においても、教師が生徒の学習状況を確認する。

ワークシート活用のポイント

1では、絵を基に、俳句の歴史について気付けるようにする。

2では、ワード・ハントを行う。日本語に対応する英単語を探す。生徒は、「数百年」にあたる言葉を探すのに苦労するだろう。century を「世紀」と捉えると難しいが、「100年」と捉えると、centuries を数百年と捉えられる。

3では、英詩の特徴をまとめていく。ワークシート上の俳句と英詩を比較した表を完成させることで、英詩について理解を深められるようにする。

4では、現在完了進行形の用法を確認し、全員が現在完了進行形を用いて俳句の歴史を表現できるようにする。

本時の展開

1 Small Talk をする

今回は好きなスポーツについて聞くように指導する。中間交流では、そのスポーツをどのくらいやっているか聞くことのよさに気付いたり、「言いたかったけれど言えなかった表現」を共有したりすることで、２回目につなげる。

2 場面の確認をした後に課題化する

場面の確認を Picture Card を用いて行う。“What is Meg reading?” と問う。生徒は「本？」“A book?” と答えるので、“What is it about?” と問う。生徒の「漫画？」「HAIKUって書いてない？」といったつぶやきを基に、課題を “What is Meg reading about?” とする。

3 4 ワークシートを用いて文法事項をおさえる

[1] Let's listen! What are in the blanks?

[3]では、特徴を表にまとめることで、理解を深められるようにする。

[2] Let's try Word Hunting!

日本語	English
数百年	centuries
詩	poems
韻を踏む	rhyme
季語（3語）	a seasonal word
音節	syllables

[3] What is the difference between haiku and English poem?
Let's finish the table!

	haiku	English poem
sentence	×	○
rhyme	×	○
a seasonal word	○	×

[4] Let's write about haiku! Fill in the blanks!

How long is haiku's history?

Japanese people have (been) writing haiku (since) the Edo period.

3 ワークシートの[1]～[3]をする

[1]では、音声を聞きながらキーワードを聞き取る。②については、社会科や国語で俳句を学習しているので、他教科の学びを想起させるとよい。[2]では、キーワードとなる言葉をワード・ハントする。辞書を開かず、文脈から意味を推測する練習をする。

4 ワークシートの[4]評価問題をする

[4]では、現在完了進行形の用法を確認する。全員が現在完了進行形を用いて俳句の歴史を表現できるようにする。確認問題の解答状況を次の指導に生かす資料とする。

第5時

Read and Think ①

ALTに俳句の魅力を紹介しよう

本時の目標

俳句の魅力について ALT の先生に紹介する活動を通して、英詩と俳句を比較すると魅力が伝わりやすいことに気付き、英詩と比較しながら俳句の魅力を紹介することができる。

準備する物

・デジタル教科書（教材）

【「書くこと」における記録に残す評価】

◎俳句について、読み手により伝わりやすいように、英詩との違いを比較しながら俳句の魅力について書いている（思・判・表）。

本時の言語活動のポイント

俳句について英語で説明するための目的や場面、状況の設定を行うために、ALT から「日本文化の一部である俳句について紹介してほしい」という要望を伝えてもらう。日本人だからこそ日本文化を紹介したいという思いにさせ、主体的に活動に向かえるようにしたい。

まずは生徒にやらせてみる。ペアに向かって説明する上で、うまくいかないことに気付かせる。

その上で、使えそうな表現を教科書から見つけ、使えるように準備させる。

俳句の歴史について説明できるようになったら、英詩と比較しながら話す仲間のよさに気付かせ、ALT への相手意識をもって表現することの大切さに気付かせたい。

本時の展開 ▷▷▷

1 ALT の要望を聞き、課題化する

ALT が「日本文化の一部である俳句について紹介してほしい」と生徒たちに依頼する。自分に何ができるかを問い、課題を “Let's write about haiku”. と設定する。Speaking Time に入る前に全体で俳句の魅力を確認しておくとよい。

2 1回目の Speaking Time →中間交流→ Copy Reading

ペアの生徒に向かって俳句の魅力を伝える。聞く側の生徒は、よく伝わったら “I see.”、あまり伝わらなかったら “Tell me more.” とコメントする。中間交流では、“Tell me more.” と言われた生徒に振り返りをさせ、教科書表現に立ち戻る必然を生む。

2 教科書表現をインテイクする Copy Reading

活動のポイント：教科書の有用表現を覚えて、リテリングに生かす。

〈Copy Reading の活動の手順〉

①教科書内の使えそうな表現に線を引く。

②じゃんけんする。

✌：read the textbook　✋：copy

③線を引いてあるところを練習する。（３分）

活動例）

✌：Haiku have been

✋：Haiku have…（教科書を見ないでくり返す）

✌：Haiku have been

✋：Haiku have been

✌：an important part

✋：an important part

✌：of Japanese culture　…

④発音があいまいなところを確認する。（教科書の QR コードを読み取り、音声を確認する）

⑤同じペアで役割を交代して練習する。（３分）

✋：read the textbook　✌：copy

Haiku have been …
Haiku have been
ペアのリピートをする
教科書を読む

3 2回目の Speaking Time →中間交流→ 3 回目の Speaking Time

Haiku and English poem are different!

中間交流では、海外から来ている ALT に伝わるように、英詩と比較しながら話している仲間のよさを紹介し、英詩と比較しながら俳句を紹介できるように教科書表現をリード・アンド・ルックアップで覚えさせる。３回目には、全員が “I see.” と言ってもらえるようにしたい。

4 Writing Time

We have been writing haiku for 300 years
具体的でgood!

ALT に向けて俳句を紹介する文章を書く。適宜よい表現を参考として板書し、共有する。

例）・We have been writing haiku for 300 years.（俳句の歴史についての紹介）

・Haiku is different from English poems.（俳句と英詩を比較）

第6時

Read and Think ②

英語俳句の魅力について読み取ろう

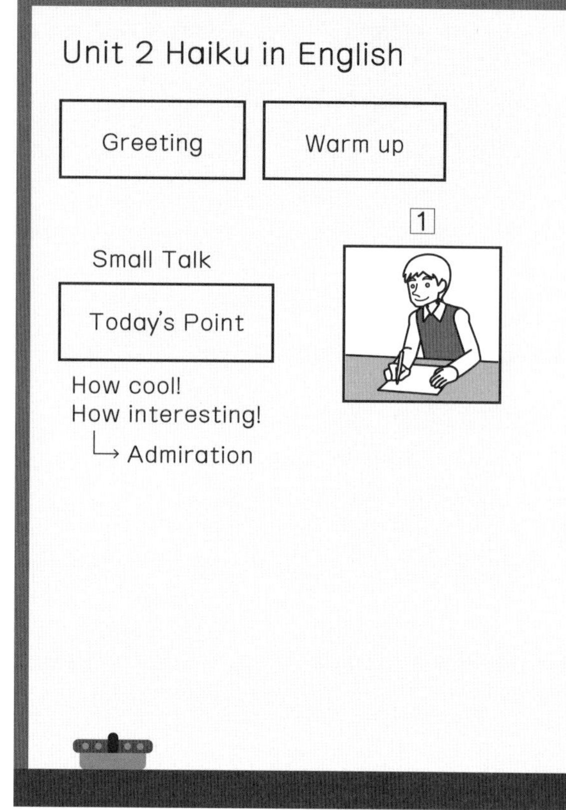

本時の目標

英語俳句について読み取る活動を通して、英語俳句は簡単に作れて楽しいために人気があることに気付き、英語俳句の魅力を現在完了形や現在完了進行形で示すことができる。

準備する物

・ワークシート

【指導に生かす評価】

◎本時では、記録に残す評価は行わないが、目標に向けて指導を行う。生徒の学習状況を記録に残さない活動や時間においても、教師が生徒の学習状況を確認する。

本時の展開 ▷▷▷

 Small Talk をする

今回は得意なことについて聞くよう指導する。

中間交流では、相手に対して驚くこと（Admiration）のよさに気付いたり、「言いたかったけれど言えなかった表現」を共有したりすることで、２回目につなげる。

2 ワークシートの 1 Picture Matching をする

音声を聞いて、何について話しているかを絵と結び付けることで、内容理解につなげる。難しいようであれば、本文を示し、それぞれの段落ごとに内容を理解するように助言する。本文は一段落目が「英語俳句を書くこと」、二段落目が「読むこと」について書かれている。

Today's Aim:
What is Mr. Baker talking about?

Greeting

Answer (A, C)

3

(Foreign) people have been (writing) their haiku in (English). Haiku in English (have) (been) very popular, because they are (short) and (easy).

2

	haiku	haiku in English
a seasonal word	○	×
syllables	○	×
sentence	×	×

3 ワークシート2の表にまとめる

英語俳句に季語は
必要ないのか。

第４時と同じように俳句と英語俳句の違いを表にまとめる。季語や音節についての記述はあるが、文章でないといけないかについては記述がない。教科書 p.26下の４枚の英語俳句から考えさせたい。

4 ワークシートの3 Fill in the blanks をする

Here you are!
ヒントカード

英語俳句についてまとめる文章を、（　）を埋めて完成させる。難しそうなら、ヒントカード（Word Bank）を用意するとよい。

Word Bank 例　difficult／easy／long／short／Japanese／English／written／writing／foreign／have／been／has

第7時

Read and Think ②

英語俳句を作ってみよう

本時の目標

英語俳句を作る活動を通して、英語俳句はリズムが大切だと気付き、リズムのよい英語俳句を作ることができる。

準備する物

・辞書（タブレット端末などの辞書機能でも可）

【指導に生かす評価】

◎本時では記録に残す評価は行わないが、活動→指導→活動の形で生徒の表現をより豊かにする。

本時の言語活動のポイント

英語俳句は作るのが簡単であり、応募作品を募集している団体がある。そういった団体に応募するという目的設定などで、生徒たちに主体的に取り組ませたい。

生徒たちは、国語科の学習において、俳句を作る経験をしてきている。その学びを生かし、英語俳句作りに生かすように指導する。

ただ作らせるだけでは「活動あって学びなし」となってしまう可能性がある。（活動）→（指導）→（活動）の流れを大切にしたい。

①まず作ってみる。
②英語俳句のルールを想起させ、音節を意識するとよいことに気付く。
③音節を意識して作り直す。
④リズムにこだわっている仲間の作品からリズムの大切さに気付く。
⑤リズムのよさを意識して作り直す。

本時の展開 ▷▷▷

1 Small Talk をする

今回は「できること」について聞くよう指導する。

中間交流では、相手を褒めること（Compliment）のよさに気付いたり、「言いたかったけれど言えなかった表現」を共有したりすることで、２回目につなげる。

2 Watching a video

教科書 p.19の単元表紙の動画を見て、photo haiku の特徴を捉える。

自分の経験を生かし、情景を思い浮かべて俳句を作るとよいことに気付き、見通しをもたせる。

3 4 英語俳句を作る活動

活動のポイント：リズムのよい英語俳句を作ることができる。

〈英語俳句を作る活動のイメージ〉

①まずは作ってみる。

A rainy day
My socks got wet
I'm sad

③音節を意識して作り直す。

On a rainy day（5 syllables）
Both my socks have been very wet（7 syllables）
I want to go home now（5 syllables）

⑤リズムのよさを意識して作り直す。

On a rainy day（5 syllables）
Both my socks have been very wet（7 syllables）
What a terrible day!（5 syllables）

3 1回目の Writing Time

タブレット端末でオンライン辞書を使うと便利！

英語俳句を作ってみる。音節については数える必要はないが、単語の音節について知るよい機会なので、辞書を引いて音節を調べさせたり、手拍子で拍をとったりするなど工夫する。辞書に syl・la・ble と書かれている場合は、3音節となる。

4 中間交流→2回目の Writing Time

On a rainy day
rhyme!
What a terrible day!

中間交流では、例を示し、韻を踏むなどリズムを大切にすることのよさに気付かせる。

2回目の Writing Time では、自分の俳句をリズムに気を付けて推敲する。

例）On a rainy day／Both my socks have been very wet／What a terrible day!

第8時

Let's Talk 1

歓迎する気持ちを伝えよう

本時の目標

Baker 先生と海斗の初対面の会話を読み取ることを通して、海斗が Baker 先生を歓迎していることに気付き、歓迎するときの表現を考えることができる。

準備する物

・ワークシート

【指導に生かす評価】

◎本時では、記録に残す評価は行わないが、目標に向けて指導を行う。生徒の学習状況を記録に残さない活動や時間においても、教師が生徒の学習状況を確認する。

ワークシート活用のポイント

2では、T or F question に取り組む。以下の流れで取り組ませるとよい。

①それぞれの問題文について、生徒とインタラクションをしながら意味を確認する。

②答えとなる文を探しながら音読する。

③全体交流では、根拠を示しながら発言させる。

例）I think No.3 is T, because Kaito said, "We've been looking forward to your class."

生徒が根拠をもって考えられるようにしたい。

本時の展開 ▷▷▷

1 Small Talk をする

今回は好きな漫画やアニメについて聞くように指導する。

中間交流では、「言いたかったけれど言えなかった表現」を共有したりすることで、2回目につなげる。

2 場面の確認をした後に課題化する

場面の確認を Picture Card を用いて行う。"What will Kaito say to him?" と問う。生徒は "Nice to meet you." や "How are you?" と答える。そういったつぶやきを基に、課題を "What will Kaito say to Mr. Baker?" と設定する。

2 ワークシートの1 Listening、2 T or F question をする

Unit 2 Haiku in English ⑤ Let's Talk 1

Class(　　　) No.(　　　) Name

Kaito met a new ALT, Mr. Baker. What will he say to him?

Today's Aim
(例) What will Kaito say to Mr. Baker?

1 Let's listen! What did Kaito say to Mr. Baker? (　A　)
A. Welcome to our school.
B. How are you?
C. Where are you going?

2 Let's read the textbook and try T or F questions.
1. Mr. Baker's first name is Mike. (　T　)
2. Kaito is in Class 3B. (　F　)
3. Kaito wants to take Mr. Baker's class. (　T　)

3 When you interview, what expression will you use?
(例) Welcome to ○○○ Junior High School.
I have been enjoying your class.

〈2 進め方のイメージ〉

①

T：Mr. Baker's first name is … ミケ？

S：No, Mike!

T：What's your first name?（反応がなければ）My first name is Shusuke. Your first name is…

S：Takeshi!

T：Nice. How about Mr. Baker? Is his first name Mike?

②

T：Umm, these are difficult. Let's read the textbook. Open your textbook to pg.29. Repeat after me, and find answers. If you find them, draw lines on them. For example, I'm Mike Baker. Are you with me?

S：(Yes.)

T：Then, ○○, what will you do?

3 ワークシートの1 Listening、2 T or F question をする

1では、音声を聞いて海斗が何を言っているか聞き取る。課題を設定する場面で見通しをもたせているので、それほど難易度は高くない。2では、判断材料となる文章に線を引くように伝える。とくに3.の文は教科書に書いていないので、どの文章を根拠にするか考えさせたい。

4 ワークシートの3 評価問題をする

3では、インタビューで ALT を歓迎する表現を考える。考えられない生徒がいる場合は、全体で表現を共有することで、見通しをもてるようにする。

例）・Welcome to ○○○ Junior High School.
　　・I have been enjoying your class.

第9時

話しやすい雰囲気をつくろう

本時の目標

仲間の魅力を引き出す活動を通して、話しやすい雰囲気をつくるとよいことに気付き、反応したり、相手に共感したりしながら対話することができる。

準備する物

・移動の仕方を示したプリント
・振り返りシート

【指導に生かす評価】
◎本時では、記録に残す評価は行わないが、ただ活動させているだけにならないように、生徒のよさを価値付けるなど指導を入れる。

本時の言語活動のポイント

授業をしていると、生徒から「これ何て言うの？」と質問されることが多々ある。それら一つ一つに丁寧に答えていては、時間がかかり過ぎてしまうし、生徒の表現力は伸びない。

そこで大切にしたいのが、「リフレーミング」だ。既習の英語表現を駆使し、何とか伝える方法を考える生徒の姿勢を価値付け、自分らしい英語で表現しようとする生徒の育成につなげる。

例えば、「あなたの趣味は何ですか？」と相手に問うとき、無数の表現が可能である。

・What's your hobby?
・What do you like doing?
・What do you do when you're free?
・Do you like *anime*?
（相手に"No. I like ～." と言わせる）
・I like cooking. How about you?
・What are you interested in?

自分らしい表現を選んでいけるようにしたい。

本時の展開 ▷▷▷

1 1回目の Speaking Time →中間交流

今回はトピックを指定せずに、自由に質問するよう指導する。

1回目の中間交流では、今まで学んできたQuestion, Repetition, Admiration, Compliment を想起させ、話しやすい雰囲気をつくることのよさに気付かせたい。

2 2回目の Speaking Time →中間交流

2回目の中間交流では、相手に共感しながら話を聞く（Empathy）仲間のよさに気付かせる。相手がうれしそうなときには楽しい雰囲気を出すと、相手から話を引き出しやすくなる。事前に共感力の高い生徒の様子を動画に撮っておき、紹介するとよい。

3 3回目の中間交流（リフレーミング）

活動のポイント：リフレーミングで表現に幅をもたせる！

〈リフレーミングの例〉

JTE：Do you have any questions?
S1　：「趣味」って英語でなんて言うんですか。
JTE：In a full sentence, please?
S1　：「あなたの趣味は何ですか。」と聞きたいです。
JTE：How do you say this?
　　Let's think with your friends!
（生徒たちの話し合いの後）
JTE：Do you have any ideas?
S2　：Hobby?
JTE：Oh, nice! How do you ask?
S2　：What hobby?
JTE：Nice! What's your hobby? That's a nice question!
　　Any other?
S3　：普通に「何をすることが好き？」で What do you like doing? はどうですか？
JTE：Amazing! Do you have anything else?
ALT：Ah, I say, "What are you interested in?"

3 3回目の Speaking Time →中間交流→ 4回目の Speaking Time

3回目の中間交流では、生徒の「言いたいけれど言えない表現」をどのように表現するか学級で考える。生徒の考えた表現を大切にしつつ、有用な表現をインプットしていく。既習表現を活用する頭の中の回路づくりを「リフレーミング」を通して行う。

4 本時の振り返りをする

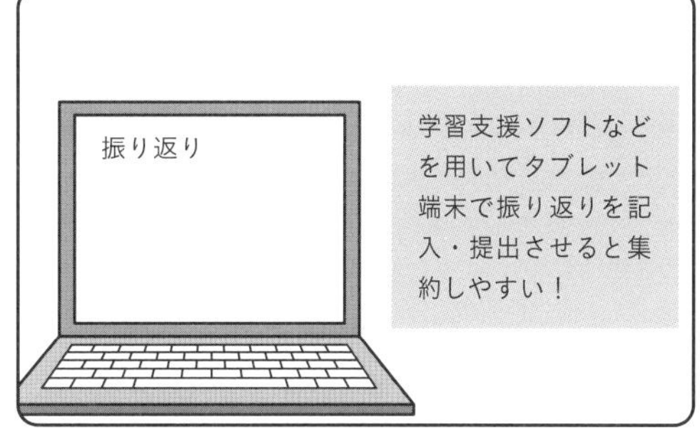

振り返り
学習支援ソフトなどを用いてタブレット端末で振り返りを記入・提出させると集約しやすい！

本時でできたこと・できなかったことを振り返る。「魅力を引き出せたかというと、自信がない。好きなことやずっとしていることは引き出せたが何かが足りない気がする」という意識になっている生徒に共感させることで次時につなげる。

第10時

仲間の経験とその裏にある思いを引き出そう

本時の目標

仲間の魅力を引き出す活動を通して、経験とその裏にある思いを引き出すとよいことに気付き、相手の経験とその裏にある思いについて質問することができる。

準備する物

・移動の仕方を示したプリント
・振り返りシート

【指導に生かす評価】

◎本時では、記録に残す評価は行わないが、活動→指導→活動の形で生徒の表現をより豊かにしていく。

本時の言語活動のポイント

被災地にボランティアに行ったことがある（経験）とか、3歳のときからずっと野球をやっている（継続）といった、その人がもつ経験や継続して取り組んでいることに注目すると、その人がもつ魅力が見えることがある。

さらに、その経験の裏にはどんな思いがあるかを明らかにしていく必要もある。被災地ボランティアの裏には、人のために働きたいという思いがあるのかもしれないし、野球を長年続けてこられたのはプロ野球選手という夢があったからかもしれない。そういった思いにこそ、その人の魅力が表れる。

経験やその裏にある思いを引き出させるようなインタビュー活動を目指したい。

本時の展開 ▷▷▷

1 1回目の Speaking Time → 中間交流

仲間の魅力を引き出すために、どんな質問が適切か、生徒たちの見方・考え方を発揮させたい。1回目の中間交流では、右ページ上段の例のように経験とその裏にある思いを引き出すとよいことに気付かせたい。

2 2回目の Speaking Time → 中間交流

2回目の中間交流では、経験やその裏にある思いをどのように引き出すかを、具体的な英語表現を共有する。
(経験を引き出す質問例)
・How long have you ～?・Have you ever ～?
思いを引き出す質問例)・Why?

1 1回目の中間交流

活動のポイント：経験やその裏にある思いを引き出そう！

インタビュー活動に向かう前に、interviewee に interviewer を評価するように指導する。
よいインタビューなら………What a good interviewer!
もう少し努力が必要なら……You can try more!

〈例〉

JTE：Who's got "What a nice interviewer"?
数名が挙手する。その生徒たちを指名し、"What's the point?" と問う。
S1：話しやすい雰囲気をつくることが大切だと思う。
S2：ずっとやっていることにその人らしさが表れるから、What do you like doing? から How long have you played it? で**ずっとやっていること**を聞き出せばよい。
S3：今までにどんなことをしたことがあるかも大切。外国に行ったことがあるとか、**経験**を聞けばよい。
JTE：Why?　なんでそんなことを聞くの？
S3：外国に行くのは大きな決断が必要だと思うから、**どんな思いで**その決断をしたのかを引き出すとよい。

3 3回目の Speaking Time →中間交流→ 4回目の Speaking Time

3回目の中間交流では、生徒の「言いたいけれど言えない表現」をどのように表現するか学級で考える。生徒の考えた表現を大切にしつつ、有用な表現をインプットしていく。既習表現を活用する頭の中の回路づくりを「リフレーミング」を通して行う。

4 本時の振り返りをする

本時できたこと・できなかったことを振り返る。例　「人柄を引き出すために、ずっとしていることなどを聞き、その上で思いを明らかにすることが必要だと分かった。ALT の魅力を引き出せるように、雰囲気づくりや質問の仕方を工夫していきたい。」

第11時

ALTの魅力を引き出すインタビュー活動

本時の目標

ALTの先生の魅力を引き出すために、話しやすい雰囲気をつくったり、経験や相手の思いを引き出したりすることができる。

準備する物

・ルーブリック
・タイマー

【「話すこと［やり取り］」における記録に残す評価】
◎現在完了や現在完了進行形を用いて、話しやすい雰囲気をつくるなどして、ALTの経験とその裏にある思いを引き出そうとしている（知・技）（思・判・表）（主）。

本時の言語活動のポイント

Performance Testをどのように行うかは、学校の実態にもよるが、生徒の資質・能力を適切に評価するためにも、学習のまとまりや区切りに合わせて定期的に行いたい。

例えば、２名のALTが勤務している学校であれば、Performance Testの際には、２名に同じ日に勤務してもらい、生徒を半分に分け、半分ずつALTと対話を行うなどの工夫で効率的に実施が可能となる（偶数生徒はALT１に、奇数生徒はALT２に担当してもらう）。こうすることで、40名のPerformance Testを１時間で実施することができる。ただし、このようにALTの意見を参考にして評価を行う際は、最初の数名はALT２人で同時に実施し、パフォーマンスを録画するなどした上で、評価規準（基準）を明確にして行うことが大切である。

本時の展開 ▷▷▷

1 場面設定をする

ALTのことを知らない人に
ALTを紹介しよう。

「PTAの広報委員がALTのことを広報誌に載せたいそうです。そこで、あなたはALTにインタビューすることになりました。１分半でALTの魅力を引き出しなさい」という場面設定を共有する。本当に起こりそうな場面を設定することで、生徒たちが主体的になれると考える。

2 評価規準（基準）の確認をする

What's important?
経験を引き出すといい！

"What's important?" と確認する中で、「経験とその裏にある思いを引き出すこと」「話しやすい雰囲気をつくること」「正しい英語で話すこと」「スムーズに話すこと」「最後まであきらめないこと」を大切にしたいことや評価規準（基準）を共通理解する。

3 Performance Test

活動のポイント：経験やその裏にある思いを引き出そう！

〈Performance Test の流れ〉

①評価基準を生徒とともに作成する。
ルーブリックの形で作るとよい。

②一人ずつ別室にいる ALT を訪れ、１分半のインタビューを行う。ALT がルーブリックに参考となる評価を書き込む。パフォーマンスは録画しておく。

③全員が終了したら、ALT からフィードバックをしてもらう。

④授業後に教師が ALT のコメントや映像を参考にして「記録に残す評価」を行う。

＊もし可能なら、偶数生徒は ALT2に、奇数生徒は ALT1にインタビューする時間を設けると、全員が資質・能力を身に付けることにつながる。

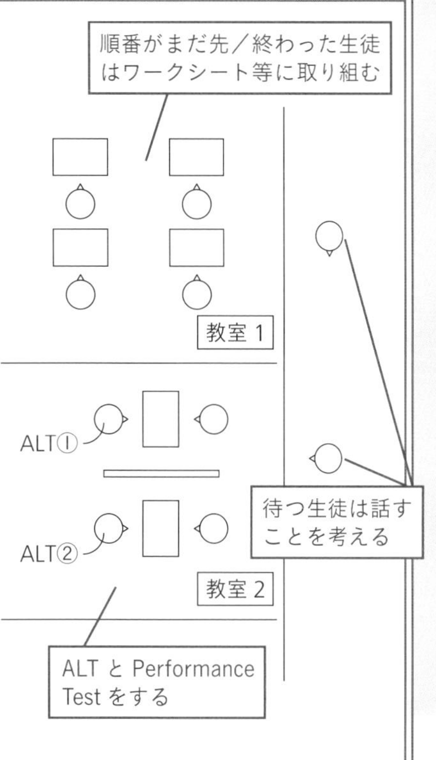

順番がまだ先／終わった生徒はワークシート等に取り組む
教室１
ALT①
ALT②
待つ生徒は話すことを考える
教室２
ALT と Performance Test をする

3 Performance Test を行う

Next, please!
私だ！

一人ずつ別室でインタビューを行う。他の生徒には、自習をして待つように指導する。

ルーブリックは５観点それぞれに A、B、C を付ける。Test に入る前に生徒に記名させておくと、スムーズに行うことができる。

4 ALT からフィードバックする

You have wonderful questions!

全員が終了したら、ALT からフィードバックをしてもらう。５つの観点の内、特によかった点と改善すべき点を生徒に伝え、今後の Performance Test につなげる。Performance Test を複数回行うと、評価の妥当性を上げることができると考えられる。

第12時

ALTについて新聞にまとめよう

本時の目標

インタビューで聞いた内容を新聞にまとめる活動を通して、段落を分けて書くと分かりやすくなることに気付き、経験と思いを、段落を分けて書くことができる。

準備する物

・振り返りシート

【「書くこと」における記録に残す評価】

◎インタビューで聞いたALTの経験と思いを、読み手に伝わりやすいように、段落を分けるなど工夫して書いている（知・技）（思・判・表）。

本時の言語活動のポイント

書く活動は、いきなり始めるとうまく書けないであろうことが予想される。そこで、書く前にペアに内容を話す活動を行う。

1回目）まずは話してみる。
中間交流）経験と思いを書くとよいことに気付く。
・He has played ～, because …
・He has been to ～.
・He wanted to ～.
などの表現を確認する。
2回目）経験と思いについて話す。
中間交流）言いたいけど言えない表現を共有する。
3回目）経験と思いについて話す。
書く指導につなげていく。
※前時までの学びを想起させ、経験と思いに気付かせたい。

本時の展開 ▷▷▷

1 1回目のSpeaking Time→中間交流

“Can you write about ALT?” と生徒たちに聞くと、「無理だ」「ちょっとできないかな」という反応がある。“Then, before you write, let's talk!” として生徒同士でALTの情報を伝え合う1回目のSpeaking Timeに入る。

2 2回目のSpeaking Time→中間交流

2回目の中間交流では、生徒の「言いたいけれど言えない表現」をどのように表現するか学級で考える。生徒の考えた表現を大切にしつつ、有用な表現をインプットしていく。板書にも位置付け、生徒が活用できるようにするとよい。

3 3回目の中間交流

活動のポイント：経験と思いを段落を分けて書こう。

〈活動の手順〉

ペア交流を終えた後、書く活動に移る。

＊15分以上書く時間を設けたい。

書く前に、“What's important when you write?” と問う。段落を分けて書くと分かりやすくなることに気付かせ、新聞にまとめていく。

I'll write about my ALT.
Do you know of him?
He has been to many
countries,
such as China, Korea and so on.
She wants to …………………….

例）

I'll write about our ALT. Do you know about him?

He has been to many countries, such as China and Korea and so on. He likes to travel. Why?

He wants to learn about other cultures. When he learns about other people's culture, he can be kind to them. He wants to make a more peaceful world, so he travels.

3 3回目の Speaking Time → 中間交流

どちらが読みやすいですか？

3回目の中間交流では、本ページ上段の例のように、段落を用いて書くと分かりやすくなることに気付かせたい。段落を用いたものとそうでないものを2つ並べ、どちらが見やすいか考えさせる。段落を用いることで、内容のまとまりについても考えさせる。

4 Writing Time

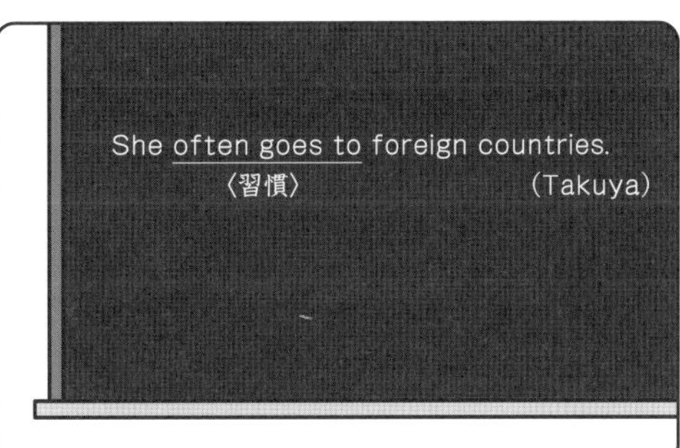

She often goes to foreign countries.
〈習慣〉
(Takuya)

話した内容を新聞の形にまとめていく。適宜、共通して見られる誤りへの指導を行う。また、経験とその裏にある思い以外にも、習慣に目を向けている生徒の英文を黒板に位置付けるなどして紹介し、表現の幅を広げていく。

Let's Listen 2

講演を聞き取ろう

本時の目標

Food miles についての講演を理解する活動を通して、長い文章を聞く時にはキーワードを聞き取るとよいことに気付き、話し手が一番伝えたいことを理解できる。

準備する物

・ワークシート

【指導に生かす評価】

◎本時では、記録に残す評価は行わないが、目標に向けて指導を行う。生徒の学習状況を記録に残さない活動や時間においても、教師が生徒の学習状況を確認する。

Let's Listen 2

Greeting　Warm up

Small Talk
What do you want
to eat for lunch?

Today's Point

Why? --- Because it's ～.
・delicious
・sweet
・spicy
・crunchy
・juicy
・soft

本時の展開 ▷▷▷

1 Small Talk をする

What do you want
to eat for lunch?

"How are you?" と挨拶すると、よく "I'm hungry." と答える生徒がいる。そこで、"What do you want to eat for lunch?" と問いかけ、生徒と対話しながら活動の見通しをもたせる。中間交流では、有用な形容詞を導入する。

2 教科書 p.34の講演を聞く

What is the talk about?

板書の３枚の絵の中から、What is the talk about? の答えを見つける。一度聞かせてみて、一度で理解できない子にはもう一度聞かせる。その後、"Do you know food miles?" と問う。Food miles を理解できるように、絵を描いて説明する。

板書のポイント：生徒が理解できないときは絵を活用するなどしてヒントを与える。

Today's Aim : What is the talk about?

Greeting

1 (A)

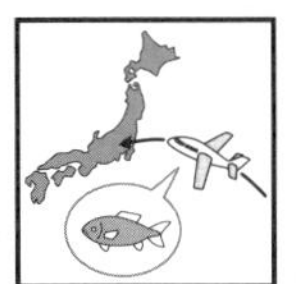

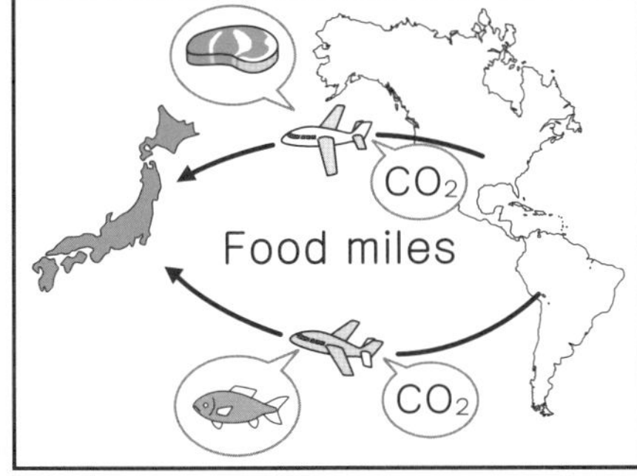

2

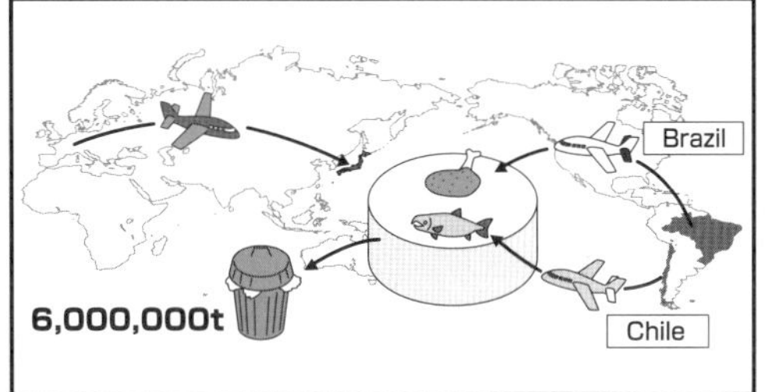

3
- We have to ～.
- We should ～.
- She tells us that ～.

3 講演で使用された資料について考える

講演を聞きながら、どんな資料を見せているか考える。“lunch box” や “the fish is from Chile.”, “the chicken is from Brazil.” などのキーワードを基に、絵を書きながら考える。タブレットで画面を共有できると、意見交流がしやすい。

4 講演で話し手が一番伝えたかったことを書く

What does the speaker want to tell about?

話し手が一番伝えたいことは何かを考える。

例）・We have to think about food miles.
・She tells us that food is important.
・We should treasure food.

第11時 ALTの魅力を引き出すインタビュー活動

活動の概要

第10時において、本単元の最終活動として、ALT の魅力を引き出すインタビューを行う。活動の前に、生徒と一緒にポイントを確認し、評価基準を明確にしておく。生徒は一人ずつ別室で ALT とやり取りを行う。やり取りの後、ルーブリックで評価を返し、生徒たちが学びを実感できるようにしたい。

活動をスムーズに進めるための 3 つの手立て

①場面設定
生徒たちが主体的にインタビューに挑めるように、場面を設定する。

②復習プリント
Performance Test を行っている間に、他の生徒が行うワークシートを用意する。

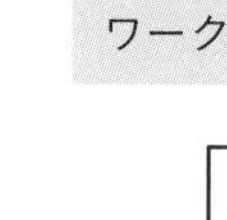

③ルーブリック
内容、雰囲気、正確性、流暢性、態度の 5 観点で評価する。

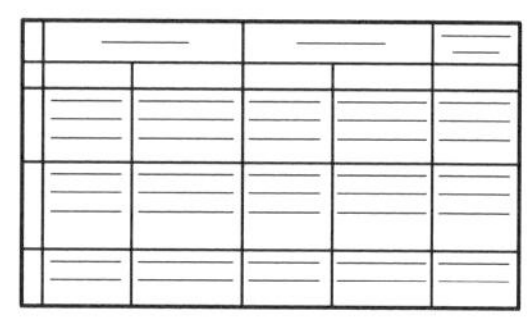
ルーブリック

活動前に子供と共有する場面設定と評価のルーブリック

新しい ALT のことを PTA の広報誌に載せたいそうです。そこで、あなたは ALT にインタビューすることになりました。１分半で ALT の魅力を引き出しなさい。

	思考・判断・表現		知識・技能		主体的に学習に取り組む態度
	内容	雰囲気	正確性	流暢性	態度
2	経験とその裏にある思いを引き出している。	反応したり、ほめたりしながら話しやすい雰囲気をつくっている。	発話に誤りがなく、よく伝わる。	沈黙なく、１分半インタビューを続けている。	ALT の魅力を引き出そうと努力している。
1	質問できる。経験や思いも引き出せるとよい。	話しやすい雰囲気をつくろうとしている。さらに反応したり、ほめたりするとよい。	伝えたいことは伝わるが、さらに正確性を高めたい。	沈黙を減らしていけるとよい。	活動には向かっているが、さらに意欲的に取り組めるとよい。
0	質問をできるとよい。	話しやすい雰囲気をつくれるとよい。	発話の正確性を高めるとよい。	流暢性を高めるとよい。	意欲的に活動に向かえるとよい。

活動のポイント

"What's important?" と確認する中で、「経験とその裏にある思いを引き出すこと」「話しやすい雰囲気をつくること」「正しい英語で話すこと」「スムーズに話すこと」「最後まであきらめないこと」を評価の窓として見ることを共通理解する。

メイン活動
Hi.
Can I ask you some questions?
Sure!
01:30

活動のやり取り例

S　：Hi. Can I ask you some questions?
ALT：Sure.
S　：I heard you like to travel.
ALT：Yes!! I like to visit many places!
S　：I see. Which countries have you been to?
ALT：I've been to many countries, such as China, Thailand, and India.
S　：Nice! Why do you travel to many places?
ALT：I'm interested in foreign cultures.
S　：Why?
ALT：Because learning about another culture is cool. When you learn about another culture, you can be kind to others.
S　：Oh, that's cool.
ALT：I want to make a more peaceful world.
S　：That's great. Thank you for sharing.

活動後のやり取りのポイント

活動後に、一人一人にルーブリックを返すとともに、ALT からフィードバックを行い、生徒の取組を価値付けていく。時数に余裕があれば、もう一人の ALT ともインタビュー活動を行えると、より資質・能力を高めることにつながると考える。

Unit 3 【中心領域】書くこと、話すこと［発表］

Animals on the Red List （12時間）

単元の目標

国際自然保護連合がまとめたレッドリストに載っている絶滅危惧種について学び、それ以外の世界中に存在する絶滅危惧種について、その危惧の原因やとるべき対策について調査して、クラスメートに伝えることができる。

単元の評価規準

知識・技能	思考・判断・表現	主体的に学習に取り組む態度
・不定詞を用いた文の意味・用法を理解し、正しく活用して発表する技能を身に付けている。	・絶滅が危惧される生物の実態や原因、とるべき対策について調べた情報を適切に整理・活用して伝えることができる。 ・取り上げられている絶滅危惧種についての文章を読み、その概要を理解することができる。	・絶滅が危惧される生物の実態や原因、とるべき対策について調べた情報を適切に整理・活用して伝えようとしている。 ・取り上げられている絶滅危惧種についての文章を読み、その概要を理解しようとしている。

単元計画

第1～2時（導入）	第3～5時（展開①）
1．単元の見通しをもとう Preview の聞き取り活動を行い、聞こえてきた事柄や、単元のテーマについて話し合う。 単元の終末に行う「絶滅危惧種について調査し発表しよう」という活動について説明し、本単元の言語活動への意欲を高める。 **2．ポスターに書かれた内容を読み取ろう** ポスターの内容を理解する活動を通して、自分たちに求められる行動を考えるとともに、It ＋ is ＋（for ＋人）＋ to ＋動詞の原形を理解する。	**3．Meg と海斗のやり取りを理解しよう** 2人の対話を読み取る活動を通して、日本にも絶滅危惧種が存在することに気付き、want ＋人＋ to 動詞の原形について理解する。 **4．学級新聞の内容を理解しよう①** 絶滅危惧種であるトキについて書かれた内容を読み取る活動を通して、今いるトキは中国から寄贈されたものであることに気付き、原型不定詞について理解する。 **5．学級新聞の内容を理解しよう②** ゴリラに絶滅の危惧がある背景について書かれた内容を読み取る活動を通して、身近な電子機器の生産が原因であることに気付く。

指導のポイント

本単元は世界で絶滅の恐れのある動物について、その実態や原因について知り、自分たちにできることを考えることをテーマにしている。導入においてはデジタル教材（教材）を用いて動画の英文の聞き取りを行う。また、Key Activity として設定しているプレゼンテーションのモデルとして、JTE と ALT がタブレット端末を用いて実演し、ゴールイメージをもたせる。Scene ①、②では日本を含む世界中に絶滅危惧種が存在し、そのことを学ぶ必要性があることを知る。その上で Read and Think ①、②でより具体的に 2 種の動物を取り上げ、人間の活動がほぼ全ての絶滅危惧種を生み出していることや、自分の身近なところにある電子機器までもがその原因の一つであることに気付き、この問題が他人事でないことを学ぶ。帯活動として行う Small Talk では言語活動を支援する教材（下記参照）を用いて、基本的な表現を適宜練習しながらやり取りを充実させていくことも大切にしたい。また、単元末では各自が絶滅危惧種について調査しプレゼンテーションを行う。[鳥取県教育委員会事務局英語教育推進室情報サイト「シャトルチャット」(https://cmsweb2.torikyo.ed.jp/english_eao/?page_id=70) を参照。]

評価のポイント

第 1 時で教師のモデルを見せる際に、評価の観点や基準などを生徒と共有することが必要である。第 4 時、第 5 時では教科書の Round を活用して思考・判断・表現の評価を実施する。ただし、教科書の Round に替えて「パラグラフにタイトルを付ける」や「本文の重要なセンテンスに下線を引く」などのバリエーションをもたせることもある。Key Activity は 4 人班で実施する。発表の際はプレゼンテーション資料に記載したキーワードと、手元に記録した数語のキーワードを用いる。発表する順と動画撮影の担当者を決め、全員の発表を記録する。後日 JTE と ALT が協力して評価を行う。

第 6 ～10時（展開②）	第11～12時（終末）
6 ～10. 絶滅危惧種について調査しよう 教科書で扱っていない絶滅危惧種について、インターネットなどで調べ、タブレット端末を用いてプレゼンテーション資料を作成し、発表の練習をする。 6．Google スライドの使い方を知る 7．情報収集とスライドの作成 8．情報収集とスライドの作成 9．情報収集とスライドの完成・発表練習 10．発表練習 発表練習では、ペアで互いの発表の様子をタブレット端末を用いて撮影し合い、助言し合う。	**11. プレゼンテーションに取り組もう** 自分が作成した資料を提示しながら、聞き手の表情や理解度を確認しながらプレゼンテーションする。 **記録に残す評価【発】** 知 思 主 **12. 絶滅危惧種からのメッセージポスターを作って発表しよう〈Let's Write 2〉** プレゼンテーションの際に用いたメモ用紙を基にして、プレゼンテーションの内容をまとまりのある英文で書く。 **記録に残す評価【書】** 知 思 主

※ Unit 3では、単元内第12時に Let's Write 2（1 時間）を行う。

第1時

Preview

単元の見通しをもとう

本時の目標

単元の終末に行う「絶滅危惧種について調査し、発表しよう」という活動の説明を聞き、課題意識や取り組みへの意欲を高める。

準備する物

・Small Talk の材料
・タブレット端末
・デモンストレーション用スライド
・デジタル教科書（教材）

【指導に生かす評価】

◎本時では、記録に残す評価は行わないが、目標に向けて指導を行う。生徒の学習状況を記録に残さない活動や時間においても、教師が生徒の学習状況を確認する。

本時の言語活動のポイント

毎回の授業の最初に帯活動として行うのが Small Talk である。Small Talk で生徒は、既習表現を自由に用いてやり取りすることが求められる。ともすると、同様の表現ばかりが用いられ使用表現が広がらない心配がある。そこで、鳥取県教育委員会が作成したシャトルチャットなどを用いて過去に学んだ文法事項を定期的に反復練習させることや、自然な会話になるようアイコンタクトやあいづちをすることを意識して対話を行う練習を実施することも大切である。

シャトルチャットは、中学3年間で扱われる言語材料を含む文をリスト化したもので、全学年の重要文法事項を網羅している。直近に学んだことだけでなく、生徒の実態に応じて1、2年生の言語材料や課題を使用して表現の練習を行うことができる。この活動で練習した表現を単元末などのスピーキングテストに関連付けることで、生徒も意欲的に取り組むことができる。

本時の展開 ▷▷▷

 Small Talk をする

生徒には配布したシャトルチャットや Small Talk 用プリントを毎時ファイリングしていくよう伝える。本時のものをペアで実施する。プリント内の A と B の役を交代で行う。終わったら着席。教師がペアを指名してみんなの前で演じる。個人を指名して教師と実施してもよい。

2 Preview 単元の概要をつかむ

デジタル教科書（教材）にある Preview の動画と音声を見聞きし、どんなことが聞こえてきたかをペアで話し合い、単元で取り上げられる題材についての概要を理解する。3回聞かせ、その都度話し合わせて情報を増やさせる。

1 Small Talk をする

活動のポイント：既習の文法をくり返し使用する。

帯活動として行う Small Talk では、毎回トピックを提示する。対話を充実させるためには、時には必要表現を練習するなどドリル的な学習を行うことも考えられる。その場合は、使用する表現や会話例をプリントとして配付し、ファイリングしていくと、単元末に復習がしやすい。地域の教育委員会などで作成の教材を使用してもよいだろう（例：鳥取県　シャトルチャット）。

3 単元末の活動のモデルを見る

ALT と JTE がデモ用に作成したスライドを用いてプレゼンテーションを行う。それを見ることで生徒は活動のゴールイメージをもつ。合わせて評価の観点や、基準についても生徒と共有し、単元末までにどのように活動に取り組むかをイメージできるようにする。

4 単元の学習計画を把握する

全12時間で計画されている本単元の学習予定を説明し、効率的に学習を進めるための準備をする。調査活動が入ることを知ることで調べたい生物を事前にリサーチしておくなどの取組を計画させる。

第2時

Scene ①

ポスターに書かれた内容を読み取ろう

本時の目標

ポスターの内容を理解する活動を通して、自分たちに求められる行動を考えるとともに、It + is…(for + 人) + to + 動詞の原形を理解する。

準備する物

・Small Talk の材料
・タブレット端末
・文法導入用の写真など
・デジタル教科書（教材）

【指導に生かす評価】

◎本時では、記録に残す評価は行わないが、目標に向けて指導を行う。生徒の学習状況を記録に残さない活動や時間においても、教師が生徒の学習状況を確認する。

文法導入のポイント

・なるべく日本語での説明はしないで、教師の発する英語と仕草、クイズなどを通して新出の文法事項の理解を促す。

・「言語活動を通して」表現を定着させたいため、教師がモデルを見せた後に、実際に使わせることでさらなる定着を図る。間違いが起きることは前提として捉え、指摘するのではなく、教師が言い直すなどの方法で間違いに気付かせる。

・言葉だけでは理解が難しい生徒のためにも、絵や写真、実物などを準備して導入を行う。

本時の展開 ▷▷▷

1 Small Talk をする

生徒は配布されたシャトルチャットや Small Talk 用プリントをファイリングしており、それを開いてペアで実施。プリント内の A と B の役を交代で行う。最初はプリントを見ながらだが、徐々にルックアップさせ、後半はプリントを見ないで会話を行うよう指示する。

2 文法導入（It + is…（for + 人）+ to + 動詞の原形）

It is fun for me
to visit castles.
It's good!

ALT と JTE がモデルとしてそれぞれの楽しいこととそうでないことを、写真を用いながら伝え合う。その後、身近な先生の情報を使ってクイズを行いながら導入。生徒を指名して "Is it fun for you to ～?" などと質問していく。

2 文法導入のやり取り

活動のポイント：ALT と JTE のやり取りから徐々に生徒を巻き込んでいく。

〈会話例〉

ALT：Hi, what is your hobby?
JTE：My hobby is golf.
It is fun for me to play golf.
Is it fun for you to play golf, too?
ALT：No, it isn't. It is fun for me to swim.
Do you know what Mr. Tanaka's hobby is?
S1 ：I know. It's reading books.
ALT：That's right. It's fun for him to read books.
Is it fun for you to study English?
S1 ：No. It is fun for me to study P.E.
ALT：Oh really? That's good.
How about you, S2?
S2 ：For me, it is fun to study English.
ALT：Great. I'm glad to hear that.

3 教科書本文の内容理解

There are many kinds of animals in danger of extinction, true or false?
True!

デジタル教科書（教材）の単語リストを用いて新出単語を確認。本文の内容に関する T or F question を出し、班の中で答えとその根拠となる英文を確認する。その後、班を指名して答えと根拠を発表させ、正解を確認する。

4 本時の振り返りをする

振り返りシートを用いて、本時目標に対する振り返りを行う。加えて、新文法に関する簡単な問題に答えさせる。生徒は教師のところに解答用紙を持参し、その場で理解度の確認と、必要であれば解説をする。

第3時

Scene ②

Megと海斗のやり取りを理解しよう

本時の目標

2人の対話を読み取る活動を通して、日本にも絶滅危惧種が存在することに気付き、want +（人など）+ to +動詞の原形について理解する。

準備する物

・Small Talk の材料
・タブレット端末
・デジタル教科書（教材）

【指導に生かす評価】
◎本時では、記録に残す評価は行わないが、目標に向けて指導を行う。生徒の学習状況を記録に残さない活動や時間においても、教師が生徒の学習状況を確認する。

本時の言語活動のポイント

Read and Think の Round のような、各自が読んで概要をつかんだり、パラグラフごとのタイトルを選んだりする方法も効果的である。さらには本時で取り組むような、聞いて内容をつかむ活動も面白い。

特に対話で本文が構成されている場面では、ALT とのやり取りを聞かせてみてもよい。本文通りでなく、ALT と JTE の実態に合わせて多少アレンジを加えることで、臨場感も生まれて本物の対話になると思われる。

本時の展開 ▷▷▷

1 Small Talk をする

生徒は配布されたシャトルチャットや Small Talk 用プリントをファイリングしており、それを開いてペアで実施。プリント内の A と B の役を交代で行う。終わったら着席。教師がペアを指名してみんなの前で演じる。個人を指名して教師と実施してもよい。

2 文法導入（want +（人など）+ to +動詞の原形）

ALT と JTE の対話による口頭導入。want +（人など）+ to +動詞の原形を用いて、相手に行動を要求する。複数の要求をした後に、生徒を指名して同様に行動させる。その後、“I want you to see this book.” といってレッドリストを見せ、次の Scene ②につなげていく。

3 アレンジを加えた本文の対話を ALT と JTE で実演する

活動のポイント：平易な英語を用いて本文の内容を伝える。

〈JTE と ALT の会話例〉

JTE：Have you ever heard of the IUCN Red List?
ALT：Yes, but I've never read it. What is it?
JTE：It gives us information about endangered animals.
ALT：Endangered animals. For example?
JTE：Pandas, cheetahs, and gorillas, and so on.
ALT：Really? I didn't know that.
Are there any endangered animals in Japan?
JTE：Yes. Do you know of this bird?
We call it Toki in Japanese. This is one of endangered animals in this country.
ALT：I see.
JTE：I want everyone to know that.
ALT：Why don't we research some information about endangered animals for our students?
JTE：That's a good idea.

「みんなに知ってほしい」
って意味かな？

3 Scene ② 2 人の対話を理解する

ALT と JTE が登場人物に成り代わって、対話をする。教科書の英文どおりではなく、多少アレンジを入れる。また理解しやすいようにタブレット端末でレッドリストやその中に載っている動物の写真を提示しながら対話を進める。その後 T or F question で理解確認をする。

4 Mini Activity

Teacher's Manual のワークシート編にある活動を行う。たとえば、短い英語を聞いてふさわしい絵を選んだり、クラスメートの得意なことを It ＋ is…（for ＋人）＋ to ＋動詞の原形などの表現を用いて尋ね合う活動をする。

第4時

Read and Think ①

学級新聞の内容を理解しよう①

本時の目標

トキについて書かれた内容を読み取る活動を通して、現存するトキは中国から寄贈されたものだと気付き、原型不定詞の用法を理解する。

準備する物

- Small Talk の材料
- タブレット端末
- デジタル教科書（教材）
- Please come here! プリント

【指導に生かす評価】

◎本時では、記録に残す評価は行わないが、目標に向けて指導を行う。生徒の学習状況を記録に残さない活動や時間においても、教師が生徒の学習状況を確認する。

本時の学習活動のポイント

〈ゴール〉

プリントされた表現を制限時間内にどれだけたくさん教師に言わせることができるか。

〈やり方〉

- 班を作り、スタートの合図でプリントを表にし、教師に言わせたい表現を選ぶ。
- そのために言うべき疑問文を協力して考え、教師を呼ぶ。"～, please come here!"
- 教師は呼ばれた班に行き、班の中の1人の生徒を指名する。
- 選ばれた生徒は5秒以内に疑問文を言う。
- 言わせることができたら教師はプリント上の答えにあたる表現に○を付ける。
- どの班がたくさん○をもらったか競う。

〈特徴〉

○班内のどの生徒も参加する。（班への責任）
○既習の様々な表現の復習ができる。
△本物の情報のやり取りになるときもある。

本時の展開 ▷▷▷

1 Small Talk をする

生徒は配布されたシャトルチャットや Small Talk 用プリントをファイリングしており、それを開いてペアで実施。プリント内の A と B の役を交代で行う。終わったら着席。教師がペアを指名してみんなの前で演じる。個人を指名して教師と実施してもよい。

2 Let's play "Please come here !"

ALT が参加する授業でよく行う活動。既習の文法や表現を復習するのに効果的な活動である。生徒は班になり、教師または ALT を呼んでプリントに書かれた表現を言わせるという活動である。呼ばれた教師または ALT は班員の一人を指名し、その生徒のみが教師に質問する。

2 "Please come here!" をする

〈Please come here! プリントの使用例〉

ALTの名前を入力　　Class(　　) No.(　　) Name ________

Josh , please come here!!		
Yes, you have to.	No, she's not.	No, I haven't.
Yes, I have.	It is fun for me.	I like to play tennis.
No, you can't.	Yes, she is.	I was sleeping.
No, I'm from Australia.	I'll watch TV.	Mr. Nakamura does.

↑
各マスに疑問文の答えとなる文を入れる

3 重要表現の確認をする

教科書にある Round 1～Round 3に個人で取り組む。その後班の中で答えの確認を行うが、その際には答えの根拠となる英文を示して教え合うように指示する。このときは赤ペンだけを持たせて取り組ませ、活動後は答えを記入したプリントを提出する。

4 教科書 p.41の Round 1～3 に取り組む

デジタル教科書（教材）を用いて、覚えておくべき重要表現や単語の意味と発音を確認する。音と文字を結び付けるため、全員が顔を上げて、提示される単語に注目させながら練習する。

第5時

Read and Think ②

学級新聞の内容を理解しよう②

本時の目標

ゴリラの絶滅危機の背景について書かれた内容を読み取る活動を通して、身近な電子機器の生産が原因であることに気付く。

準備する物

・Small Talk の材料
・タブレット端末
・デジタル教科書（教材）

【指導に生かす評価】

◎本時では、記録に残す評価は行わないが、目標に向けて指導を行う。生徒の学習状況を記録に残さない活動や時間においても、教師が生徒の学習状況を確認する。

新出単語指導のポイント

〈指導の流れ〉

＊1単語ずつ発音と意味の確認
＊“Repeat after”教材
（文字と音の結び付け）
＊英語を見て日本語を言う
（文字と意味の結び付け）
＊日本語を見て英語を言う
（意味と発音の結び付け）
＊ロー＆コラム
1　横1列が全員立つ
2　出てきた英語を日本語で言う
3　一番早く言えた生徒は座れる
4　最後に残った生徒の縦列が全員立つ
5　2～4をくり返す
6　時間があれば日本語を見せて英語で言う

ロー＆コラム以外にも、ペアや班で誰が早く発音したかなどのバリエーションも可能。

本時の展開 ▷▷▷

 Small Talk をする

生徒は配布されたシャトルチャットや Small Talk 用プリントをファイリングしており、それを開いてペアで実施。プリントの A と B の役を交代で行う。終わったら着席。教師がペアを指名してみんなの前で演じる。個人を指名して教師と実施してもよい。

2 新出単語指導のポイント

新出単語を指導するときに便利なのが、デジタル教科書（教材）に含まれている単語リストである。ネイティブの発音を聞いたり日本語の意味を確認したりできるのはもとより、表出スピードを変えたり、表出の順番をランダムに設定できたりと多機能である。

2 新出単語の指導をする

活動のポイント：デジタル教科書（教材）の単語リストで新出単語の音・文字・意味を結び付ける。

〈フラッシュカード〉

〈ロー・アンド・コラム〉

新出単語指導で大切にしていることは、音・文字・意味の結び付けである。その際便利なのがデジタル教科書（教材）に含まれるページごとの単語リストだ。

3 新出単語を使ってワード・ハントをする

単語を教科書の中から見つけ出そう。どの文に含まれていますか。

2 で単語リストを使って新出単語を確認した後、ワード・ハントをする。重要単語を抜き出したワークシートを使って、教科書の中から見つけ出す。くり返し新出単語に触れることで、文字と意味の結び付けや単語定着を図る。

4 教科書 p.43の Round 1～3 に取り組み、重要表現の確認をする

答えの確認をするときに、根拠となる英文も伝えましょう。

教科書にある Round 1 ～Round 3 に個人で取り組む。その後班の中で答えの確認を行うが、その際には答えの根拠となる英文を示して教え合うように指示する。このときは赤ペンだけを持たせて取り組ませ、活動後は答えを記入した用紙やノートを提出させる。

第6時

Unit Activity

Google スライドの使い方を知ろう

本時の目標

プレゼンテーションの概要を確認し、資料として活用する Google スライドの使い方を学び、効果的な資料を英語で作成する技能を身に付けることができる。

準備する物

・Small Talk の材料
・タブレット端末
・デジタル教科書（教材）

【指導に生かす評価】

◎本時では、記録に残す評価は行わないが、目標に向けて指導を行う。生徒の学習状況を記録に残さない活動や時間においても、教師が生徒の学習状況を確認する。

本時の言語活動のポイント

単元末のプロジェクトについて、生徒と共有する。

〈ゴール〉

クラスに伝えたい絶滅危惧種について調査し、4枚のスライドにまとめてプレゼンテーションを行う。

〈条件〉

・調査する動植物はクラスの仲間が興味をもってくれそうなものを選択する
・調査する項目は以下の4つを含むこと
　○絶滅危惧種の名前と画像
　○生息場所と生息数
　○絶滅が危惧される原因
　○とるべき対策
・使用できるスライドは4枚まで
・スライド内に書いてよいのはキーワードのみ（文章による説明は使用禁止）
・発表時間は1人3分まで

本時の展開 ▷▷▷

1 Small Talk をする

生徒は配布されたシャトルチャットや Small Talk 用プリントをファイリングしており、それを開いてペアで実施。プリントの A と B の役を交代で行う。終わったら着席。教師がペアを指名してみんなの前で演じる。個人を指名して教師と実施してもよい。

2 プロジェクトの詳細を確認する

作成する資料について再確認し、評価の観点や基準についての説明を聞く。またプレゼンテーションの際に気を付けることや、互いに動画を撮影し、タブレット端末の共有機能などでその動画を教師に送信することなど、プロジェクトの流れを理解する。

2 3 プロジェクトの詳細と Google スライドを使用した発表例

活動のポイント：スライド作成における注意点を知る。

〈プレゼンテーション用資料例〉

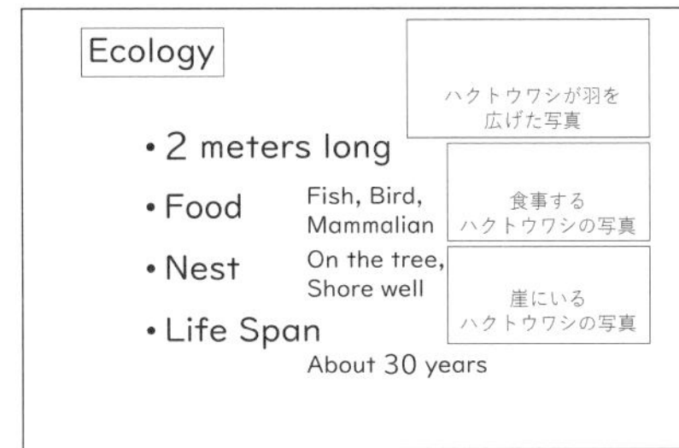

生徒の中には、パワーポイント（Microsoft 社）を使用してきた生徒が多いと考えられる。Google スライドはパワーポイントと機能がほぼ同じなので、動作コマンドの配列場所や記号の意味が分かれば使いやすくなる。

3 Google スライドの使い方を知る（教師の説明を聞く）

生徒の中には、小学校でのプレゼンテーションの作成・発表経験に差があることが考えられる。また、使用してきたソフトや機器にもばらつきがあるので、まずは本単元で使用するプレゼンテーションソフト（Google スライド）について説明を聞き、使い方を知る。

4 調べたい動植物を選ぶ

インターネットを用いて各自で調査対象にする絶滅危惧種を選ぶ。IUCN のレッドリスト以外にもいくつかのサイトを紹介し、効率よく選定できるようにする。次時では班内で調査対象が重ならないように調整することも伝える。

第7時

Unit Activity

情報収集しスライドを作成しよう①

本時の目標

聞き手が興味をもつ効果的なプレゼンテーション資料や発表内容を工夫する。

準備する物

・Small Talk の材料
・タブレット端末
・デジタル教科書（教材）

【指導に生かす評価】

◎本時では、記録に残す評価は行わないが、目標に向けて指導を行う。生徒の学習状況を記録に残さない活動や時間においても、教師が生徒の学習状況を確認する。

本時の言語活動のポイント

以下のような観点、基準で評価することを理解させ、プレゼンテーションの準備を行わせる。

○観点「話す（発表）」

○基準

A　スライドに書かれたキーワードだけを見て対象の動植物について求められる4つの項目を正確に伝えることができる。(20点)

B　スライドに書かれたキーワードだけを見て対象の動植物について求められる4つの項目を半分程度は伝えることができる。(16点)

C　手元にある資料を見ながらではあるが、対象の動植物について4つの項目を伝えることができる。(16点)

D　手元にある資料を見ていても対象の動植物について情報を伝えることができない〈0点〉

本時の展開 ▷▷▷

1 調査する対象を班内で調整する

前時に、調査対象を2、3個選んでおくように伝えておく。調査対象が重ならないように班で調整を行う。レッサーパンダなどの、生徒もよく知る動植物は重なりやすいので留意する。

2 評価の観点と基準を確認する

評価の観点と基準を生徒と共有することで作るべきプレゼンテーション資料とプレゼンテーション発表の際に心がける項目を確認し、プレゼンテーション資料の作成に力をかけるのではなく、発表の内容に力を注ぐことが大切であることを認識する。

4 プレゼンテーション資料の作成

活動のポイント：必要な情報を整理して分かりやすい資料を作成する。

情報を集めるには、１つのサイトからだけでなく、２つ以上のサイトから情報を集め、より正確になるようにする。写真などは補助資料であるため、スライドは簡潔なものにするよう伝える。

3 絶滅危惧種について情報を集める

調査対象を決定後、その動植物についての情報収集を開始する。かけてよい時間はこの１時間のみであることを伝えるとともに、情報源は複数のサイトを参考にして、より正確な情報を伝えられるようにし、聞き手の興味を高める内容にすることを確認する。

4 プレゼンテーション資料の作成開始

Google スライドの使い方について、ALT が詳しい場合には、生徒は困った時に ALT を呼び、英語でやり取りをしながら問題を解決することも可能だろう。本物のコミュニケーションが行われている瞬間となる。次時も作成を続けることを伝える。

第8時

Unit Activity

情報収集しスライドを作成しよう②

本時の目標

聞き手が興味をもつプレゼンテーション資料の提示方法や発表の仕方を工夫する。

準備する物

・Small Talk の材料
・タブレット端末
・デジタル教科書（教材）

【指導に生かす評価】

◎本時では、記録に残す評価は行わないが、目標に向けて指導を行う。生徒の学習状況を記録に残さない活動や時間においても、教師が生徒の学習状況を確認する。

本時の言語活動のポイント

本時の目標である「聞き手が興味をもつプレゼンテーション発表」となるように、以下の項目を意識させ、やり取りも含んだ発表となるよう心がけさせる。

・アイコンタクト
・ジェスチャー（手振り）
・聞き手に質問を投げかけ、巻き込む
・キーワードだけを見て話す

キーワードは5つまでとしており、生徒は自分の発表に必要だと考えるキーワードを選択する。ただし、それだけでは発表に自信がもてない生徒もいることから、手元資料として原稿を作成してもよい。極力それを見ないで発表できるよう練習するよう伝える。

本時の展開 ▷▷▷

1 Small Talk をする

生徒は配布されたシャトルチャットや Small Talk 用プリントをファイリングしており、それを開いてペアで実施。プリント内の A と B の役を交代で行う。終わったら着席。教師がペアを指名してみんなの前で演じる。個人を指名して教師と実施してもよい。

2 プレゼンテーション資料を作成する

聞き手に伝わりやすい
資料にするには
どうしたらいいでしょう？

１スライドに含む情報が多すぎることで、１つ１つの写真や文字が小さくなってしまう傾向が予想される。そういった場合には、４枚のスライドにバランスよく情報を配置し見やすいスライドにするようアドバイスを行う。

4 アイデアの共有

活動のポイント：互いの発表にアイデアを出し合う。

〈発表例〉

S1：Hi, I'm going to talk about this animal.
Do you know this animal?
S2：Yes. It's an elephant.
S1：That's right. It's a kind of elephants.
We call it Asian elephant.
Where do they live?
S3：Asia?
S1：Well…, many of them live in India.
Their body is 5 m long and weighs 4,000 kg. They live in a forest and eat 150 kg grass every day.
Their population is about 30,000.
So they need big forest. But animals in India have only 5 % of free aria of India because so many people live in that county. Many people meet them and about 100 elephants are killed by them. We have to protect the forest to save them.

3 キーワードの決定

1枚のスライドに書いてよいのは5つのキーワードに限定する。生徒はそのキーワードだけを見て選んだ絶滅危惧種の説明を行う。ただし、習熟度に応じて、必要であれば手元にキーワードを準備してよいことも伝える。

4 アイデアの共有

授業最後の10分程度で、各自が作成中のスライドを見せ合い、スライド内容や発表方法についてのアイデアの共有を行う。写真や文字の配置、取り入れるべきキーワードなどについてのヒントを出し合い、より見やすく、内容が伝わりやすい資料になるよう工夫する。

第9時

Unit Activity

スライドを完成させ、発表の練習をしよう

本時の目標

プレゼンテーション資料を完成させ、発表に向けて練習をする。

準備する物

・Small Talk の材料
・タブレット端末
・デジタル教科書（教材）

【指導に生かす評価】

◎本時では、記録に残す評価は行わないが、目標に向けて指導を行う。生徒の学習状況を記録に残さない活動や時間においても、教師が生徒の学習状況を確認する。

本時の言語活動のポイント

絶滅危惧種が発生してしまう原因のほぼ全てが人間の活動にあることや、海外の絶滅危惧種に関しても私たち日本人の生活や自分自身の生活と関係があることに気付き、日々の生活の見直しにつなげていきたい。

練習にあたっては、まず個人でしっかり練習し、手元資料をなるべく見ないで発表できるようにするという目標を伝える。ある程度自信がもてるようになったら、今度は隣とペアになり、それぞれ発表を聞き合う。その際、聞く側は自分のタブレット端末で相手の発表の様子を撮影し、発表後にそれを互いに見ながら、よい点や改善点を出し合う。

本時の展開 ▷▷▷

1 Small Talk をする

生徒は配布されたシャトルチャットや Small Talk 用プリントをファイリングしており、それを開いてペアで実施。プリント内 A と B の役を交代で行う。終わったら着席。教師がペアを指名してみんなの前で演じる。個人を指名して教師と実施してもよい。

2 プレゼンテーション資料を完成させる

できるだけ原稿を見ずに
発表する練習をしましょう。

4 枚のスライドを完成させる。スライドのできばえは評価の対象ではないことを伝え、頑張りどころは発表の内容であることを確認。スライドはあくまでも発表の補助でありこだわり過ぎず早く完成させ、練習時間を多く確保するよう伝える。

2～4 プレゼンテーション資料の完成～発表の練習

活動のポイント：聞き手を意識した発表となるようペアや教師と助言し合う。

人間の生活がつながっていることを伝えたいな…。キーワードは…。
すごくよかった！数字のところがもう少しなめらかだとわかりやすいかも。
ありがとう！

全員が完成までに一度は教師にプレゼンテーション資料を見せるよう指示する。教師は資料を点検し、キーワードの選び方や画像の大きさ、配置についてアドバイスする。

3 発表の準備をする

発表に向けて自分が話す内容を準備させる。原稿を準備してもよいが、できるだけキーワードを基にし、聞き手の反応を見ながら発表することを再確認する。苦手な生徒には原稿を見て発表することも可能と伝え、安心感をもたせる。

4 発表の練習をする

準備ができた生徒から発表の練習を行う。ペアで発表に助言し合ったら、隣同士で互いにタブレット端末で発表の様子を録画し合い、それを見ながら改善点やアドバイスを交換し、発表が充実できるように取り組む。

第10時

Unit Activity

発表の練習をしよう

本時の目標

聞き手の興味を引くような発表となるよう練習を行い、自信をもってプレゼンテーションできるように準備する。

準備する物

・Small Talk の材料
・タブレット端末
・デジタル教科書（教材）

【指導に生かす評価】

◎本時では、記録に残す評価は行わないが、目標に向けて指導を行う。生徒の学習状況を記録に残さない活動や時間においても、教師が生徒の学習状況を確認する。

本時の言語活動のポイント

生徒が飽きることなく、くり返し練習できるように、また、ペアやグループで協力して取り組めるように、練習のバリエーションをいくつか準備するとよい。

●まずは個人で
・スライド以外のキーワードも用いて
・用いるキーワードを減らしながら
・スライドのキーワードだけで

●ペアで
・アイコンタクトや巻き込み質問を使って
・互いの改善点などを指摘し合って
・互いの発表を録画して、それを自分で確認し、さらに改善を目指す

●グループで
・グループ内で発表して改善点を指摘し合い、さらに向上を目指す

本時の展開 ▷▷▷

1 Small Talk をする

生徒は配布されたシャトルチャットや Small Talk 用プリントをファイリングしており、それを開いてペアで実施。プリント内の A と B の役を交代で行う。終わったら着席。教師がペアを指名してみんなの前で演じる。個人を指名して教師と実施してもよい。

2 発表の練習をする

アイコンタクトや
ジェスチャーも
交えて聞き手に
伝えましょう。

タブレット端末で撮影はするが、あくまでも班のメンバーに向けて発表するのが目標なので、聞き手を意識し、アイコンタクトやジェスチャーなども取り入れて発表するよう指導する。その際、帯活動で取り組んでいる Small Talk で練習したことを生かすよう指導する。

2 3 発表の練習、教師からのアドバイス

活動のポイント：ペアやグループなど、できるだけ多くの人に見せ、ブラッシュアップさせる。

よし、言えた！

問いかけが
あっていいな！

練習をして、ある程度発表の準備ができた生徒から、タブレット端末をもってきて教師または ALT に発表をする。教師は資料や発表の様子を観察し、内容面や英語の適切さについて助言する。

3 教師からのアドバイス

Thank you for good presentation! It may be better if you ask questions looking at audience.

ある程度練習ができた生徒は、ALT や JTE のところに来てプレゼンテーションを行い、改善点などを ALT や JTE に尋ねる。聞き手の興味によっては、練習と異なる順でスライドを提示したり、相手に分かりやすい説明になるような工夫を行えるようにする。

4 最終確認をする

最終確認しましょう。

次時がプレゼンテーション本番であることを確認し、発表に向けて最終確認を行う。手元資料を読んでいる生徒には、時々資料から目を離し、相手を見るように指導する。それにより、発表の説得力が高まり、反応を確認しながら伝えられることに気付かせる。

第11時

Unit Activity

プレゼンテーションに取り組もう

本時の目標

聞き手が興味をもてるように工夫してプレゼンテーションを行い、調べた絶滅危惧種について班員に伝える。

準備する物

・Small Talk の材料
・タブレット端末
・デジタル教科書（教材）

【「話すこと［発表］」における記録に残す評価】

◎これまで学習した不定詞を用いる文型を使って、聞き手が興味をもてるように発表しようとしている（知・技）（思・判・表）（主）。

本時の言語活動のポイント

プレゼンテーション発表は以下の流れで行う。

○最終確認（10分）
本番に向かって資料と声の大きさなどについて確認する。

○発表者と撮影者の確認（３分）
班内で誰の発表を誰が撮影するのかを決めさせる。

○発表会（一人あたり２分程度、計10分）
該当クラスと空き教室を使用し、他の班の音声が録音されないよう配慮する。

○班内のベスト発表を決定

○各班のベスト作品を視聴（20分）

○動画の提出
タブレット端末の共有機能等で、各自の発表資料を教師に提出する。

本時の展開 ▷▷▷

1 発表の最終確認をする

ここまでよく練習しました。
最後に発表順と撮影者を
確認します。You can do it!

10分程度を練習時間として設定し、プレゼンテーションの最終確認を行う。その後班の中での発表順と、動画の撮影者を確認し合う。また、撮影の仕方や、発表者の声の大きさを確認するために試し撮りなどを行う。

2 発表に取り組む

１クラス８班編制とする場合、同時に８人が発表すると、動画撮影の際に他の班の発表者の声を拾ってしまうため、空き教室を活用して１クラス４班ずつ振り分け実施する。それでも声をひろう可能性がある場合は、教室の四つ角に分かれて発表する。

2 3 発表、ベスト作品の選出

活動のポイント：聞き手の反応を確認しながらプレゼンテーションを行う。

発表前に評価のポイントを再度確認し、生徒のモチベーションを喚起する。発表中は教師とALT が各教室に入り、発表の様子を観察し、困っている生徒を支援する。

3 各班よりベスト作品を選出しクラスの前で発表する

各班のベスト作品を話し合いで決定する。選ばれた生徒のタブレット端末をテレビモニターにつなぎ、クラスのみんなの前で発表する。班での発表のときよりも大きな声で発表し、クラス全体に伝わるよう心がけさせる。

4 動画を提出する

各自が撮影した班員の動画を、タブレット端末の共有機能を使用して教師のタブレット端末に提出する。教師はクラスごとに Google クラスルームを作成する。生徒にクラスコードを伝え、班ごとに時間差で送信するよう伝える（一度に送ると時間がかかることがある）。

第12時

Let's Write 2

絶滅危惧種からのメッセージポスターを作って発表しよう

本時の目標

プレゼンテーションで使用したキーワードを用いて絶滅危惧種のメッセージが伝わるよう工夫して発表内容を英文でポスターにまとめ、発表する。

準備する物

・Small Talk の材料
・タブレット端末
・デジタル教科書（教材）

【「書くこと」における記録に残す評価】
◎プレゼンテーションで使用したキーワードを用いて、絶滅危惧種のメッセージが伝わるよう工夫してポスターにまとめようとしている（知・技）（思・判・表）（主）。

本時の言語活動のポイント

「絶滅危惧種からのメッセージポスターの作成」という場面を設定し、自分たちがとるべき行動や対策について学ぶという目的を設けた。ポスターの最後にはその生き物からの一言でまとめる。

・第11時までに取り組んだプレゼンテーション資料や発表内容を生かして、「絶滅危惧種からのメッセージポスター」を作成する。
・紹介する絶滅危惧種の現状は主に発表スライドとそれを説明する英文で構成する。
・危機的な状況に置かれている絶滅危惧種から地球上の人類に訴えたいメッセージを英文で表現させる。

本時の展開 ▷▷▷

1 Small Talk をする

生徒は配布されたシャトルチャットや Small Talk 用プリントをファイリングしており、それを開いてペアで実施。プリントの A と B の役を交代で行う。終わったら着席。教師がペアを指名してみんなの前で演じる。個人を指名して教師と実施してもよい。

2 プレゼンテーションを英文で表現する

発表した内容を、危惧種からの
メッセージとして伝えましょう。

発表の際に使用したキーワードを基にしながら、発表内容を英文で表現する。内容は、発表に含めるよう指示した以下の４項目について、４文以上で表す。

〇危惧種の名前と画像　〇生息場所と生息数
〇絶滅が危惧される原因　〇とるべき対策

2 プレゼンテーションの内容をポスターにする

活動のポイント：メッセージを表す一文をポスター下段に位置付け、班員で助言し合う。

〈ポスターの例〉

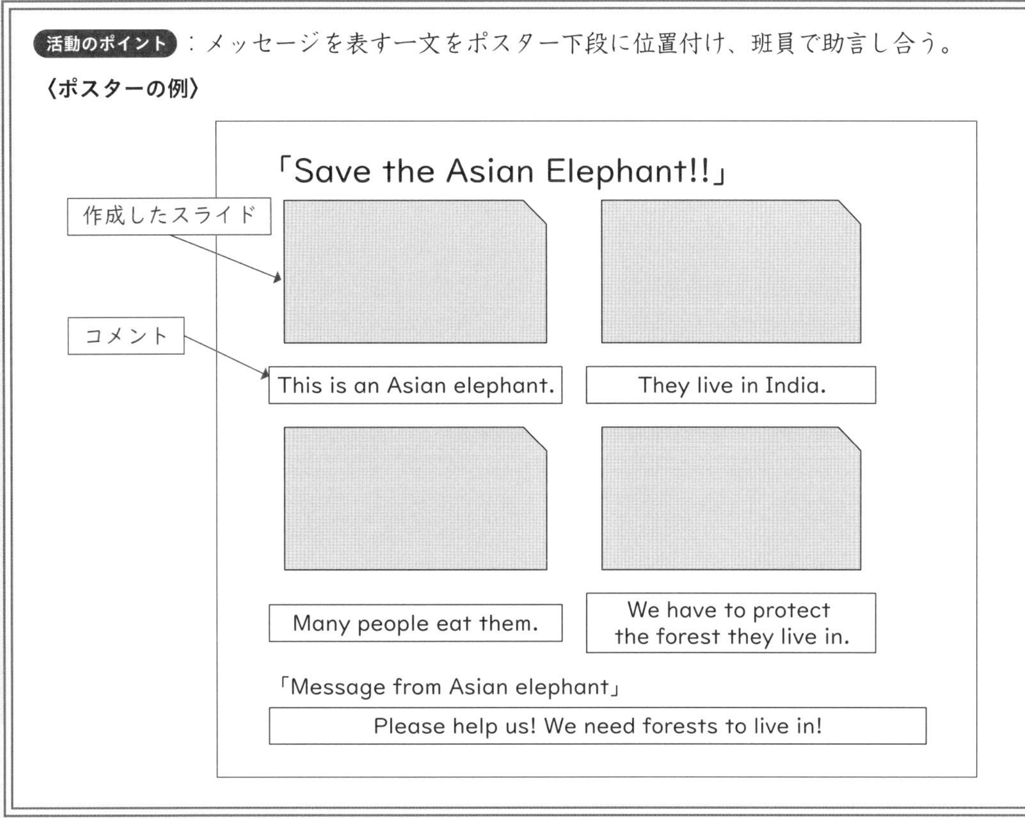

「Save the Asian Elephant!!」
作成したスライド
コメント
This is an Asian elephant.
They live in India.
Many people eat them.
We have to protect the forest they live in.
「Message from Asian elephant」
Please help us! We need forests to live in!

3 ドラフトを班員に見せ、アドバイスをし合う

ここは分かりづらいかも…。

班の中でドラフトを交換し、班員の作品にアドバイスをし合う。アドバイスは赤ペンで書き込み、書いた人の名前も記入。戻ってきたドラフトとアドバイスを参考に、再度作品を書き直す。書き直した作品とドラフトの両方を教師に提出する。

4 完成したポスターについて意見を書いて交流する

メッセージが分かりやすくなってたな…。

3 で完成したポスターを壁などに掲示し、班員や学級全体で立ち歩いて見る。その後、特に印象に残ったポスターへの感想や意見を英語で書きまとめる。3 でのアドバイスを受けての修正や、メッセージが特に強く伝わった点などに触れて書くように伝える。

本単元の Key Activity

第11時 プレゼンテーションに取り組もう

活動の概要

第11時において、本単元の最終活動として、調べた絶滅危惧種についてタブレット端末で作成したプレゼンテーション資料を班員に提示しながら紹介する。評価基準を生徒と共有し、撮影した動画を担当教師に提出することで評価を行う。班の中のベスト作品をクラスで共有する。

活動をスムーズに進めるための 3 つの手立て

①場面設定
生徒が意欲的にプレゼンテーションに挑めるように、「文化祭での発表」などリアルな場面を設定する。

②会場設定
録画の際に周りの生徒の声がかぶらないように、発表会場を 2 つ設定するとよい。

③ルーブリック
知識・技能、思考・判断・表現、主体的に学習に取り組む態度の 3 観点で評価することを共有する。

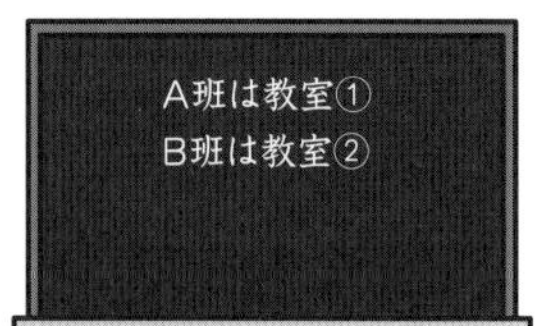

活動前に生徒に与えられる場面設定

世界に生息する絶滅危惧種について調査し、文化祭で発表するになりました。あなたならどんな生物について紹介したいですか。スライド 4 枚にまとめてプレゼンテーションをしよう。

ルーブリック

	思考・判断・表現		知識・技能	主体的に学習に取り組む態度
得点	内容	雰囲気	正確性	態度
5	求められる 4 つの内容を十分に満たした発表である。	聞き手を意識し、相手の理解度を確認したりアイコンタクトしたりできている。	スライドのキーワードだけを見て正確な英語が使えている。	絶滅危惧種の現状を詳しく伝えようとしている。
3	求められる観点を半分程度は含んだ発表である。	聞き手を意識し、アイコンタクトはできている。	準備した資料を時々見て、間違いながらでも伝えている。	基本的な内容をおおむね伝えている。
1	求められる観点をほぼ含まない発表である。	聞き手を意識できず一方的に話している。	準備した資料を見ながら発表しているが、間違いが多く伝わらない。	さらに伝える努力が必要である。

求められる4つの内容
○危惧種の名前と画像　○生息場所と生息数　○絶滅が危惧される原因
○とるべき対策と自分の考え

活動のポイント

絶滅危惧種が発生してしまう原因のほぼ全てが人間の活動にあることや、海外の絶滅危惧種に関しても私たち日本人の生活と関係があることに気付き、日々の生活の見直しにつなげていきたい。

メイン活動

活動のやり取り例

S1：Do you know this bird, S2?
S2：Maybe it is a crane.
S1：No, this is a stork, *Kotonotori* in Japanese.
S2：Oh, carrying babies!
S1：Ahahaha! I am going to talk about this.
Their habitat is China and Korea. Their full length is 110 cm and wingspan is 195 cm.
Body weight is 3 – 5 kg. The make nests in wetland and lakes. Population is 2,500 to 4,000. They eat fish, frog, and crayfish, etc. Lifespan is about 35 years.
Reason of decreasing is decreasing of housing and food.
Another reason is water pollution. We must protect forests and keep water clean. Thank you.

活動後のやり取りのポイント

活動後に、一人一人にルーブリックを返すとともに、ALT からフィードバックを行い、生徒の活動を価値付けていくことで、より資質・能力を身に付けることにつながると考える。

Stage Activity 1

My Activity Report

4時間 【中心領域】話すこと［発表］、書くこと

＋Let's Read 1 4時間 ／ Let's Listen 3 1時間

単元の目標

1・2年生に、部活動や委員会活動、係活動などの活動について知ってもらうために、これまでの経験を振り返り、活動の様子や学んだこと、後輩へのメッセージを分かりやすく伝えたり、まとまりのある文章を書いたりすることができる。

単元の評価規準

知識・技能	思考・判断・表現	主体的に学習に取り組む態度
・Unit 3までの学習事項を用いた文の形・意味・用法を理解している。 ・Unit 3までの学習事項を用いて、活動報告の構成を理解した上で、自分の経験やほかの人へのメッセージを即興で話したり、まとまりのある文章を書いて発表したりする技能を身に付けている。	・1・2年生に、部活動や委員会活動などの活動について知ってもらうために、活動報告の構成を理解した上で、経験や後輩へのメッセージを即興で話したり、内容についてのやり取りや原稿の推敲を通してまとまりのある文章を書いて発表したりしている。	・1・2年生に、部活動や委員会活動などの活動について知ってもらうために、活動報告の構成を理解した上で、経験や後輩へのメッセージを即興で話したり、内容についてのやり取りや原稿の推敲を通してまとまりのある文章を書いて発表したりしようとしている。

単元計画

第1時（導入）	第2時（展開①）
1．単元の見通しをもち、海斗や Meg になりきって活動報告をしよう JTE による部活動についての My Activity Report を聞き、単元を貫く課題づくりをするとともに、活動への見通しをもつ。 次に、海斗と Meg による活動報告を聞き、ワークシートに聞き取った内容を整理しながら概要をつかむ。また、活動報告の構成について理解を深める。 そして、第2時につなぐための活動として、海斗と Meg についてまとめた情報メモを基に、ペアでその内容を伝え合う活動を行う。 最後に、学校生活に関わる語句（Word Room ❶－①）をくり返し練習して、次時の活動につなげられるようにする。	**2．自分の経験を踏まえながら報告しよう** 前時に聞いた JTE による My Activity Report をもう一度聞き、活動報告を行う上で、経験や聞き手へのメッセージを語ることの大切さに気付く。その後、経験を表す表現（Word Room ❶－②）を知り、必要な表現をくり返し練習する。 次に、自分の活動報告メモを作成する。その際には、①活動の概要②そこでの学びや経験③後輩へのメッセージという3つの視点でキーワードのみをマッピングする。 そして、マッピングを基に、4人グループの中で発表する。発表を聞いている仲間は、「分かったこと」「質問したいこと」「アドバイスしたいこと」をワークシートに記入しておく。 最後に、話した内容を書き起こす。

指導のポイント

Unit 3までの学習事項を用いて、後輩に向けて、部活動や委員会活動、係活動などの活動報告を行う。1学期の締めくくりとして、これまでの活動を振り返り、自身の経験やそこでの学び、後輩へのメッセージを伝える。聞き手の興味をひくスピーチにするために、活動の事実だけでなく、自分の経験や後輩への思いを語ることを大切にしたい。単元導入では、JTE による部活動の活動報告を聞かせ、活動への見通しをもたせる。ここでは、教師自らの部活動経験やそこでの学び、生徒への思いを、写真を交えながら熱く語り、活動への動機付けを行いたい。その後は、デジタル教科書（教材）に掲載されている活動報告例を聞かせ、内容や構成などを丁寧に確かめていく。単元終末活動に向けて、「即興で伝え合う活動」→「伝えた内容を書き起こす活動」→「見直す活動」をくり返して行い、伝える内容を精選するとともに、充実した活動報告ができるようにする。どの活動も4人1組のグループで行い、よさを認め合ったり、改善点を伝え合ったりすることで、表現力を磨き合うことを目指したい。

評価のポイント

第1時では、海斗と Meg による活動報告から聞き取った情報を基に、ペアでその内容を即興で伝え合うことができているかを見取る。第2時では、自分の活動報告メモを作成し、それを基に即興で自分の経験や思いを伝えることができているかを見取る。第3時では、質問やアドバイスを出し合いながら活動報告を行うことで、その後のライティング活動に活かせるように指導したい。活動報告書は、①活動の概要、②そこでの学びや経験、③後輩へのメッセージという3つの視点で分かりやすくまとめられているかを評価する。単元終末活動は、タブレット端末でパフォーマンスを撮影し、記録に残す評価として、正確性（知・技）・内容（思・判・表）・態度（主）の3観点で評価したい。

第3時（展開②）	第4時（終末）
3．質問やアドバイスをしながら、活動報告書の内容をさらに高めよう 前時に作成したマッピングや書き起こした原稿を見て、前時までの活動を想起する。本時では、より伝わりやすい活動報告書を作成するために、グループでの発表に質問やアドバイスを出し合うということを知る。 次に、質問やアドバイスの仕方を学び、グループで活動報告を行う。質問やアドバイスを出し合いながら、それぞれの活動報告がよりよいものになるようにする。 最後に、グループの仲間からもらった質問やアドバイスを参考に、活動報告書を書く。 **記録に残す評価【書】** 思 主	**4．後輩たちに向けた活動報告を収録しよう** 前時に書き起こした活動報告書をグループで回し読みし、表現や構成で改善した方がよい箇所にメモを書き込んだり、コメントを記述したりする。そして、戻ってきた活動報告書を見直し、さらによいものに練り上げる。 次に、本単元のまとめとなる活動報告会を行う。教科書 p.50の「8つのポイント」を意識しながら発表をする。発表の様子は、タブレット端末で撮影する。聞き手は、発表者のよさを見付けながら聞き、発表後にコメントを伝える。 **記録に残す評価【発】** 知 思 主 **Let's Read 1**：4時間 **記録に残す評価【書】** 思 **Let's Listen 3**：1時間

※ Stage Activity 全ての授業終了後に、Let's Read 1（4時間）、Let's Listen 3（1時間）を行う。

第1時

学習の見通しをもち、海斗やMegになりきって活動報告をしよう

本時の目標

教師による My Activity Report を聞く活動を通して、単元の見通しをもつ。また、聞いた内容を他者に分かりやすく説明することができる。

準備する物

・ワークシート

・My Activity Report のスライド資料

【指導に生かす評価】

◎本時では、記録に残す評価は行わないが、目標に向けて指導を行う。生徒の学習状況を記録に残さない活動や時間においても、教師が生徒の学習状況を確認する。

本時の言語活動のポイント

3では、単元終末活動を見据え、活動報告の構成を理解し、文型を定着させることを目的に行う。まずは、聞き取った情報を基に、発表の構成を考えながらマッピングをする。その後ペアで、海斗役と Meg 役に分かれて、活動報告をし合う。

最初は、既習事項を活用しながら自由に発表させたい。その後、中間交流を行い、優れたパフォーマンスをしていた生徒の発話を取り上げ、板書しながら、使用させたい文型を指導する。必要に応じて、発音練習をする。中間交流終了後、2回目の活動を行う。

本時の展開 ▷▷▷

1 教師による My Activity Report を聞き、単元の見通しをもつ

導入で、教師による My Activity Report（学生時代の部活動体験など）をスライドを見せながら聞かせる。聞かせた後、インタラクティブに生徒を巻き込みながら内容を確認する。「後輩に対してこれまでの活動報告をする」という本単元を貫く課題を確認する。

2 海斗と Meg による活動報告を聞き、概要をとらえる

What are they talking about?

教科書 p.48の STEP ①に取り組む。活動報告を聞きながら、理解した情報について簡単にメモをする。その後、報告された内容を全体で確かめる。再度、活動報告を聞き、内容理解を深める。最後に、単元終末活動につなげるために、活動報告の構成を確認する。

3 海斗と Meg になりきって活動報告をする

活動のポイント：聞き取った情報を基に、それを他者にわかりやすく伝えることができるようにする。

○　中間交流で、実際の生徒の発表を取り上げながら、以下のような使わせたい表現を指導する。

〈委員会・部活動などの紹介〉

・I'm a member of the ○○ team.
・I'm going to talk about our club activities in the ○○ club.
・I'm on the ○○ team [in the ○○ club].

〈したこと・経験〉

・I have ＋ 過去分詞（since［for］…).
・I have been ～ing（since［for］…).
・It helped ＋ 人 ＋ 動詞の原形.

〈みんなへのメッセージ〉

・Please ～.
・I want ＋ 人 ＋ to 動詞の原形.

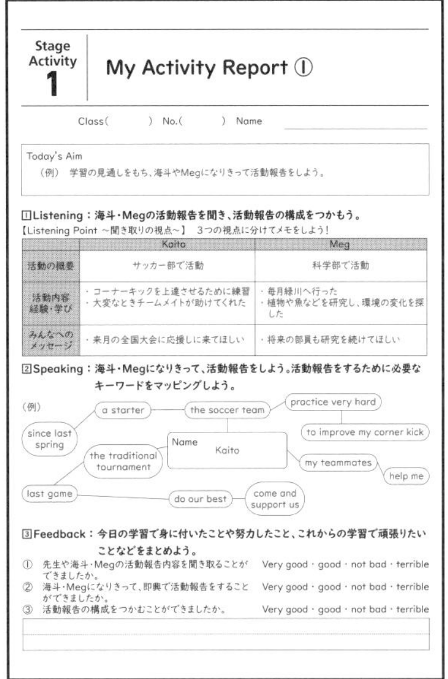

Stage Activity 1　My Activity Report ①

Class(　　　) No.(　　　) Name ＿＿＿＿

Today's Aim
（例）　学習の見通しをもち、海斗やMegになりきって活動報告をしよう。

①Listening：海斗・Megの活動報告を聞き、活動報告の構成をつかもう。
【Listening Point ～聞き取りの視点～】　3つの視点に分けてメモをしよう！

	Kaito	Meg
活動の概要	サッカー部で活動	科学部で活動
活動内容 経験・学び	・コーナーキックを上達させるために練習 ・大変なときチームメイトが助けてくれた	・毎月緑川へ行った ・植物や魚などを研究し、環境の変化を探した
みんなへのメッセージ	・来月の全国大会に応援しに来てほしい	・将来の部員も研究を続けてほしい

②Speaking：海斗・Megになりきって、活動報告をしよう。活動報告をするために必要なキーワードをマッピングしよう。

③Feedback：今日の学習で身に付いたことや努力したこと、これからの学習で頑張りたいことなどをまとめよう。

① 先生や海斗・Megの活動報告内容を聞き取ることができましたか。　Very good・good・not bad・terrible
② 海斗・Megになりきって、即興で活動報告をすることができましたか。　Very good・good・not bad・terrible
③ 活動報告の構成をつかむことができましたか。　Very good・good・not bad・terrible

3 海斗と Meg になりきって活動報告をする

２の活動で書き取ったメモを基に、マッピングしながら内容を整理する。その後、マッピングを見ながら、ペアで海斗役・Meg 役になりきって活動報告を行う。中間交流で、優れたパフォーマンスをしている生徒の姿を取り上げ、もう一度別のペアで対話をする。

4 学校生活に関わる語句をくり返し練習する

学校生活に関わる語句（Word Room ❶－①）をくり返し発音練習する。その後は、絵のみを提示して英語を言わせたり、絵のみ描かれたワークシートを見ながらペアで発音を確認し合ったりすることで、語句を定着させたい。

第2時

自分の経験を踏まえながら報告をしよう

本時の目標

活動報告の構成を考え、内容をマッピングし、それを基に自分の経験を踏まえながら活動報告をすることができる。

準備する物

・ワークシート⤓
・タブレット端末
・活動報告で使う絵や写真

【指導に生かす評価】
◎本時では、記録に残す評価は行わないが、目標に向けて指導を行う。生徒の学習状況を記録に残さない活動や時間においても、教師が生徒の学習状況を確認する。

ワークシート活用のポイント

マッピングでは、観点を明確にしてまとめるようにするとともに、キーワードごとのつながりを書くなど工夫して整理するように指導する。また、対話活動を進めていく中で、気付いたことや改善点をマッピングの中に適宜書き加えるようにさせる。

対話活動では、聞き取ったことをメモさせるとともに、仲間のパフォーマンスで気付いた点なども記述させたい。そうすることで、自分自身のパフォーマンスにも生かせるようにする。

話したことを書きまとめる場面では、チェックリストを掲載しておくことで、文章の構成や内容、英文の正確性を自分自身で振り返ることができるようにしておく。

本時の展開 ▷▷▷

1 教師による My Activity Report をもう一度聞く

前時に聞かせた My Activity Report をもう一度聞かせ、自分の経験や聞き手へのメッセージを伝えることの大切さに気付かせる。その後、教科書 p.51❷の経験を表す語について、絵を見せて答えさせるなど様々な方法でくり返し練習して定着させる。

2 活動報告メモを作成する

報告する内容を考え、キーワードのみを書き出し、マッピングをする。その際には、①活動の概要②そこでの学びや経験③後輩へのメッセージという3つの視点でまとめるようにする。必要に応じて、活動途中でペアや全体で、情報共有を行うのもよい。

2～4 活動報告～振り返り

Stage Activity 1

My Activity Report ②

Class(　　　) No.(　　　) Name ＿＿＿＿＿＿

Today's Aim
（例） 自分の経験を踏まえながらグループで活動報告をしよう。

1 **Speaking：活動報告メモ（マッピング）を作成し、それを参考にしながら即興で活動報告をしよう。**

- 活動の概要 — the tennis team
- 活動内容 経験・学び — practice hard — to improve my skills
- 活動内容 経験・学び — my teammates — help me
- 後輩への メッセージ — do our best
- 後輩への メッセージ — last game — come and support us

2 **Listening：活動報告を聞き、「聞き取った内容」「質問したいこと」「アドバイスしたいこと」をメモしよう。**

Name	分かったこと	質問したいこと	アドバイスしたいこと

【もらった質問・アドバイス】

3 **Writing：活動報告で話した内容を書き起こそう。**

☆ **書き終わったら、次のことを自己チェックしよう！**
- □ 最初に、自分が紹介する内容（活動の概要）を書いていますか？
- □ 次に、活動についての詳細（経験や学び）を書いていますか？
- □ 最後に、後輩へのメッセージを書いていますか？
- □ 英語のつづりや文法的なミスはありませんか？

4 **Feedback：今日の学習で身に付いたことや努力したこと、これからの学習で頑張りたいことなどをまとめよう。**

① 自分の活動報告を即興で行うことができましたか。 Very good・good・not bad・terrible
② 仲間の活動報告について、質問やアドバイスを書くことができましたか。 Very good・good・not bad・terrible
③ 自分の活動報告について、英語で書きまとめることができましたか。 Very good・good・not bad・terrible

3 マッピングを基に グループで活動報告をする

作成したマッピングを基に、４人グループで活動報告を行う。発表の様子は、タブレット端末で撮影しておき、今後の学習に生かせるようにする。発表を聞いている仲間は、「分かったこと」「質問したいこと」「アドバイスしたいこと」をワークシートに記入しておく。

4 話した内容を書き起こし、学習の振り返りをする

活動報告で話した内容を書き起こす活動を行う。書き終えた生徒には、「３つの視点が入っているか」「つづりや文法的な誤りがないか」見直しながら、修正を行うように伝える。最後に本時の活動を振り返り、ワークシートに記入させる。

第3時

質問やアドバイスをしながら、活動報告書の内容をさらに高めよう

本時の目標

仲間の活動報告に関して質問やアドバイスを出し合いながら、内容の質を高め、後輩により伝わりやすい活動報告書を書くことができる。

準備する物

・ワークシート⬇　　・タブレット端末
・活動報告で使う絵や写真

【「書くこと」における記録に残す評価】
◎自分の体験や感想、聞き手へのメッセージを交えながら書いている。(思・判・表)
◎後輩に伝わる平易な英語で書こうとしている。(主)

Stage Activity 1　My

Today's Aim　グループで質問

【目的・場面・状況】
中学校生活も残り７カ月ほどになりました。そこで、これまでの部活動や委員会活動、係活動などの活動内容やそれを通して学んだことなどを後輩たちに伝え、さらによりよい活動を創り出してもらいましょう。後輩への願いやメッセージも入れながら、活動報告書や活動報告動画を作成しましょう。

【内容を高める質問・アドバイス】
・What are you practicing the most?
・Tell me more about ～.
・I think you need a beginning and an ending.
・What did you learn from ～?

本時の展開 ▷▷▷

1 前時の学習を振り返り、本時の課題を把握する

前時に書き起こした活動報告書を見直し、内容を想起させる。「グループで質問やアドバイスを出し合いながら、活動報告書の内容を高めていく」という課題を設定する。その後、質問やアドバイスの仕方を具体的な場面を出しながら、インタラクティブに確かめる。

2 もう一度活動報告を行い、質問やアドバイスを出し合う

グループでもう一度活動報告を行う。１人の発表が終わったら、その都度、"Question Time" "Advice Time" を設け、前時にワークシートに記入した「質問したいこと」「アドバイスしたいこと」を伝える。発表者は、もらった質問やアドバイスをメモしておく。

Activity Report

やアドバイスをしながら、活動報告書の内容をさらに高めよう

活動の概要

Hello, everyone. I'm going to tell you about my club activities.
I'm a member of the soccer team.

活動内容
経験・学び

I've been a starter since last spring. I've been practicing very hard to improve my corner kicks.

後輩への
メッセージ

We're going to play in the national tournament next month. Those will be our last games in junior high. We'll do our best, so please come and support us!

3 もらった意見を参考に活動報告書を書く

仲間からもらった質問やアドバイスを基に、報告内容を練り直し、活動報告書を書く。その際には、３つの視点（①活動の概要②そこでの学びや経験③後輩へのメッセージ）を意識しながら書くように指導する。適宜、活動途中で全体指導を入れるとよい。

4 ペアで活動報告書を読み合いながら、アドバイスを出し合う

自分の体験をもう少し入れるといいよ。

活動報告書をペアで読み合いながら、アドバイスを出し合う。その際には、「文章構成は整っているか」「自分の体験を入れているか」などチェックポイントに沿って読むことができるようにする。最後に、もらったアドバイスをもとに原稿を修正する。

第4時

後輩たちに向けた活動報告を収録しよう

本時の目標

構成や内容、話す表情や視線、スピードなど発表の仕方に気を付けながら、さらに伝わりやすい活動報告をすることができる。

準備する物

・ワークシート
・前時に作成した活動報告書
・活動報告で必要な絵や写真など

【話すこと［発表］における記録に残す評価】

◎既習表現を活用しながら、聞き手に分かりやすく適切な英語で話している。（知・技）
◎自分の体験や感想を交えながら、構成を工夫して話している（思・判・表）
◎話す表情や視線、スピードなどを工夫して話している。（主）

ワークシート活用のポイント

第2時で作成したマッピングのように、発表メモを作っていくが、第2時よりも内容的に膨らませたものになるようにしたい。その際に、参考になるのが、前時に仲間からもらった質問やアドバイスである。それらを踏まえて、発表のメモを作成させるようにしたい。

グループでの活動報告では、聞くときの視点（評価の観点）を明確にし、仲間の発表のよさと改善点などを書き留めておく。それを発表後に伝えることによって、まとめの活動である映像収録の場で生かすことができるようにしたい。クラスの実態に合わせ8つのポイントからいくつかの項目を選んで評価させてもよい。

本時の最後には、第2時で録画したパフォーマンスと本時で録画したパフォーマンスを見比べさせた上で、単元の振り返りを書かせるようにする。

本時の展開 ▷▷▷

1 前時に作成した活動報告書をグループで回し読みする

グループで活動報告書を回し読みし、付箋紙に感想やアドバイスを書く。もらった意見を基に活動報告書の内容をさらに高める。

仲間の活動報告書の中から、優れた表現を全体で取り上げ、価値付けるとともに、そのよさを自分の活動報告書に取り入れさせる。

2 活動報告の準備を進める

原稿を見ないでメモだけを使って活動報告ができるよう、準備を進める。第2時で使用したマッピングを参考にしながら、活動報告メモ（マッピング）を作成する。作成が終わったら、各自活動報告の練習を進める。教科書p.50の「8つのポイント」を意識させる。

2 3 4 活動報告〜振り返り

Stage Activity 1

My Activity Report ④

Class(　　　) No.(　　　) Name ______

Today's Aim
（例） 後輩たちに向けて活動報告を収録しよう。

1 Speaking：活動報告メモ（マッピング）を作成し、それを参考にしながら即興で活動報告をしよう。 ※前時よりも内容をふくらませられるよう生徒に伝える。

活動の概要

活動内容
経験・学び

後輩への
メッセージ

2 Listening：活動報告を聞き、「聞き取った内容」「質問したいこと」「アドバイスしたいこと」をメモしよう。

Name	評価	アドバイスしたいこと
	①内容（A−B−C） ②掲示物（A−B−C） ③スピード（A−B−C） ④表情（A−B−C） ⑤英語（A−B−C） ⑥声（A−B−C） ⑦視線（A−B−C） ⑧身振り（A−B−C）	
	①内容（A−B−C） ②掲示物（A−B−C） ③スピード（A−B−C） ④表情（A−B−C） ⑤英語（A−B−C） ⑥声（A−B−C） ⑦視線（A−B−C） ⑧身振り（A−B−C）	
	①内容（A−B−C） ②掲示物（A−B−C） ③スピード（A−B−C） ④表情（A−B−C） ⑤英語（A−B−C） ⑥声（A−B−C） ⑦視線（A−B−C） ⑧身振り（A−B−C）	

【もらった質問・アドバイス】

3 Feedback：今日の学習で身に付いたことや努力したこと、これからの学習で頑張りたいことなどをまとめよう。

① 自分の活動報告を即興で行うことができましたか。　Very good · good · not bad · terrible

② 仲間の活動報告について、質問やアドバイスをすることができましたか。　Very good · good · not bad · terrible

【本単元の学習を振り返って】

3 ペアで活動報告を行い、内容をさらに高めていく

ペアで作成したメモを参考にしながら活動報告を1分程度で行う。聞き手は、「8つのポイント」を意識しながら、評価を行う。報告が終わったら、“Advice Time” を設けて、よかった点や改善点を伝える。この活動を3ペアほど行い、内容を高めていく。

4 タブレット端末で活動報告を収録し、振り返りをする

これまでにもらったアドバイスを意識しながら、タブレット端末で活動報告の撮影をする。その後、今回撮影したものと第2時で撮影したものを比べながら、自分の力の伸びを実感させたい。最後に、本単元の振り返りをワークシートに記入する。

第1時

Let's Read 1

単元の見通しをもち、物語の概要をつかもう

本時の目標

物語の概要を場面ごとに聞き、聞き取った内容を仲間に伝える活動を通して、物語の概要をつかむことができる。

準備する物

・ティーチャー・トークで使用する写真
・物語の場面絵

【指導に生かす評価】
◎本時では、記録に残す評価は行わないが、目標に向けて指導を行う。生徒の学習状況を記録に残さない活動や時間においても、教師が生徒の学習状況を確認する。

本時の言語活動のポイント

導入の Small Talk では、広島をトピックに対話活動を進める。広島に行ったことがあるかどうか尋ね合い、行ったことがある場合は自分の経験を具体的に話させたい。行ったことがない場合には広島で何をしたいか、行きたい場所や食べたいものなどについて具体的に話し、対話を広げたい。

メインの活動では4人1班をつくり、班のメンバーそれぞれが異なる場面について物語の概要を聞き、班の他のメンバーに伝えるという活動を行う。教師は、物語を4つの場面に分け、各班1人ずつ廊下などに呼び出し、場面絵などを活用しながら分かりやすく各場面の概要を伝えるようにする。そして、話を聞き終えた生徒は自分の班に戻って、聞いた話を班のメンバーに伝える。この活動を通して、聞き取った情報を、他者に分かりやすく伝える力を高めたい。

本時の展開 ▷▷▷

1 ティーチャー・トークを聞き、Small Talk を行う

物語の舞台である広島について、観光地や食文化などをクイズ形式で導入する。その後、“Have you ever been to Hiroshima?” をトピックに Small Talk を行う。対話の広げ方として、訪れたことのある場所やその感想、行ってみたい場所などについて対話ができるとよい。

2 場面ごとに物語の内容を聞き、グループの仲間に伝える

教師が話す物語の内容を聞く際には、簡単にメモを取らせる。それを基に、班のメンバーに物語の内容を英語で伝える。それぞれの場面の担当生徒から話を聞く際には、メモを取り、疑問に思ったことなどは質問をしてもよいこととする。

2 場面ごとに物語を聞いて、概要をつかむ

活動のポイント：聞き取った情報を、仲間が理解できるように伝えることができるようにする。

《活動の流れ》

① グループで担当場面（場面１～４）を決める。

② 場面１の担当は、廊下に出て物語を聞く。教師はイラストなどを活用し、生徒の理解を確かめながらゆっくりと話すようにする。

③ 場面１が終わったら教室に生徒を戻し、グループの仲間に物語の内容を英語で伝える。
　メモを取りながら物語を聞かせる。
　疑問に思ったことや理解できなかった点は質問してもよいこととする。

④ 場面２の担当生徒が廊下に出て物語を聞く。
　以降同様に続ける。

⑤ 各担当の生徒から聞いた情報を基に物語の概要を英語で書いてまとめる。

3 仲間から聞いた内容を基に、物語の概要をまとめる

班の仲間から聞いた情報を整理しながら、物語の概要を英語でまとめる。その際、既習語句を活用して読み手に伝わりやすいように書くことを意識させる。中間交流として、もう一度、班のメンバーで物語の内容を共有する。その後、自分のまとめに書き加える。

4 本時の振り返りをする

物語の概要をまとめたものを班のメンバーで回し読みをする。その後、代表生徒による英文をクラス全体で共有する。そして、本時の振り返りを書き、数名の生徒に発表させる。生徒の頑張りやよさについて紹介し、価値付ける言葉がけを行う。

Let's Read 1

物語の前半部分を読み取ろう

本時の目標

物語の前半部分を読み、大きな古い木が見てきた広島の街の様子を理解するとともに、読み取ったことを分かりやすくまとめることができる。

準備する物

・ワークシート
・ティーチャー・トークで使用する写真
・ストーリー・スライド

【「書くこと」における記録に残す評価】
◎物語の前半部分の概要を読み手に伝わりやすいように英語でまとめている（思・判・表）。

本時の言語活動のポイント

オーラル・イントロダクションでは、場面絵を活用しながら、できるだけ平易な英語で分かりやすく導入する。その際には、生徒とのインタラクションを大切にしながら、話すようにする。

次に、語彙指導として、フラッシュカードを用いながら、くり返し練習し、新出語句の読み方・意味・つづりを認識させたい。また、生徒に注目させたい語を選びワード・ハントを行いながら、語彙習得を図る。

そして、本文内容の理解を図るために、くり返し音読活動を行う。チャンクごとに教師の後に続いて音読を行ったり、ペアで交代しながら音読させたりする。最後に、サイト・トランスレーションを行う。教師が日本語を言い、それに該当する英語を生徒に言わせたり、ペアで英語・日本語の役割に分けて、練習させたりするとよい。

本時の展開

1 ティーチャー・トークを聞き、Small Talk を行う

ティーチャー・トークでは、広島の名所をクイズ形式で紹介する。その後、"What do you want to do in Hiroshima?" をトピックに設定し、Small Talk を行う。中間交流では、うまく表現できなかったことを共有し、2回目の活動につなぐことができるようにする。

2 物語の前半部分を聞きインプット活動を行う

物語の前半部分（教科書 p.53, l. 8まで）のオーラル・イントロダクションを行い、本時の課題を把握させる。その後、新出語句の指導として、フラッシュカードを用いた指導やワード・ハントを行う。その後、サイト・トランスレーションを行いながら、本文内容の理解を図る。

2 新出語句への理解を深め、本文の概要を把握する

活動のポイント：新出語句をくり返し練習して理解を深めるとともに、教科書本文の内容を適切に読み取る。

① **フラッシュカードを用いた練習（全体）**
・　英語を見せながら全員そろって発音させる。
・　英語を見せながら生徒に順番に発音させ、その後に続いて全体でリピートさせる。

※以上のような活動を日本語を見せながら行う。

② **ワード・ハント（全体／ペア）**
・　ある１つの英単語を提示し、本文中のどこで使われているのかを見付けさせ、見付けたら手を挙げさせる。
・　最初は英語で、次に日本語で言うように行う。

③ **サイト・トランスレーション（全体／ペア）**
・　左側に本文、右側に和訳が書かれたプリントを用意する。長い英文はチャンクごとにスラッシュを入れておき、和訳もそれに対応するようにしておく。教師が日本語を言い、その後に、生徒が対応する英語を言う。慣れてきたら、生徒同士で日本語・英語の役割を決め、練習する。

3 Q&A、T or F question などを通して本文内容への理解を深める

ワークシートに沿って、英問英答（Q&A）を行う。答えを書くだけでなく、答えの根拠となる部分に線を引かせ、答え合わせを行う際には、全体で確認する。また、答えになる英文はくり返し音読させ、定着を図りたい。T or F question も同様に、答えの根拠を明確にさせる。

4 リテリングを行い、本時の学習のまとめをする

物語の前半部分を説明するために必要なキーワードをマッピングさせ、それを基にペアでリテリングを行う。リテリング後は、話したことを書きまとめる活動を行い、本文内容の理解をさらに深める。最後に本時の活動の振り返りを行う。

第3時

Let's Read 1

物語の後半部分を読み取ろう

本時の目標

物語の後半部分を読み、少女と小さな男の子の変化の様子を理解するとともに、読み取ったことを分かりやすくまとめることができる。

準備する物

・ワークシート
・ティーチャー・トークで使用する写真
・ストーリー・スライド

【「書くこと」における記録に残す評価】
◎物語の後半部分の概要を、読み手に伝わりやすいように英語でまとめている。（思・判・表）

本時の言語活動のポイント

本文内容の理解を深めるために、ワークシートに様々な課題を設定する。まずは、英問英答（Q&A）を行う。ここでは、物語の叙述に沿って、根拠を明確にして答えるようにさせる。答えの根拠となる部分に線を引かせ、答え合わせの際には、それらを丁寧に確認する。その後は、答えとなる英文を確実に定着させるまで、くり返し音読させたい。次に、T or F question においても、Q&A 同様に、解答の根拠となる部分に線を引かせ、答え合わせの際に、丁寧に確認する。

これらの活動が終わったら、リテリングを行う。後半部分の内容を伝えるために必要なキーワードをマッピングし、それを基に、ペアで物語の内容を伝え合う。必要に応じて場面絵を活用してもよい。時間があれば、2～3ペアほど交流させたい。ペア交流後は、伝えた内容を英語で書きまとめる活動を行う。

本時の展開 ▷▷▷

1 ティーチャー・トークを聞き、Small Talk を行う

ティーチャー・トークでは、広島の名所をクイズ形式で紹介する。その後、"Let's talk about Hiroshima." をトピックに設定し、Small Talk を行う。中間交流では、うまく表現できなかったことを共有し、2回目の活動につなぐことができるようにする。

2 物語の後半部分を聞きインプット活動を行う

物語の後半部分（教科書 p.53, l.9から最後まで）のオーラル・イントロダクションを行い、本時の課題を把握させる。その後、新出語句の指導として、フラッシュカードを用いた指導やワード・ハントを行う。その後、サイト・トランスレーションを行いながら、本文内容の理解を図る。

3 4 本文内容の理解をさらに深める

活動のポイント：本文をくり返し読むことで、内容理解をさらに深めることができるようにする。

○　右のようなワークシートで、様々な課題を通して、内容理解を深められるようにする。

《Q&A》

①　教科書の答えの根拠になる部分に下線を引く。

②　質問に合う形で答える。

《T or F question》

①　教科書の答えの根拠になる部分に下線を引く。

②　誤り（F）の場合は、誤っている箇所に下線を引き、正しい答えを書き込ませる。

○　授業の最後に、リテリングを行い、読み取ったことを他者に説明する。

①　物語の後半部分のキーワードになる英語をあらかじめ書き出しておく。（マッピング）

②　場面絵など、理解の助けとなるものが準備できれば、それを見せながら説明する。

③　活動後は、話した内容を英語でまとめる。

Let's Read 1　A Mother's Lullaby

Class(　　　) No.(　　　) Name ＿＿＿＿＿＿

Today's Aim
（例）物語の後半場面の様子を読み取ろう。

1 Reading　～Q and A～：本文の内容をよく読み、次の質問に英語で答えよう。

1. Who was singing a lullaby to a little boy?
   A young girl was.
2. What happened to the boy after a while?
   He stopped crying and quietly died.
3. Did the girl stop singing when the boy died?
   No, she didn't. She kept singing.

2 Reading　～T or F～：本文の内容に合っているものにはT、合わないものにはFと答えよう。

1. When night came, some people were already dead.　【 T 】
2. The girl held the boy in her arms.　【 T 】
3. The little boy held the girl tightly.　【 F 】
4. The girl sang a lullaby.　【 T 】
5. The girl's voice became stronger.　【 F 】

※誤りの部分に線を引かせるとよい。

3 Retelling and Writing：読み取った内容を隣の人に伝えよう。伝え終わったら、話したことを書こう。

※リテリングしたことを書き起こすよう伝える。

3　Q&A、T or F question などを通して本文内容への理解を深める

Who was singing a lullaby?
A young girl was.

ワークシートに沿って、英問英答を行う。単に答えを書くだけでなく、答えの根拠となる部分に線を引かせ、答え合わせを行う際には、全体で確認する。また、答えになる英文はくり返し音読させ、定着を図りたい。T or F question も同様に、答えの根拠を明確にさせる。

4　リテリングを行い、本時の学習のまとめをする

The tree heard a lullaby.

物語の後半部分を説明するために必要なキーワードをマッピングさせ、それを基にペアでリテリングを行う。リテリング後は、話したことを書きまとめる活動を行い、本文内容の理解をさらに深める。最後に本時の活動の振り返りを行う。

第4時

Let's Read 1

オバマ氏が伝えたかったことを読み取り、「平和」について自分の考えをまとめよう

本時の目標

オバマ氏が伝えたかったことを読み取る活動を通して、「平和」について自分の考えをまとめることができる。

準備する物

・ティーチャー・トークで使用する写真
・ストーリー・スライド

【「書くこと」における記録に残す評価】
◎オバマ氏の思いを参考にしながら、平和についての自分自身の考えを読み手に分かりやすくまとめることができている。（思・判・表）

本時の言語活動のポイント

原爆投下の日米の考え方についての資料を参考に、自分の考えをまとめる。より充実した意見文にするために、「アメリカは原爆投下をどう考えているのか？」という記事など、資料を準備しておくとよい。意見文を書く際には、「平和な世界にするために」という視点で、原爆投下について自分なりの考えをまとめるようにする。被爆者やその家族の思い、オバマ氏の言葉を引用しながら自分の考えを書いていくと、説得力が高まる。実際に、教師が書いた意見文を提示するのも効果的である。ライティング活動の途中で、中間交流を行い、困っていることを共有したり、ペアで回し読みをしてアドバイスを出し合ったりしながら、よりよい意見文を書けるようにしたい。歴史の認識には多様な考えがあり、異なる考え方を理解しようとしたり、受容できることの大切さも伝えたい。

本時の展開 ▷▷▷

1 ティーチャー・トークを聞き、Small Talk を行う

ティーチャー・トークでは、原爆投下についての日米での異なる見方を紹介する。その後、"What do you think about this idea?" をトピックに設定し、Small Talk を行う。中間交流では、うまく言えなかったことを共有し、2回目の活動につなぐことができるようにする。

2 教科書 p.55の新出語句を理解し、本文内容をおおまかに把握する

まず本時の課題を把握する。その後、フラッシュカードを用いた語彙指導やワード・ハントを行う。（その後、サイト・トランスレーションを行いながら）本文内容の理解を図るが、図につなげるための読みとし、詳細な理解や単語の確実な習得を目指すものではない。

3 「平和」について自分の考えをまとめる

活動のポイント：オバマ氏のスピーチや資料、これまでの学びを参考にしながら、「平和」について自分の考えをまとめることができるようにする。

《活動の流れ》

① 日本人とアメリカ人との認識の違いが分かるデータを示す。（報道機関によるアンケート結果など）原爆投下は正当化できるという考えをもったアメリカ人が多いことを確認し、「平和な世界にするために」という視点で意見文を書くことを伝える。

② 意見文を書く中で参考となる資料を示す。

例）

・「アメリカは原爆投下をどう教えているのか？　アメリカの歴史教科書を読んで考えたこと」
https://toyokeizai.net/articles/-/17552

・「特集広島原爆～きのこ雲の下で何が起きていたのか～」
https://www.nhk.or.jp/archives/shogenarchives/special/hiroshima_genbaku/

③ 意見文を書く

④ 途中で活動を止め、ペアで意見文を交換し、アドバイスを出し合う。

3 「平和」について自分の考えをまとめる

テーマに沿って自分の考えをまとめる。その際、考えの参考となる資料（本時の言語活動のポイント参照）も提示する。途中で中間交流を行い、ペアで回し読みをし、アドバイスを出し合い、よりよい意見文になるようにする。歴史の認識については、多様な捉え方があることに留意する。

4 グループで自分の考えを発表し、学習のまとめをする

グループで自分の考えを発表する。その際には、質疑応答や感想を伝える時間を設け、仲間を称賛したり、さらに考えを深めたりすることができるようにする。意見交流が終わったら、本単元の学習の振り返りを行う。

1
時
間

Let's Listen 3

災害情報を聞いて、聞き取ったことを伝えよう

本時の目標

災害情報を聞いて、指示されている概要や詳細を聞き取ったり，聞き取ったことを他者に分かりやすく伝えたりすることができる。

準備する物

・ティーチャー・トークで使用するスライド資料
・デジタル教科書（教材）

【指導に生かす評価】

◎本時では、記録に残す評価は行わないが、目標に向けて指導を行う。生徒の学習状況を記録に残さない活動や時間においても、教師が生徒の学習状況を確認する。

本時の言語活動のポイント

Small Talk では、“What do you do to be prepared for disaster?” というトピックで意見を出し合う。対話前には、教師が災害に備えるために行っていることについて、スライド資料を見せながら話すことで、生徒が自分の意見をもちやすくする。

Step 3の活動では、まずは、マッピングを行い、キーワードで必要な情報を書き出す。その後、ペアで情報を伝え合い、中間交流を行う。中間交流では、「伝えるべき内容」を確認後、「言いたいけれど言えない表現」を出させ、全体で解決する。その後、マッピングに必要な情報を書き加え、再度ペアで対話活動を行う。

本時の展開 ▷▷▷

1 ティーチャー・トークを聞き、Small Talk をする

Small Talk では、“What do you do to be prepared for disaster?” というトピックでペアで意見を出し合う。１回目の対話を終えたら、中間交流を行い、話した内容を出し合い全体で共有する。その後、２回目の対話活動を行い、中間交流での学びをいかす。

2 活動の目的・場面・状況を確認し、STEP 1を行う

リスニングを行う前に、生徒とのインタラクションを大切にしながら、本時の活動の目的・場面・状況を確認する。その後、デジタル教科書（教材）の STEP 1を流し、ラジオの災害情報の概要を聞き取る。聞き取り後は、ペアで内容をチェックし、クラス全体で正答を確かめる。

4 ラジオの災害情報を聞き、状況に合わせて重要な情報を伝える

活動のポイント：ホームステイ先の状況を確認し、必要な情報を伝えることができるようにする。

【Situation 1】

If your homestay house is near the ocean…

○中間交流で「伝えるべき内容」を確認する。

○生徒に確認しながら以下のようなキーワードを板書する。

・hit at about 3 p.m. → have to evacuate

・take some water and food

【Situation 2】

If there are small children in your host family…

○中間交流で「伝えるべき内容」を確認する。

○生徒に確認しながら以下のようなキーワードを板書する。

・children → should stay inside

・stay away from → windows and glass doors

3 STEP 2を行い、詳細な情報を聞き取る

STEP 2を聞き、「ハリケーンがくる時刻」と「家での安全な場所」の正しい情報にチェックを入れる。クラス全体で、正答を確認後、"Why are upstairs safe?" と問い、ペアで話し合わせる。その後、伝え合った内容を出し合い、全体で共有する。

4 STEP 3を行い、重要な情報を伝える

We need to evacuate as soon as possible!

ラジオを聞いていないホストファミリーに向けて、ホームステイ先の家の状況に合わせて、重要だと思う情報を伝える活動を行う。活動前にマッピングを行い、重要なキーワードを書き出す。その後、ペアで互いに伝え合う。最後に、Sound Box を読み、本時の振り返りを行う。

Unit 4

【中心領域】書くこと、話すこと［やり取り］

Be Prepared and Work Together　12時間

＋Let's Talk 2　1時間 ／ Let's Listen 4　1時間

単元の目標

ALT が日本の交通や災害に対して抱いている不安の解消のために、日本で行われている防災の取組を知るとともに、標識の絵や文字が表していることを説明したり、その標識を見た際にどのように行動したらよいかを伝えたりすることができる。

単元の評価規準

知識・技能	思考・判断・表現	主体的に学習に取り組む態度
・現在分詞や過去分詞、間接疑問文や疑問詞の節の文の形や意味、用法を理解している。 ・現在分詞や過去分詞、間接疑問文や疑問詞の節の理解を基に、日本の交通や災害に対する ALT の不安を理解したり、標識の意味や、標識が示す必要な行動について正しく書いたりする技能を身に付けている。	・日本の防災の取組や、海外の人が交通や災害時に抱く不安を読み取ることができる。 ・ALT が日本の交通や災害に対して抱いている不安の解消に向けて、標識が表していることを説明したり、その標識を見た際に取るべき行動を分かりやすく具体的に書いたりしている。	・日本の防災の取組や、海外の人が交通や災害時に抱く不安を理解しようとしている。 ・ALT が日本の交通や災害に対して抱いている不安の解消に向けて、標識が表していることの説明や、その標識を見た際に取るべき行動を、分かりやすく具体的に書いたりしようとしている。

単元計画

第1～3時（導入）	第4～6時（展開①）
1．単元の見通しをもとう 海外で行われている防災の取組について知ったり、世界の標識と日本の標識との違いを知ったりし、防災に対する生徒の関心を高める。 **2．緑市に住む外国人市民の防災に対する意識を読み取ろう** 緑市の外国人市民意識調査を理解する活動を通して、間接疑問文を理解するとともに、外国人市民の防災に対する意識の現状を知る。 **3．災害にあったとき、どんなことが必要か考え、チェックリストを作ろう** 災害にあったとき、どんな知識が必要かを考えたり調べたりし、間接疑問文を用いてチェックリストを作成し、ペアと交流する。	**4．朝美が行っている防災の取組は何だろう？** Meg と朝美の会話から、朝美が行っている防災の取組を読み取る中で、疑問詞の節を用いた文の形を理解する。 **5．身近にある防災便利グッズについて調べよう** 防災便利グッズについて伝え合う活動を通して、疑問詞の節の文に慣れる。自分がオススメする防災便利グッズを調べ、紹介するグッズを決める。 **6．自分のオススメの防災便利グッズを紹介しよう** 前時に調べた防災便利グッズについて、その特徴を説明し、勧める理由や便利さを明確にし、魅力が伝わる紹介をする。 **記録に残す評価【書】 知 思**

指導のポイント

本単元は、Unit を通して防災・安全への関心を高め、外国人も含め、全員がいざというときに落ち着いて、安全に行動できるように、地域の一員としてできることを考える。Unit の導入では、動画から外国人向けの防災の取組について知ったり、世界の標識と日本の標識との違いを知ったりし、生徒の関心を高める。Scene ①、②では、身近でできる防災について学び、Scene の最後では、防災グッズについて調べ、使い方が分からない相手に伝える活動をする。その中で、防災への意識を高め、知識が無い相手に伝える際の表現や内容構成について考えさせる。Read and Think ①、②では、外国人が日本で災害にあったときに不安だったことや日本で行われている支援について学ぶ。日本に滞在している外国人たちの現状について知り、地域の一員として、共に安心できる社会にするために何ができるのかを考える。そして Key Activity として ALT の不安を理解し、「ALT 用防災ガイドブック」を作成する。ALT からコメントをもらうことで、生徒が意欲的に取り組めるようにする。

評価のポイント

Unit を通して、「全員がいざというときに落ち着いて、安全に行動するために」という本単元のゴールに関連する言語活動を行う。第６時では自分のオススメの防災グッズについて、第８時では日本の標識について、第10時では地元で行われている防災の取組について書いてまとめる。どの活動も、「日本で災害に巻き込まれたら不安である」と語る ALT に対して行うという相手意識をもたせるようにする。第６時では「初めて見る人にも伝わるように」、第８時では「標識の表す意味やそれを見た際に取るべき行動が分かるように」、第10時では「ALT も参加したいと思えるように」など、それぞれの目的・場面・状況に合わせて書けているか、既習事項を用いて正しく文が書けているかを、ワークシートを基に評価する。

第７～10時（展開②）	第11～12時（終末）
7．日本で災害にあった外国人の現状を知ろう ２人の外国人の体験談から、何に不安を感じたのかを読み取ることを通して、日本の現状を知ったり、現在分詞を理解したりする。 **8．日本の防災の標識について、ALT に伝えよう** 現在日本で使われている防災の標識を知らない ALT に対して、詳しく伝える活動をする。生徒の防災意識を高めるとともに、既習事項の定着を図る。 **記録に残す評価【書】** 知 思 **9．若葉市で行われた外国人支援の取組を知ろう** 若葉市で行われた外国人支援の取組の内容を読み取ることを通して、過去分詞の理解を深め、なぜこのような取組が必要かを考える。 **10．全員が安全に避難生活を送るために大切なことを考え、伝え合おう** 避難生活のときに外国人が感じる不安について考え、その解消に向けて何が大切か伝え合う。地元で行われている防災に関する外国人支援の取組について調べ、ALT に伝える文章を書く。 **記録に残す評価【や】【書】** 思	**11．ALT が日本で抱いている不安を解消するための提案をしよう** ALT が日本で暮らす中で抱いている、交通や災害に対する不安を読み取る。その解消に向けて、日本にある標識の絵や文字が表す内容、その標識を見た際の行動について、具体的に伝える。 **12．ALT 用の防災ガイドブックを作ろう** 前時に考えた発表の内容を、様々な仲間と交流を行う中で、推敲する。紹介する標識の絵とともに、その標識の絵や文字が示していることや、その標識を見た際の行動を具体的に書きまとめる。 **記録に残す評価【書】** 知 思 主 **Let's Talk 2** ：１時間 **Let's Listen 4** ：１時間

※ Unit 4全ての授業終了後に、Let's Talk 2（１時間）、Let's Listen 4（１時間）を行う。

第1時

Preview

単元の見通しをもとう

本時の目標

海外の防災の取組を知ったり、世界の標識と日本の標識の違いを知ったりし、防災に対する意識を高めることができる。

準備する物

・Small Talk 用のプレゼンテーション資料
・ワークシート
・ワード・カウンター

【指導に生かす評価】
◎本時では記録に残す評価は行わないが、単元の目標の達成に向けて、日本や世界の現状など、知識を付ける。生徒の学習状況を確認し、防災に対する生徒の意識を確認する。

本時の言語活動のポイント

本時の Small Talk では、日本にある2つの標識について英語で説明し合う。普段よく目にする標識でも知らないものもあるだろう。日本語で標識の意味を確認しながら、標識への意識を高めていきたい。また、Small Talk の後に日本の標識と海外の標識は異なることを生徒との対話の中で伝える。そこで、海外の人は日本の標識を見ても戸惑うという現状を理解させる。

次に、海外で行われている防災訓練について写真を示し、対話の中で何に対しての訓練なのかクイズを出題し、日本とは異なる対策が行われていることや、今、世界で起こっている災害について知る。

そして、今自分がその国に住むことになり、その災害に遭遇したらどう思うかを交流し、防災についての意識を高めていきたい。

本時の展開 ▷▷▷

1 Small Talk をする 標識について知る

スライドで日本にある2つの標識について、その標識の表す意味と写真を確認し、ペアで伝え合う。発話語数をペアで数え合う「ワード・カウンター」を使い、どれだけ具体的に説明できるか、確認をさせる。全体の場で何人か指名し、表現を共有する。

2 日本と海外の標識の違いを知る

世界と日本では標識が異なることを知る。教科書 p.57の標識について、英語のメモをスライドで示し、ペアで伝え合う活動を行う。片方のペアはスライドを見ないで、相手が話す英語を聞き、その標識の表す意味を理解する。全体でも確認する。

2 日本と海外の標識の違いを知るためのペア活動

活動のポイント：教師から示されたメモを参考にしながら、標識を説明する表現をインプットとアウトプットするとともに、標識の違いに気付けるようにする。

「自転車通行止めの標識」や、「津波危険地帯の標識」など、日本と海外では意味は同じでもデザインが異なる標識があることを全体で教師と生徒の対話の中で確認する。その後、教科書 p.57を開かせ、日本では見ない４つの標識について、どんな意味の標識なのかを予想させる（その際、教師から答えを言わない）。その後、ペアになり、片方のペアは教科書のみを見て、もう片方のペアは、教師からのヒントを見ながら、１つの標識について英語で説明を行う。教科書のみを見ている生徒は、どの標識について説明しているかを当てる。

S1：This sign means a route. If we have hurricanes, we use the rode. This rode will take people to the safe place.
S2：You are talking about this sign!
S1：Yes! That's right!!

3 世界の避難訓練について知る

教科書 p.58の３つの写真をスライドで示しながら、何の訓練の様子なのか想像させる。教師との対話の中で、津波や台風やハリケーンなどの災害の英語をインプットしたい。山火事などは日本では馴染みがないが、世界では苦しむ人がたくさんいる現状を伝えたい。

4 自分が海外に移住する場面を考える

自分が海外に移住することになったという状況をイメージさせる。慣れない地に住んですぐに、**3** のような災害に遭ったらどう思うかを交流する。そこで、日本に移り住んでいる ALT のような外国人は不安を抱えているであろうことを理解させる。

第2時

Preview, Scene ①

緑市に住む外国人市民の防災に対する意識を読み取ろう

本時の目標

緑市の外国人意識調査結果を読み取る活動を通して、間接疑問文を理解し、外国人市民の防災に対する意識の現状を知ることができる。

準備する物

・ワークシート　・ワード・リスト
・ティーチャー・トーク用プレゼンテーション
・タブレット端末

【指導に生かす評価】
◎本時では、間接疑問文を理解できることが目標である。市民意識調査を読み取る活動中に、生徒が理解できているか確認する。そして、自分たちの防災に対する意識と比較させたい。

ワークシート活用のポイント

本時では、リスニングやライティングの活動を通して、生徒に本単元でポイントとなる表現をインプットをする場面が多い。そこで、生徒が単元のまとめの活動に向けて「使える」と思った表現などをメモできるスペースを設けている。

本時の展開の 3 以降は、教科書を開かずに行う。意識調査の数値は、ワークシート上のア～エの選択肢のどれを表しているのかを考えることを通して、「間接疑問文の形や意味を理解したい」、「本文を読みたい」という意識を生み、より理解の定着を図れるようにしたい。

本時の展開 ▷▷▷

1 Small Talk をする

Small Talk では、教科書 p.58の挿絵を使い、メグとサムは何を話しているのか、絵の中の３人の男性は何をしているのかを、想像させ英語で説明させる。「水をやる」や「チェックする」など、知っている単語を使えば説明できることに気付かせ、表現の幅を広げる。

2 音声を聞き、概要を理解する

教科書 p.58のリスニングを行う。２人が話している内容はどんなことなのか、Meg はどのような表現を使っていたのかを聞き取り、防災についての内容を本時では取り扱っていくことをつかませる。（ワークシート 1 にメモしていく）

3 ワークシートで内容理解を深める

2 Let's read the survey result!

緑市の外国人市民意識調査の一部の結果が公開されています。
教科書p.59の結果のグラフを見て、問題に答えましょう。

①この調査は何の調査ですか？【　（例）緑市の外国人市民の防災に対する意識　**】**

②上の調査結果の1～4の結果に当てはまるのは、次のア～エのどの項目だと思いますか？予想して答えてみよう。（教科書の本文は見ない） ※教科書本文を読み、答え合わせをする

ア：I know how much food and water I should store.
イ：I know how to use a fire extinguisher.
ウ：I know where the local shelter is.
エ：I know what number I should call in case of a fire.

②の問題を解く際は、電子黒板にアンケートの結果のみを提示し、考えさせる。

3 ワード・リストで新出単語を確認する

本書ダウンロード付録のワード・リストにUnit の新出表現を入れたものを作成しておき、生徒に配布する。ペアになり、片方の生徒が日本語を言い、もう片方の生徒が英語で答える。内容理解は、上記のワークシートを用いて確認する。文法の理解もここでさせたい。

4 次時に向けて調べる

教科書 p.59の Meg の吹き出しの中の道具など、防災道具の名前を英語でどう表すのか、クイズ形式でインプットする。災害を1つ決め、その災害に遭ったとき、どんな物が必要か、どんな対策が必要かを調べたり考えたりする時間を取り、次回の活動につなげる。

第3時

Scene ①

災害にあったとき、どんなことが必要か考え、チェックリストを作ろう

本時の目標

災害時に必要な知識を考えたり調べたりし、間接疑問文を用いてチェックリストを作成することができる。

準備する物

・ワークシート
・タブレット端末
・災害に関する表現のプレゼンテーション資料

【指導に生かす評価】

◎本時では、防災への意識をより高め、単元の目標の達成に向けての指導を行っていく。間接疑問文を用いてチェックリストを作成できているかを、机間指導を通して見届けていく。

本時で使用するワークシート

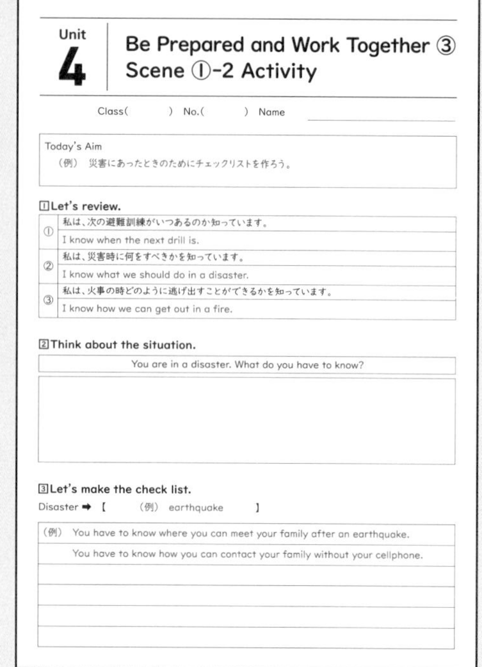

Unit 4　Be Prepared and Work Together ③
Scene ①-2 Activity

Class(　　　) No.(　　　) Name ＿＿＿＿

Today's Aim
（例） 災害にあったときのためにチェックリストを作ろう。

1 Let's review.

①	私は、次の避難訓練がいつあるのか知っています。
	I know when the next drill is.
②	私は、災害時に何をすべきかを知っています。
	I know what we should do in a disaster.
③	私は、火事の時どのように逃げ出すことができるかを知っています。
	I know how we can get out in a fire.

2 Think about the situation.

You are in a disaster. What do you have to know?

3 Let's make the check list.

Disaster ➡ 【　（例） earthquake　】

（例） You have to know where you can meet your family after an earthquake.
You have to know how you can contact your family without your cellphone.

本時の展開 ▷▷▷

1 Small Talk と復習をする

教科書 p.59の調査の結果についてどう思うかを話す。本文の内容の確認も行いながら、自分が行っている防災についてを話せるとよい。教科書 p.59の Practice を用いて間接疑問文の形や意味の復習を行う。

2 災害に関する表現を想起させる

世の中には、様々な災害があることを確認する。スライドを用いて、第１時に行った災害に関する英語を思い出す。今その災害に遭ったとして、どんな知識が必要かを考え、話す。既習の表現や知識を用いた即興的な活動を行っていきたい。

3 4 チェックリストの作成、仲間とシェア

活動のポイント：生徒が実際に作ったチェックリストを実際に仲間にやってもらうことで、自分の英語が通じた達成感や自信を得られるようにする。

S1：First, "you have to know where you can meet your family."
S2：I don't know the place.
S1：I see. Second, "you have to know how you can contact your family without your cellphone."
S2：I don't know how. I should search about it.

3 では、仲間の発言や調べたことを基に、チェックリストを作成する。机間指導を入念に行い、全生徒が 4 の活動に参加できるようにしたい。

4 では、実際に仲間にチェックリストを行ってもらう。仲間のチェックリストを行うことで、間接疑問文や既習事項のインプットを行い、自分のチェックリストを使ってアウトプットを行うことで、生徒の力を伸ばしていきたい。

3 チェックリストを作成し、共有する

それぞれの災害に遭ったとき、どんな知識が必要だと思うか交流する。その後、１つの災害を取り上げ交流したり、調べたりしていく。その情報を基に、一人一人がチェックリストを作る。書き出しを、"You have to know ….” とし、間接疑問文を使うように誘導する。

4 作成したチェックリストを仲間に試してもらう

作ったチェックリストを実際に仲間にやってもらう。ここで、自分の英語が通じる達成感を得たり、仲間のチェックリストから表現や内容面の学びを得たりできるようにしたい。授業後にワークシートを集め、生徒が書いたチェックリストの確認を行う。

第4時

Scene ②

朝美が行っている防災の取組は何だろう？

本時の目標

Meg と朝美の会話から、朝美が行っている防災の取組を読み取るとともに、疑問詞の節を用いた文の形を理解できる。

準備する物

・ワークシート
・ワード・リスト

【指導に生かす評価】

◎本時では、朝美が行っている防災の取組を読み取れているかはワークシートの回答を見ながら確かめ、防災グッズへの関心を高めたい。

ワークシート活用のポイント

まず、本文の会話が行われている場面や状況をつかませるために、リスニングを行う。この段階では完璧に本文を理解する必要はないが、聞き取ったことをメモしたり、仲間の発言をメモしたりできるようにしておくことで、その後の内容理解を深めるヒントとなるようにしたい。

内容理解を促すための問題を作成し、ワークシートに位置付けておく。生徒の取組状況を机間指導の時に把握し、実態に応じた指導へとつなげていきたい。

本時の展開 ▷▷▷

1 Small Talk をする

Small Talk では、"What do you prepare for a disaster ?" について話す。その中で、前時までに学んだ、意識調査の中の表現を思い出しながら話している姿を価値付けていきたい。生徒が表現するのが難しいものについては全体で考え、表現を共有する。

2 音声を聞いて話の概要を理解する

教科書 p.60のリスニングを行い、Meg は朝美に何を尋ねているのかを、聞き取る。Meg が、災害が起きたときの準備について尋ねていること、朝美が emergency kit と災害時の連絡の取り方について話していることを聞き取れればよい。

3 教科書の内容理解

1 Let's listen to the conversation!

防災について気になったMegは、何か朝美にたずねています。

○What did you catch?(In Japanese, OK!)

・What does Meg ask about?

防災に対する準備について

・What does Asami talk about?

防災キットについて

2 Let's read their conversation!

○Do Asami and her family prepare for a disaster ?

Yes, they do.

○朝美が災害時に備えて準備していることとして、正しいものを選びなさい。(複数回答可)

ア：防災セットに入れるべきものが書いてあるリンクを作った。

イ：防災セット(emergency kit)を作って、車の中に置いてある。

ウ：災害時にどこに避難すればよいか知っている。

㊁：災害の時にどのようにお互い連絡を取り合うかを決めている。

(　　　　)

○Does Meg know what she should put in an emergency kit ?

No, she doesn't.

3 ワード・リストで新出単語を確認する

ワード・リストを用いて、新出単語の確認を行う。ペアになり、一方の生徒が日本語を言い、もう一方の生徒が英語で答える。

内容理解は、上記のワークシートを用いて確認する。文法の理解もここでさせたい。

4 教科書 p.60の Practice をする

教科書 p.60の Practice を使って、英文を作る。英語が得意な生徒には、ワークシート上の日本語だけを見て英文を作るよう伝える。それが難しい生徒には、教科書のヒントを見ながら解くように指示する。

第5時

Scene ②

身近にある防災便利グッズについて調べよう

本時の目標

身近にある防災グッズについて伝え合う活動を通して、既習事項を使ったり、便利な防災グッズを伝える活動に活かしたりすることができる。

準備する物

・ワークシート
・防災グッズを紹介するプレゼンテーション資料
・タブレット端末

【指導に生かす評価】

◎本時では、第６時や単元の目標に向けて、既習事項を思い出しながら使う活動を行う。次時の活動で生徒が力を発揮できるように、適切な支援を行う。

本時の言語活動のポイント

1 の復習では、前時の復習をしながら、防災グッズについて学んだことを思い出させる。

2 の Small Talk では、疑問詞の節の文を使う状況を生み出す。制限時間内に、各人物について知っている情報を伝え、仲間から他の人物の情報も得るというゲーム感覚にすることで、活動への意欲を高めていく。

3 では、まず教師との対話を通して、防災便利グッズへの関心を高めていく。次回は自分たちが ALT に対して紹介をすることを伝え、活動への意欲を高めていきたい。

本時の展開 ▷▷▷

1 前時の復習の後、リスニングをする

前時に学んだ疑問詞の節の文の形を思い出す。“What does a link show?” と生徒に問うなど、教科書 p.60の本文の内容を使った復習になるとよい。その後、教科書 p.61のリスニングを行う。

2 Small Talk をする

教科書 p.61の Speak & Write を用いて活動を行う。４つのグループに分け、教室の４ヶ所にそれぞれの人物の情報を掲示し、自分は誰の情報を見に行くのか教師から聞く。２分でその情報を見てメモする。その後、仲間とスクランブルで交流し、４人全ての情報を得る。

3 防災グッズを紹介する表現をインプットして練習する

活動のポイント：生徒とやり取りをしながら、防災便利グッズについて知ったり、説明したりできるようにする。

〈例〉
T：Do you know this tool ?
S：Is it a bag? Is it a desk? Chair?
T：It is a helmet. Do you know how you can use it?
S：We open it!
T：That's right! Do you know when you can use it?
S：We can use it when we have an earthquake.
We can use it when we have a typhoon too!

防災便利グッズは、日本にもいくつか存在する。ヘルメットや防災食について紹介したら、他の例も写真で出し、生徒同士で説明し合う活動を行うのもよい。
いくつかの例に触れる中で、生徒が防災便利グッズに興味をもち、次回の活動に向けて意欲を高めていけるようにしたい。

3 防災グッズを紹介する表現をインプットして練習する

教師がスライドを用いて、便利な防災グッズを紹介する。ただ紹介するのではなく、"Do you know how to use it?" や "Do you know where you use it?" など、生徒に質問をしながら進めていきたい。慣れてきたら、ペアで説明させたい。

4 次時の活動の準備をする

3 で紹介したように、世の中には便利な防災グッズが存在する。次時、自分の調べた防災便利グッズについて、仲間に紹介する活動を行う。その活動に向けて、タブレット端末で調べる。地震のとき、洪水のとき、避難所生活のときなど、使う状況は生徒が選ぶ。

第6時

Read and Think ①

自分のオススメの防災便利グッズを紹介しよう

本時の目標

自分のオススメの防災便利グッズについて、勧める理由や便利さを明確にし、そのグッズの魅力が伝わる紹介をすることができる。

準備する物

・ワークシート
・タブレット端末

【「書くこと」における記録に残す評価】

◎自分のオススメの防災グッズについて、ペアで交流をする際に、聞き手に分かりやすくグッズの特徴を捉えて説明しているかに注目して評価する。その内容を書いてまとめ、記録に残す評価とする（知・技）（思・判・表）。

Unit 4 Be Prepared and

Today's Aim : ALT にオススス

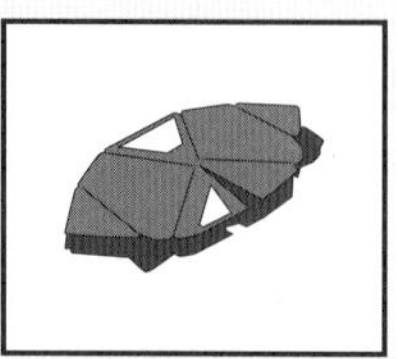

It is a helmet.
We can carry it easily.
It is light and small.

防災グッズの説明例を写真や図と合わせて示す。

本時の展開 ▷▷▷

1 Small Talk をする

導入として、前回教師が紹介した防災便利グッズについて、ペアに紹介する。前回の教師の説明を思い出しながら、その便利グッズに関する事実と、自分はその便利グッズについてどう思うかなどの感想も加えて話せるとよい。

2 1回目の「防災グッズ紹介」をする

前回、グッズについて調べ、メモをしたことを基に、オススメの便利グッズについてペアで紹介をする（原稿は作らない）。何回か紹介をしたら、聞き手はもっと詳しく知りたいことや質問をする。話し手はもらった意見をメモするなどして、次の活動につなげる。

板書のポイント：1回目の紹介で分からなかった表現を共有する。

Work Together
メの防災グッズを紹介しよう

〈Tell more !〉

・{Where / When / How} we use it?

・How much is it?

3の内容面の向上のためのアドバイスや交流での意見を位置付ける。

How to say in English?

避難する	evacuate
交通の	traffic
浸水	flooding
マンホール	manhole

→発音にも気を付けて取り入れてみよう！

言えなかった表現や質問を位置付ける。

3 Sharing Time で表現や内容を見直す

まず、言えない表現を共有したり、仲間と交流をする中で分かりやすいと思った表現を共有したりする。次に、「初めて見る人は、どんなことが知りたいか」「実際に使う時に必要な情報は何か」などと問い、内容面の向上を狙うSharing をする。

4 2回目の「防災グッズ紹介」をして原稿を書く

Sharing の後、タブレット端末を用いてさらに情報を得る時間を取る。その後、ペアで交流する。そして、自分のオススメの防災道具について、書いてまとめる。その原稿を、災害が起こったら心配だと話している ALT に見せることを伝え、相手意識をもたせる。

第7時

Read and Think ①

日本で災害にあった外国人の現状を知ろう

本時の目標

2人の外国人の体験談から、何に不安を感じたのか読み取り、日本の現状や現在分詞の理解をすることができる。

準備する物

- ワークシート
- ワード・リスト

【指導に生かす評価】

◎本時では、記録に残す評価は行わない。体験談を読み取る活動を通して、日本に滞在する外国人が直面している問題について知り、単元の活動に向けて、意識を高めていきたい。

ワークシート活用のポイント

ワークシートでは、[1]から[3]に向けて本文の大まかな理解から、より詳細な内容を捉えるような設問の構成となっている。[1] First Step では、絵を並べ替える。答え合わせの際、根拠となる文や表現を確認することで、本文の理解を促す。[2] Second Step では、英問英答の練習をする。[3] Third Step では、根拠となる文も確認し、表現や文法も確認する。ワークシートを通して、生徒に既習の文法や本時で学ぶ文法、単語のインプットをしていきたい。各設問をともに確認していく中で、理解できたという自信を生徒に付け、学ぶ意欲へとつなげる。次の[4] Practice は、[5] Write your ideas で自分の考えを英語で表現するための「橋渡し」の活動である。最後の自分の意見を伝える活動では、ペアで話して交流した後にその内容を書いてまとめることで、生徒の学びを見届けられるようにする。

本時の展開 ▷▷▷

1 Small Talk をする

"What do you think if you have a disaster in other countries?" について話す。自分の立場から考えさせることで、本時で読む体験談への導入としたい。その後、日本に住む外国の方はどのような思いをしているのか、体験談を読む前に考えさせたい。

2 ワード・リストで単語を確認した後、教科書の内容をつかむ

ワード・リストで、単語の確認をする。教科書 p.62を読み、ワークシートで Picture Matching などを行う中で、登場する2人の体験談の概要をつかむ。絵を並び替えた理由を交流したり、根拠となる表現を確認したりする中で、理解を促す。

2～4 内容理解を深める

Unit 4 **Be Prepared and Work Together ⑦ Read and Think ①**

Class(　　　) No.(　　　) Name

Today's Aim
（例） 日本で災害にあった外国人の現状を知ろう。

1 First Step：Case 1とCase 2の内容に合うように、A ～ Eの絵を並び替えましょう。

【Case 1】

(A)➡(E)➡(C)➡(D)➡(B)

【Case 2】

(B)➡(D)➡(A)➡(E)➡(C)

2 Second Step：Focus on the Details.
それぞれの体験談を読み、教科書p.63 Round 2の質問に英語で答えましょう。

Case 1
① No, they didn't.
② A police officer guided them to the shelter.
Case 2
① They stopped running.
② No, they didn't.

3 Third Step：Think and Express Yourself!

Case 1	地震のときにどこへ行くべきなのかを知らなかった。
Case 2	地震の直後、駅のアナウンスやインターネット上の最新の情報はすべて日本語だった。

4 Practice：Let's make the sentences!

①チョコレートを食べている少女は歌手です。 That girl eating chocolate is a singer.
②コーヒーを飲んでいる男性は有名な俳優です。 That man drinking coffee is a famous actor.
③一緒に踊っているあの少年たちは私のお気に入りのグループです。 Those boys dancing together are in my favorite group.

5 Write your ideas.

Case(（例） 1)

（例） Do you know where you should go?
○○ junior high school is our local shelter. We can get some things to live,
let's go. I will guide you.

3 2人の体験談の詳細を理解する

ワークシートの問題を解く中で、体験談の詳細をつかめるようにする。答え合わせをする中で、現在分詞が使われている文を取り上げ、その文法がどのように使われるのかが理解できるようにする。

4 教科書 p.62の Practice の後ロールプレイをする

教科書 p.62の Practice の問題やワークシートの 4 を使い、現在分詞が理解できているか確認する。その後、もし、自分が Case 1の人と、Case 2の人に災害時に遭遇したら、どのような言葉をかけるか、どのようなことを伝えるかを実際にロールプレイをさせて、交流する。

第8時

Read and Think ①

日本の防災の標識について、ALTに伝えよう

本時の目標

ALT に対して、現在日本で使われている防災の標識について伝える活動を通して、防災への意識を高めるとともに、既習事項の定着を図る。

準備する物

・黒板に貼る標識の図

【「書くこと」における記録に残す評価】

◎本時では、日本の防災の標識について知らない相手に伝える活動であることを意識した発話や文章であることを評価する。その後、話している内容や書いてまとめたもので記録に残す評価をする（知・技）（思・判・表）。

Unit 4 Be Prepared and

Today's Aim : Let's tell

Review

What did we learn in the last class?

The girl talking with Shun is Yui.
The boy standing by Kayo is Ren.

1の Review で生徒が話した英文を書く。

本時の展開 ▷▷▷

1 前時の復習をする

The boy talking with Aya is Taro.

前回の授業で学んだ現在分詞について復習をする。自分のクラスの仲間について、現在分詞を用いて紹介する活動を行う。周りの仲間の様子を見て、１分間で何人の紹介を現在分詞を用いてできるかをクラスで競う。

2 Small Talk をする

“In Japan, we have disasters every year. What can we do for foreign people?” について話をする。Small Talk の後、外国の方のためにできることを交流し、本時の活動への意欲付けを行う。表現が難しいものは全体で共有する。

Work Together

about a sign in Japan to ALT!

This is a sign for the place in danger of flood.
The color is different from Japanese sign.

海外の標識

日本の標識

- What does the sign mean?
- What should we do when we see this sign?

日本と海外で異なる標識の写真を示し、違いを考える。

3 外国の標識とその説明を見て、何を示しているのか考える

外国の交通の標識や防災の標識を写真で見せる。写真からどのようなことを表す標識なのかを予想する。その後、教師からの英語の説明で標識の表すことや、見たときに取る行動を理解する。日本の標識との違いを知ったり、英語を聞き取る力を養ったりしていきたい。

4 ALT に日本の標識について紹介する

外国の標識と日本の標識は異なることに気付いた。日本に住んでいる外国の方は標識の理解に困っているだろうという状況を把握させる。そこで、日本にある様々な標識を紹介しつつ、防災のために知っておくべき標識について、調べ、英語でまとめる。

第9時

Read and Think ②

若葉市で行われた外国人支援の取組を知ろう

本時の目標

若葉市で行われた外国人支援の取組の内容を読み取ることを通して、過去分詞の理解を深め、この活動の意義を考えることができる。

準備する物

・ワークシート
・ワード・リスト

【指導に生かす評価】

◎本時では、記録に残す評価は行わないが、今行われている外国人支援の取組を知ることで、支援の必要性に気付かせ、単元のまとめの活動に向けて、生徒の意欲を高めていきたい。

本時で使用するワークシート

Unit 4 Be Prepared and Work Together ⑧
Read and Think ②-1

Class(　　　) No.(　　　) Name

Today's Aim
(例) 若葉市で行われた外国人支援の取り組みを知ろう。

1 First Step：4つのパラグラフがそれぞれ何について述べているのか、教科書p.65 Round 1から適切なものを選びましょう。
第1パラグラフ（ B ）
第2パラグラフ（ C ）
第3パラグラフ（ D ）
第4パラグラフ（ A ）

2 Second Step：Focus on the details.
本文を読んで、教科書p.65 Round 2の質問に答えましょう。
① Yes, it is.
② They learned how they can protect themselves.
③ It uses simple symbols and pictures.
④ Because they can help foreign people.

3 Practice：Let's make the sentences!
①生徒たちによって作られた地図は便利だ。
The map made by the students is useful.
②市によって開催されている訓練は大切である。
The drills held by the city are important.
③たくさんの言語によって書かれている情報は必要である。
Information written in many languages is necessary.

本時の展開 ▷▷▷

Small Talk をする

"What can you do for foreign people in Japan?" という話題で1分間話す。生徒にどんなことができそうか話させ、交流する。その後、今ある支援の取組について本時では学ぶことを伝え、本時の見通しをもたせる。

2 新出単語を確認する 教科書 p.64の Practice をする

ワード・リストを使い、新出単語を確認する。その後、教科書 p.65の Round 1と Round 2に取り組み、本文の内容を細かく理解する。その中で、過去分詞についても説明し、生徒の理解を促す。教科書 p.64の Practice を行い、生徒の理解を確認する。

3 自分の考えを話せるようにするための音読活動

活動のポイント：教科書の表現を理解したり、使えるようにしたりするために、教師や ALT との交代読みやグループでの音読を行う。ここで身に付けた表現を 4 で活用できるようにしたい。

教師や ALT との交代読み、グループでの読みを通して、苦手な生徒も読み方を理解したり、分からなかったときにすぐに教え合ったりできるような環境をつくる。様々な音読方法でインプットする。
4 ではどんな取組が行われているか話したり、それに対して自分はどう思うか話したりすることを通して、アウトプットさせ、表現の定着を図りたい。

3 様々な方法で音読し、表現をインプットする

様々な音読方法で本文の定着を図る。教師が 4 語読んだら、生徒が 2 語読むという交代読みを行ったり、4 人グループで 1 文ずつ交代して読んだりして、読み方を確認したり、互いに教え合ったりしながら練習できるようにする。

4 外国人の視点で取組について考える

"If you are a foreign person in Wakaba City, what do you think about this program?" と問い、どんな取組なのかを話したり、その取組について、自分はどう思うのか感想や意見を述べたりする。その後、書いてまとめる。

第10時

Read and Think ②

全員が安全に避難生活を送るために大切なことを考え、伝え合おう

本時の目標

全員が安全に避難生活を送るために大切なことを考え、地元で行われている取組について紹介をすることができる。

準備する物

・ワークシート

【「話すこと［やり取り］」「書くこと」における記録に残す評価】

◎本時では、全員が安全に避難生活を送るために大切なことや、地元の取組について、既習事項を用いて仲間と伝え合っているかを評価する。その内容を基に ALT に向けて書けているかを回収したワークシートで確認する（思・判・表）。

ワークシート活用のポイント

3の活動の前に、ワークシート上の ALT からのメッセージを読ませる。そして、ALT が不安を抱えていることを意識させ、書く活動の意欲を高めていきたい。

First Writing では、調べたことを基に、文を書く。peer editing で、他の生徒がコメントや修正をしやすいように、1行おきに英文を書くように指導する。点線の下の細い行に、間違いや、書くとよいことを指摘したり、よい表現に下線を引いたりする。下のコメント欄にはよりよい文章にするための助言を書く。

First Writing を基に修正を加え、Second Writing に清書していく。その文章を回収し、評価を行う。

本時の展開

1 前時の復習をする

“What does Wakaba City do for the foreign people?” や “What do you think about this?” などと問い、前時の復習となる会話を行う。その後、教科書 p.65の Round 3を行う。そうすることで、本文の理解を図る。

2 住んでいる地域の防災の取組について考える

“If we live together in a shelter after a disaster, how can we help each other?” と問い、共に乗り越えていくために大切なことを考える。その後、地元では外国人の人たちにどのような支援を行っているのかを予想させ、本時の活動の意欲を高める。

3 住んでいる地域の防災の取組を調べ、ペアで共有

1 Let's Read：Message from your ALT

Hello. Now, I am worried about disasters. Japan has several disasters these days. I can't understand Japanese, so I can't evacuate well.

You have a lot of information and programs about disasters in our city, right? I would like to know information or programs for foreign people. Do you know about them?

If you know, please tell me.

Memo：What does our city do for foreign people?

※実際にいま暮らしている街の防災に対する取り組みを調べ、記入する。
次の活動で英語で表現していく際の参考とする。

（例）
- 外国人防災リーダー育成講座を開講している。
  →日本語が不慣れな外国人の方々への防災啓発や
  災害時のサポートをしていただくリーダーを育てている。
- 何日間か講座があり、日にちを選べる。
- 日本語の指導もしてもらえる。
- ワークブックももらえる。

3 住んでいる地域の防災の取組を調べ、ペアで共有する

地元では、防災に関して、外国人に向けてどのような支援が行われているのかを調べる。そして、ALT に紹介するために、書いてまとめる。班内で peer editing を行い、互いに書いたものを読んだり、訂正したりする中で、文章を推敲していく。

4 本時の振り返りをする

peer editing を行った後、自分の文章を推敲し、清書していく。仲間のよい文章を取り入れたり、指摘してもらった単語や文法のミスを直したりしながら、ALT に対して防災の取組について紹介する文章を書く。それを、記録に残し、評価していく。

第11時

Unit Activity

ALTが日本で抱いている不安を解消するための提案をしよう

本時の目標

ALT の交通や災害に対する不安を文章を読むことで理解し、その不安の解消に向けてガイドブックに載せることを考えることができる。

準備する物

・ワークシート
・タブレット端末
・Speed Input

【指導に生かす評価】

◎今回は記録に残す評価は行わないが、次時ガイドブックの作成を進められるように、ペアで話しているときに机間指導をし、提案できているかを見届けられるようにする。

本時の言語活動のポイント

今回のガイドブックでは、標識の説明にしぼって、ALT に向けて情報を発信していく。ALT からのメッセージを読むことで、今回の活動を行う目的、場面、状況を理解する。相手意識と目的意識をもたせ、活動への意識を高める。

日本にある標識をいくつか示し、その標識の示す意味や、その標識を見た際にするべき行動について考えさせ、伝え合う。その際に、使える既習事項の表現を確認する。海外と日本では標識が異なることを確認し、伝える目的も確認する。

その後、災害や交通に関する標識を調べ、どの標識について ALT に伝えるか考える。調べたことはメモ欄にマッピングさせ、次回の活動へとつなげていく。

本時の展開 ▷▷▷

1 Small Talk をする

“What is ‘universal design’?” について語る。2年生で学んだことを思い出しながら、日本にいる全ての人にとって住みよい環境を整えていくことが大切であると学んだことを思い出す。内容面と英語の表現などの技能面の復習を行う。

2 ALT からのメッセージを読む

ALT からのメッセージを読む。そこには、日本で暮らす上での交通や災害に対しての不安が書かれている。それを理解し、ALT にとっても住みよい環境を作るために、日本にある標識についてのガイドブックを作成し、渡すことを伝える。

3 日本の標識をペアで説明し合う

活動のポイント：生徒たちが会話をする中で、既習事項を思い出したり、伝えることを考えたりできるようにする。

教師がスライド等に示して見せる標識について、ペアで伝え合う。その中で、使える既習表現をインプットする。
内容面では、ALT が必要とする情報や、日常生活で困りそうな標識を選んだりして伝えられるように、全体で確認する。

〈予想される生徒のやり取り〉

S1：You can see this sign on the road.
This sign means if you drive your car, you can't enter this road.
It is different from the sign in your country.
So, be careful. If you see this sign, you must turn and find another road.

S2：I see.

3 日本の標識をペアで説明し合う

Speed Input を行い、表現をインプットする。その後、日本の標識をいくつか示し、どのように説明をするかペアで交流する。海外の標識を示し、海外と日本では異なることや、日本語が理解できない海外の人には難しいことを確かめ、活動の意味を確認する。

4 ALT への提案を考える

日本にある標識の中で、ALT の先生が知っておくとよい標識を選び、説明を考える。自分たちと同じ街に住んでいること、日本語の理解が難しいこと、車の運転も考えていることなどの相手の状況を考えながら選べるように、助言していく。

第12時

Unit Activity

ALT用の防災ガイドブックを作ろう

本時の目標

ALT の不安を解消するための防災ガイドブックを、ALT の置かれている状況を踏まえ、作成することができる。

準備する物

・ワークシート
・タブレット端末

【「書くこと」における記録に残す評価】
◎本時では、ALT の不安を解消することを目的とし、ALT の置かれている状況を踏まえ、既習事項を用いてガイドブックの作成を行っているかに注目し、記録に残す評価とする（知・技）(思・判・表)(主)。

ワークシート活用のポイント

第11時で、自分がガイドブックに載せる標識について、調べたことをメモ欄にマッピングをした。そのマッピングを見ながら、本時の**2**では、ペアで話す活動を行う。ワークシートのメモ欄には、ペアからの助言もメモするように指示を出す。

3の中間交流の後、話したことを推敲し、書いてまとめる。ワークシートの2には文章を書き、3には、タブレット端末で示した標識の絵を描けるスペースを用意した。

本時の展開 ▷▷▷

1 前時の復習と本時の活動の準備をする

前回の授業で読み取った ALT の不安を確認する。その後、前回自分が調べた標識の画像をタブレット端末で示すことができるようにする。ペアで相手を ALT として、自分が説明したい標識について伝える準備をする。

2 ペアで標識の説明を練習する

自分が説明する標識の画像をタブレット端末で示し、メモ欄のマッピングを見ながら、標識の説明を行う。聞いているペアは、ALT の不安を解消するものとなっているか、もっと詳しく説明することはできないかを助言する。

1～4 マッピング～ガイドブックの完成

Unit 4 **Be Prepared and Work Together ⑩**
ALTに紹介しよう

Class(　　　) No.(　　　) Name ＿＿＿＿＿＿

Today's Aim
（例） ALT用の防災ガイドブックを作ろう。

1 Let's Read：Message from your ALT

Hello. I've been living in this city for a few years. I've been studying Japanese but my level is still low and I can't understand a lot of kanji. I'm worried that if there is a disaster, I won't be able to read the signs and get somewhere safe. And I want to drive in Japan someday, because I like driving, but I can't understand signs.
Could you help me and explain the meaning of some signs to me?

★Memo：What sign do you explain ?
※タブレット端末などを使い、自分が紹介したい標識について調べたことをメモする。
日本語でもよい。

2 Writing：Let's make a guidebook!
※調べた内容をもとに、ガイドブックの内容を英語で表現する
（例） I will tell you about this sign. This sign tells you which areas are in danger of flood. This number means the depth of water if a flood occurs in this area. If you see it, you should go to a higher place. If there is heavy rain, you should remember. Using this sign, you can find a local shelter. You have to check it.

3 Let's draw a picture of the sign!
※紹介する標識の簡単な絵を描く。

3 中間交流をして推敲する

中間交流では、言えなかった表現を考えたり、仲間の分かりやすかった表現を共有したりする。海外の標識との違いを話したり、似ている標識を示したりと、より詳しく相手に伝えるための視点を示し、推敲する。

4 ガイドブックの記事をまとめる

ガイドブックに載せる記事を書いてまとめる。内容面では、3の中間交流で示した視点を基に、より深められるように指導する。机間指導をする中で、生徒が書いているよい表現や、英語にするのが難しい表現について確認し、黒板で示しながら共有する。

本単元の Key Activity

ALT用の防災ガイドブックを作ろう

活動の概要

第11、12時で、本単元の最終活動として ALT の不安を解消するための「防災ガイドブック」を作成する。ALT が日本の交通や災害時に対して不安を抱いていることを ALT が書いた文章から読み取り理解する。外国人も含め、全員が防災や交通への意識を高め、いざというときに落ち着いて行動できるような社会にするために、標識に焦点を当て、その標識の絵や文字が表すことや、その標識を見た際の行動について、具体的に伝えられるようにする。

活動をスムーズに進めるための 3 つの手立て

①表現ヒントプリント
Speed Input や単元の中で使用したプリントを見て、考える際のヒントにする。

②活動の必然性をもたせる
ALT からの文章を読み、活動の目的・場面・状況を捉え、相手意識をもたせる。

③交流
交流で、様々な表現に触れさせたり、自分の成長を実感したりできるようにする。

U4 Be Prepared and
Work Together
Speed Input

活動前のやり取り例

JTE：You learned about what we should know in a case of disaster in this unit. For example, emergency goods, signs, evacuation drills. Our ALT is in trouble in Japan now. Let's listen to his problem.

ALT：I have lived in Japan for ○ years, but I can't understand all Japanese. Now, many disasters happen. For example, flood, landslide, earthquake and so on. I'm worried when I have a disaster.

JTE：I see. Do you know what you should do when you have disasters?

ALT：No, I don't. And signs are difficult for me to understand.

JTE：I see. Everyone, do you understand his problem?

活動前のやり取りのポイント

何回かペアで交流をし、お互いのよい表現を学び合ったり、どうしたらより ALT の不安を解消できるか、助言をし合ったりする。中間交流では、どんな内容や表現を付け加えたら ALT の安心につながるかや、言えなかった表現を確認する。そして、最後にガイドブックとして、書いてまとめさせ、ALT から読んだ感想をもらうことで、達成感や充実感につなげていきたい。

活動のポイント

ALT は日本語が全て分かるわけではないこと、日本で生活する上で災害が起きたときに不安を感じるという場面と状況を踏まえ、ガイドブック内で伝えることを決めたい。標識の中の日本語や絵は理解が難しいため説明を加えること、ALT の本国では経験のない災害も起こりうるため、その標識を見た際の行動を具体的に示すことの意義に生徒が気付きながら、活動を進めていけるようにしていきたい。

活動のやり取り例

HRT：Make ◯ pairs, please. This line students, first you are ALT. You are in trouble. Another student, first you are a speaker. Talk about your guidebook.

S1 ：I will tell you about this sign. This sign tells you where is in danger of flood. This number means the depth of water if you have a flood in this area. If you see it, you should leave the place. Our city has a lot of rivers. If you have a heavy rain, you should remember this.

S2 ：I see.
標識の示すことと、どうすればよいかは伝わったよ。でも、４文目の「ここから離れた方がいい」のは確かにそうだけど、どこに行くとよいのかにふれているとより丁寧だと思うな。

活動後のやり取りのポイント

活動後に、一人一人にルーブリックを返すとともに、ALT からフィードバックを行い、生徒の活動を価値付けていく。時数に余裕があれば、他の ALT ともインタビュー活動を行えると、より資質・能力を身に付けることにつながると考える。

1時間

Let's Talk 2

状況や場面に合わせて、申し出をしたり、応じたりしよう

本時の目標

提示された状況や場面に合わせて、申し出をしたり、言われたことに対して応じたりすることができる。

準備する物

・ワークシート
・状況や場面の絵

【指導に生かす評価】
◎本時では記録には残さないが、状況や場面に合わせ、既習事項を用いて会話を膨らませることができている生徒を取り上げ、価値付けていきたい。

本時の言語活動のポイント

本時のはじめのSmall Talk から、写真を見て対話をする活動をして、本時のロールプレイへの意欲を高める。

写真から、対話をしている目的・場面・状況を想像させ、その場にあった表現を使える生徒を増やすために、中間交流では生徒たちからできる限り多くの表現を吸い上げ、板書して示す。そして、それぞれの目的・場面・状況をふまえるとどのような表現が適切なのかを生徒たちから引き出しながらインプットすることで、表現の力を伸ばしていきたい。

最後は書いてまとめることで、自分の学びを実感させるとともに、生徒の活動の見届けも行っていく。

本時の展開 ▷▷▷

 Small Talk をする

教科書 p.67の STEP 1の絵を見せ、ピンクのジャケットを着た女性と、女性に話しかける黄色のジャケットを着た男性の役に分かれ、どんな場面なのかを考えさせ、即興的に話をさせる。その中で、提案をしたり、応じたりする表現を生徒から引き出したい。

2 教科書 p.67の STEP 2を読む

Small Talk の絵の対話を読む。どのような場面で、女の人と男の人はどのような関係なのか、話題は何なのかを読み取らせる。その中で、提案をする表現や、応じる表現に気付き、理解できるようにする。

3 絵を見ながらロールプレイを行う

活動のポイント ：生徒たちが、絵を見て、その場面と状況、会話の目的を考え、適切な表現を用いてロールプレイを行うことができるようにする。

教科書 p.67の STEP 3の②の絵を見ながらロールプレイする。

S1：Hello. Can I help you?
　(初対面の人だから、丁寧な表現を使った方がいいか…)
　May I help you ?
S2：Thank you. I want to go to Nagoya.
　(券売機の前にいるから、切符の買い方が分からないのかな)
　I don't know how to buy a ticket.
S1：I see. I can help you.
S2：You're a lifesaver.

表現面の指導はもちろん、上記の生徒たちのように、写真から状況や場面を想像させ、そこに適する内容の英文や表現をアウトプットできるようにしたい。そのような対話ができているペアを取り上げたり、ALT と模範の対話をしたりして、生徒が意識できるようにしたい。

3 STEP 3の絵を見ながらロールプレイを行う

STEP 3の 3 枚の絵を使い、ロールプレイをさせる。写真の中心の人物と、その人物に声をかける役に分かれ、対話をする。表情や場面から相手の気持ちや状況を想像するように伝える。中間交流では、表現面はもちろん、内容面の交流も行う。

4 ロールプレイを書きまとめる

中間交流の後、ペアを替えて対話活動を行う。中間交流やペアで対話する中で、使ったり学んだりした表現を基に、発話内容を書いてまとめる。机間指導を行い、生徒が申し出る表現や答える表現を用いてやり取りの内容を書けているか見取る。

1
時
間

Let's Listen 4

ニュースなどの音声を聞き、概要や要点を理解しよう

本時の目標

ニュースを聞き、概要や要点を理解することができる。

準備する物

・ワークシート
・タブレット端末

【指導に生かす評価】

◎本時では、記録に残す評価は行わないが、ニュースの音声を聞き、概要や要点を理解できているかを、ワークシートで確認する。

ワークシート活用のポイント

聞いたことを理解できているかを確認できるように、ワークシートに答えを書き込めるようにしている。

インプットした表現を、使用する中で定着できるように、最後には日本について紹介する記事を書く。記事を書くときの参考になるように、ワークシートや、教科書の Josh のメモを参考とするよう助言したり、電子黒板上にはリスニングのスクリプトを位置付けたりする。

ワークシートの 4 に日本の紹介記事を書いてまとめさせ、本時に学んだ表現を使えているかどうかを確認する。

本時の展開 ▷▷▷

1 教科書 p.70の STEP 1をする

教科書 p.70の絵を見て、何のニュースなのかを想像させる。その後、ニュースの音声を聞かせ、教科書の STEP 1の問題に取り組ませることで、要点を聞き取れているか確認をする。

2 インドについて全体で話す

生徒たちに、インドについてどんなことを知っているか聞く。交流する中で、英語の表現をインプットしていく。文化や、物、食べ物、観光地など、様々なジャンルのことについて交流し、インドのイメージを広げていく。

2 オリジナル紹介文を書く

Let's Listen 4 テレビの国際ニュース

Class(　　　) No.(　　　) Name

Today's Aim
（例） ニュースなどの音声を聞き、概要や要点を理解しよう。

○目的・場面・状況

日本国内でも、英語のニュースや番組が数多く見られるようになっています。
Joshが見ている英語のニュースを聞きましょう。

1 ニュースを聞いて、今日(8月30日)、だれが、何を、どこでしたのか、以下の表を完成させましょう。

Who	The prime minister of Japan and the prime minister of India
What	had a dinner party
Where	in Kyoto

2 What do you know about India?

※インドについて、知っていることを書く
（例） It is famous for curry.
They eat curry with naan.
Gandhi is a famous person in this country.

3 紹介を聞いて、出てくる順に教科書のA ～ Dの写真を並べかえましょう。
(Ⓐ)→(D)→(B)→(C)

4 もう一度聞いて、以下の表を完成させましょう。
※教科書の音声をもとに、聞こえた内容を英語で表現する

Language	English and many other languages
Population	1.3 billion
Religion	80 percent are Hindus
Famous things	movie industry, spicy food, cricket

5 インドの例を基に、日本の紹介記事を書いてみよう！
近々、来日予定の外国の方がいます。来日は初めてで、日本について詳しく知らないようです。
その方に、日本を紹介する記事を書いてみよう。

（例） More than 120 million people live in Japan.
Japanese is used here. We have some dialects.
Most of the people are Buddhists or believe in Shinto.
Japanese food, anime, and Japanese traditional culture is famous and popular
now.

3 教科書 p.70の STEP 2をする

インドの紹介のニュースの音声を聞かせ、教科書の STEP 2に取り組ませる。その中で、ニュースの概要を理解できているか確認をする。答え合わせをした後に、スクリプトを確認する。スクリプトは、電子黒板などに写しておくことで、4 の活動へとつなげたい。

4 日本について紹介する

3 で確認したスクリプトを参考にしながら、日本について紹介する記事を書く。「日本について詳しく知らないが、近々来日予定の外国の方のために、記事を書く」という目的を設定し、取り組ませる。

Unit 5

【中心領域】読むこと、書くこと、話すこと［発表］

A Legacy for Peace （12時間）

＋Let's Write 3 （1時間）

単元の目標

ガンディーの非暴力を基本とした考え方による生き方について読むことを通して、世界の平和・人権について考えた偉人に興味・関心をもち、自分の考えについて例文を参考にしながら、新出の文法や既習の文法を用いて、書くことができる。

単元の評価規準

知識・技能	思考・判断・表現	主体的に学習に取り組む態度
・接触節を用いた文や関係代名詞 that, which, who（主格・目的格）の文の形・意味・用法を理解している。 ・接触節を用いた文や関係代名詞 that, which, who（主格・目的格）の文の理解を基に、あるものや人について詳しく説明を加える技能を身に付けている。	・ある人物について書かれた文章の概要を捉えたり、その人物の功績を読み取って、質問に対して英語で答えたりしている。 ・自分にとってあこがれの人物を教科書に登場する人物や、これまでに学習した人物、身近な人などから選んで、書いている。	・ある人物について書かれた文章の概要を捉えたり、功績を読み取って、質問に対して英語で答えたりしようとしている。 ・自分にとってあこがれの人物を教科書に登場する人物や、これまでに学習した人物、身近な人などから選んで、書こうとしている。

単元計画

第1～3時（導入）	第4～5時（展開①）
1．あこがれの人物について書こう ガンディーやインドに関するティーチャー・トークを聞くことを通して、題材についてより深く知りたいという興味付けを行う。 **2．ガンディーの故郷であるインドについて知ろう** 教科書に書かれているガンディーについての英文を読むことを通して、インドについて理解を深め、日本と比較させる。 **3．あるものや人について詳しく説明しよう** Scene ①で扱われる接触節について、文の仕組みや修飾する語順の日本語との違い（後置修飾）を理解し、英作文をしたりすることを通して、定着を図る。	**4．ガンディーがどんな人かまとめよう** Josh と朝美の会話文を読むことを通して、ガンディーがどんな人物なのかを理解させたい。また、そこで使われている関係代名詞 who の主格については文脈の中で理解した上で、意味・機能について気付かせたい。 **5．人について紹介できるようになろう** 教科書本文の内容理解、本文の暗唱などを行い、インプットをさせた後、前時に学習した関係代名詞 who を使って人物を詳しく説明するような表現活動により、定着を図る。

指導のポイント

単元の内容は、日常的な話題ではなく社会的な話題となっており、生徒が自分事として捉えたり、自らの考えをもったりすることが難しい内容である。そのため、プレゼンテーション資料などの視覚情報を用いて、背景となる知識を提供したり、他教科の学習と関連付けたりして、興味・関心をもたせられるような導入を行いたい。

また、ガンディーについて Read and Think まで学習を終えたら、第９時で「ガンディーについて印象に残っていること」をテーマに設定し、理由を含めて表現活動をさせ、評価を行う。その時間で生徒一人一人が自分の意見を書くことができるようにしたい。そのために、それぞれのページについて内容理解を終えた後、「Write your own ideas」という表現活動を設定した。本文は難しい内容であるが、１時間１時間を生徒も教師も真剣に考えることができれば、きっと書くことができると考えている。自分の意見をもち、テーマについて表現しようとする生徒を育成したい。

評価のポイント

第１時の中で、単元のめあてを示し、評価をするタイミング、規準を生徒と共有することで、主体的に学ぶよう動機付ける。ガンディーに関して、理解をして終わるだけではなく、第１時から第９時までの内容を踏まえて、自分自身の考えを書いて表現をさせ、評価を行いたい。また、その中で新出文法の関係代名詞については、表現活動をするために使用を必須とせず、長い目で見て評価を行う。

第11時、12時の終末では、例文を参考にしながら、あこがれの人物についてまとまった文章を書かせる。内容はオリジナルのものであることを評価の対象とすることも事前に伝える。第12時では書いた文章を活用して、相手に伝えることを目的として発表をさせる。

第６～９時（展開②）	第10～12時（終末）
6．ガンディーについて深く知ろう 教科書本文をグラフィックオーガナイザーの手法を用いて、オーラル・イントロダクションによって生徒とやり取りをしながら理解を促す。概要を把握した後に、図の空欄補充により、内容の理解を深める。 記録に残す評価【読】 思 **7．ものについて紹介できるようになろう** 教科書本文の内容を頭に浮かべながら、音読をしたり、暗唱をしたりしてインプットする。その後、新出文法の関係代名詞 that, which の主格を使ってものについて詳しく説明するような表現活動により、定着を図る。 **8．ガンディーの非暴力の戦いを読み取ろう** 教科書本文を読んで、英問英答などに取り組ませ、最後は表現活動に取り組ませる。 **9．ガンディーについて考えを書こう** 本文の音読、暗唱に取り組ませた後、単元で扱ったガンディーの話で印象に残っていることについて、理由を含めて英語で表現させる。 記録に残す評価【書】 知 思	**10．後置修飾の理解を深めよう〈Grammar for Communication〉** 単元で新出の関係代名詞や既習の前置詞句などを振り返り、名詞を修飾する文の構造について練習問題を通して、理解を深める。 記録に残す評価【書】 知 思 **11・12．あこがれの人物について書き、発表しよう** 第11時は、平和・人権について考えてきた偉人や身近な人など、自分があこがれている人物について、既習内容を用いて表現させる。第12時は、第10時に準備をした内容を暗唱して、相手に伝わるように発表をさせる。 記録に残す評価【発】 思 Let's Write 3 ：１時間 記録に残す評価【書】 思

※ Unit 5の全ての授業終了後に、Let's Write 3（１時間）を行う。

第1時

Preview

あこがれの人物について書こう

本時の目標

ガンディーとそれに関わる写真を見せることで、題材についてより深く知りたいという興味付けを行い、単元での終わりを思い描く。

準備する物

・振り返りカード
・プレゼンテーション資料

【指導に生かす評価】

◎本時では記録に残す評価は行わないが、第11時でのライティング活動の際に使用するワークシートを準備する。現時点での生徒の表現力を把握し指導に生かす。

本時の学習活動のポイント

本時の最初の活動であるウォーミング・アップでは、Unit 4で既習の現在分詞と過去分詞を使った並べ替え活動を行う。本単元では、関係代名詞を扱う。日本語と異なる語順で名詞を説明する表現として、前の単元で扱った内容（The boy standing by the door）を振り返ることは、生徒が後置修飾である関係代名詞を理解することを助けると考えられる。

前の授業までに、現在分詞や過去分詞による修飾の語順に困っている生徒を手助けするためにも、４人１組のグループを作り、日本語から英語に直すことができるようにしたい。

７分～10分程度時間をとり、並べ替え問題にできるだけたくさん挑戦させ、文法の習得や気付きを促したい。

本時の展開 ▷▷▷

1 ウォーミング・アップ：語の並べ替え活動をする

語順に気をつけて…

４人１組を作り、並べ替え活動を行う。１語ずつばらばらにした単語と日本語訳が書かれた紙を封筒の中に入れておく。生徒は封筒からそれらを取り出し、話し合いながら正しく並べ替える。その文をプリントに書き込む。

2 ガンディーについてティーチャー・トークを聞く

What do you know about Gandhi?

教師から生徒に対して、スライドなどの視覚資料を示す。本単元ではガンディーのように、平和や人権に対して功績を残した内容について学習することを知らせる。クイズ形式で生徒とのやり取りを行い、本単元の学習に対する動機付けを行う。

1 4人1組による、英文の並べ替え活動

活動のポイント：制限時間を短めに設定し、すばやく文を組み立てられるようにする。

〈封筒に入っている文の例〉
・I know the man singing in the center.
・The girl talking with Mr. Otake is my sister.
・Are these pictures taken by your father?
・I have read a book written by Soseki. など

できました！
OK, good job!
Let's challenge the next!

〈活動の手順例〉
①生徒は番号が書かれた封筒からカードを取り出し、並び替えたら、プリントに並べ替えて完成させた文を書かせる。
②書いたら教師にチェックをしてもらい、正解していれば次の問題に取り組む。
③①、②をくり返し、できるだけ多くの後置修飾の文に触れさせる。

※生徒の実態に応じて取り組み方を考える。
例：プリントはグループの代表生徒のみが書く。
　プリントはグループ全員が書き、4枚ともチェックを受ける。など

3 ティーチャー・トークの中での発問について考える

He looks like... a monk!

本単元で扱うガンディーについて何を知っているか（What do you know about Gandhi?）、また、写真を見て何をイメージするか（What do you imagine through these two pictures?）などについて生徒に意見を書かせ、生徒同士で意見を交流させ、発表をさせる。

4 あこがれの人物について書く

本単元の第11・12時間目で取り組ませる「あこがれの人物について書く」を本時でも行う。使用する文法項目については指定せず、また、正確性についても評価をしない。現時点での生徒の英語力を教師が把握すること、第11・12時での生徒の負荷を下げるために行う。

第2時

Preview, Scene ①

ガンディーの故郷であるインドについて知ろう

本時の目標

ガンディーについての紹介文を読むことを通して、インドの文化に対する理解を深め、新出文法の意味を理解することができる。

準備する物

・振り返りカード
・ワークシート（活動用）
・プレゼンテーション資料

【指導に生かす評価】
◎本時では記録に残す評価は行わないが、ワークシートの記述などから学習状況を確認する。

ワークシート活用のポイント

①教科書 p.72の内容を聞いて分かったことを書かせる。
② Josh が選んだ写真を①～④の中から選ばせる。
③なぜ、その番号にしたのか根拠を表す文について聞き取り、理由の欄に書かせる。
その後、日本とインドの比較を、本文を読ませて行う。本文から分かることもあるが、分からない部分もある。そういった部分については、教師の側からティーチャー・トークを行うことにより、比較ができるようにする。
④最後に本時の目標表現である接触節に慣れ親しませるために、ペアで練習をさせる。実際に例文を作らせてもよい。

本時の展開 ▷▷▷

1 ウォーミング・アップ：What's this? クイズをする

Let's play "What's this?" quiz!

教師から生徒に対して、スライドなどの視覚資料を提示して、本単元ではガンディーのような平和や人権に対して、功績を残した内容について学習することを知る。

クイズ形式で生徒とのやり取りを行い、本単元の学習に対する動機付けを行う。

2 教科書を聞いて分かったことをワークシートの 1 に書く

単語でまず
書いてみよう。

教科書 p.72の英文を聞いて分かったことを 1 に書かせる。書かせる内容として、単語、文、日本語など何でもよいと伝える。その後、教科書の①～④の写真の中で、Josh が選んだものは何かを答えさせる。また、その答えを選んだ理由についても書かせる。

2 3 聞いたり読んだりして分かったことを書く

◎インターネットで写真を見ているJoshに、姉のMariaが話しかけています。

1 Listen to the story and write your understanding. ← 活用のポイント①

※教科書のListenを聞いて書く。日本語か英語かは生徒の実態に合わせる。
（例） ジョシュはプレゼンテーションで使用する写真を選んでいる。マリアは、2の写真が好きだが、ジョシュはガンディーの顔がよく見えないので好きではない。　など

Joshが選んだ写真は？（The picture Josh chose is …?） ← 活用のポイント②
（　①　）
理由　※日本語または英語のどちらでもよいので、理由を書くことで、より深い内容理解を目指す
（例） ジョシュはガンディーの顔がはっきり見える写真の方がよいと考えたから。

活用のポイント③

2 Let's compare Japan and India.
Read the story and fill in the blanks.
※ティーチャー・トークで日本とインドの違いについて視覚教材を使いながら紹介する

	日本	インド
国民の祝日	16日	3日
お札の種類	3種類	7種類
お札の言語数	1	17
お札の人物	福沢諭吉、樋口一葉、野口英世	ガンディー

3 Let's practice today's grammar. ← 活用のポイント④

a photo I took at the garden	私がその庭で撮った写真
the color I like	私が好きな色
the woman you were talking to	あなたが話しかけていた女性

3 日本とインドの比較をする

教科書 p.73の本文を読んで分かったことを基にワークシートの 2 に取り組ませる。本文を読んでも埋めることができない部分については、ティーチャー・トークを行い、書かせる。（例：There are 16 national Holidays in Japan, but 3 national holidays in India. など）

4 接触節の文に慣れ親しむ

ワークシートの 3 に取り組ませる。まずは全体で音読をし、日本語の意味を確認する。その後の流れは以下の通り。①個人で練習→②ペアで問題を出し合う（日本語→英語、英語→日本語は選択させる）→③自分で文を作る

Scene ①

あるものや人について詳しく説明しよう

本時の目標

Scene ①で新出の接触節について文の仕組みや名詞を修飾する際の日本語の語順との違い（後置修飾）を理解できる。

準備する物

・振り返りカード
・プレゼンテーション資料

【指導に生かす評価】

◎本時では記録に残す評価は行わないが、目標に向けて指導を行う。生徒の学習状況を、記録に残さない活動や時間においても、教師が生徒の学習状況を把握する。

本時の活動のポイント

本時の終末で「あるものや人についてのクイズを作ろう」という言語活動を設定する。活動に取りかかりやすくするために、まず教師から問題を出す。その問題の中に接触節を入れておくが、必ずしもそれを使わなければならないという指示は出さない。生徒が使う必要があると考えるのであれば使用するよう助言する。

個人で考えさせ、できるだけたくさんの問題を作成させたい。教師は、生徒からの質問に適宜対応をする。

問題の作成が終わったら、列でプリントを回したり、4人1組のグループでプリントを回したりして、問題に取り組ませる。

最後に問題を回収し、次回の授業の最初に共有することを伝える。

本時の展開 ▷▷▷

1 ウォーミング・アップ：前時の復習をする

前時で使用したワークシートの 3 Let's practice today's grammar を使用して、ペアで復習をさせる。生徒の習熟度に応じて、ペア活動のやり方を工夫する。（例：日本語→英語、英語→日本語に訳させるなど）

2 本文の音読、暗唱をする

前時で内容理解した本文の音読をリード・アンド・ルックアップやスラッシュ・リーディングなどでくり返し行う。接触節の形・意味・用法を定着させるために、その文法が使用された文については全員が暗唱することができるようにしたい。その後、覚えた文を書かせて定着を図る。

4 あるものや人について詳しく説明しよう

活動のポイント：教師が最初にデモンストレーションを示す。

〈デモンストレーションの例〉

T：Now, you are going to make some questions about something. First, I'll show you how to do it.
It is something you usually use at school.
It has many types.
You go to a stationery corner to buy it.
You use it in every class at school.
What's this? Discuss with your partner.

S：Is it シャープペンシル？

T：Yes, it is. It's シャープペンシル.
In English, mechanical pencil.
You are going to make questions like this.

時間を5分程度とり、できるだけたくさんの問題を作るよう伝える。分からないことがあれば、教師に質問したり、辞書で調べたりするように伝える。

3 接触節の問題に取り組む

ここは接触節だから…

接触節の問題に取り組ませることを通して、文法の定着を図る。また、簡潔で明示的な説明をすることにより、生徒の理解を促す。並べかえや英作文などに取り組ませる。この解説で全てを理解させることをねらわず、4 でも必要に応じてアドバイスを行う。

4 あるものや人を紹介するクイズを作る

先生の作ったクイズみたいに身近で分かりやすいクイズにしよう。

教師が活動の例を示して、生徒にどのように活動をするのかを示す。個人で作成後、問題を出し合わせる。例：(ジェットコースター)
This is something we ride on when we want to be excited. This is something you can see in amusement parks. Most of the people like it.

第4時

Scene ②

ガンディーがどんな人かまとめよう

本時の目標

本文を読むことを通して、関係代名詞 who の主格について文脈の中で理解し、慣れ親しませる。

準備する物

・振り返りカード
・ワークシート
・プレゼンテーション資料
・前時に生徒が作ったクイズ

【指導に生かす評価】
◎本時では記録に残す評価は行わないが、ワークシートなどから生徒の学習状況を確認する。

ワークシート活用のポイント

図を用いたり、本文の重要語句（内容語）を穴埋めさせたりすることで、生徒の内容理解を促す。

また、4 Write you own ideas の Why did he go on fasts? という発問については、答えは教科書本文に書かれていない。したがって、これまでに生徒が他教科で学習したことを振り返ったり、個人の中にある知識を使って推測させたりして答えさせる必要がある。そうすることで、教科書 Read and Think の本文を読む動機付けをしたい。

その後、生徒自身は fasts をするかどうか、またそのように考える理由について書かせることで、自分の立場を明らかにした表現力も養いたい。

内容理解を終えた後に話すことを仕組む場合は、このワークシートを使ってリテリングの活動を行うこともできる。

本時の展開 ▷▷▷

1 ウォーミング・アップ：前時のクイズに取り組む

前時に生徒が作ったクイズを教師がまとめ、それらの問題に取り組ませる。多くの英文に触れることで、インプットの機会を作ることと、他の生徒に対して関心をもったり、認めたりすることができる機会としたい。

2 スライドに映っているものが何かを英語で答える

接触節を使用したり、これまでに学習したことを使ったりして、教師が示すスライドに映っているものについて、ペアで活動を行う。前後のペアで行う。前の生徒はスライドに背を向け、後ろの生徒がヒントを出し、何について言っているのかを当ててもらう。

3 本文の内容理解に取り組む

3 Things that Gandhi did (ガンディーが行ったこと)

For example…

・He ③(worked) ④(for) Indian independence.

How?→⑤(non-violence)

He is respected by people ⑥(who) fight for ⑦(human) ⑧(rights).

・He also went on ⑨(fasts) to protest.

⑨(fasts) : eating little or ⑩(no) food

4 Write your own ideas. ※時間をとって自分の考えを表現させたい。英語で書くことが難しい場合は、日本語で書かせ、教師と英語に書き換えてみてもよい。

Why did he go on fasts?

(例) Because he wanted to protest against discrimination.

What do you think about going on fasts?

(例) It is tough for me to go on fasts. I can't keep going on fasts.

3 本文の内容理解に取り組む

教科書のどこかな…

本文を読みながら、読んだ内容について、ワークシート 1 で図にまとめることで、理解を促す。その後 2 穴埋めを行う。ガンディーはなぜ断食を行ったのかという発問については、答えが本文に書かれていないため、生徒がこれまでに他教科で学習したことを振り返るきっかけにしたい。

4 本時の振り返りをする

What will be in the branks?

関係代名詞 who（主格）を使った問題を 3 問程度出題し、新出文法の理解度を各自でチェックをさせる（例：Mr. Otake is a teacher (　　) (　　) art. など)。また、本時で分かったことを振り返りシートに書かせる。

Scene ②

人について紹介できるようになろう

Unit 5 A Legacy for Peace
Today's Goal ： 人について

	関・代（主語） 動詞
どんな	This is a man
	who
人物	invented an iPhone.
	どんな人かというと
何を したか	He changed the world by making it.
その他	I use a smart phone he made.

練習問題の答えを書く

本時の目標

関係代名詞 who（主格）や既習内容を使って、人物を詳しく説明するような表現活動に取り組ませることで、定着を図る。

準備する物

・振り返りカード
・プレゼンテーション資料

【指導に生かす評価】
◎本時では記録に残す評価は行わないが、ワークシートの記述などから、関係代名詞主格の理解などを確認し、指導に生かす。

本時の展開 ▷▷▷

1 ウォーミング・アップ：Who's this? クイズに取り組む

Let's play "Who's this?" game!

導入として、本時の最後に行う活動を示す。
例：This is a man who invented an iPhone. He changed the world by making it. I use a smart phone he made. Who's this?
クイズに何問か答えさせることで、関係代名詞 who（主格）の形・用法に気付かせる。

2 本文の音読、暗唱をする

Gandhi is a man who has influenced a lot of people …

音読の種類として、①リピート②個人読み③役割読み（朝美と Josh）④オーバーラッピング⑤シャドーイングなどを行い、意味を理解しながらすらすら読めるようにする。関係代名詞 who（主格）の文などを本文から取り出して暗唱させ、その後書かせることで定着を図る。

Scene 2
紹介できるようになろう

教科書本文のポイントの書き込み

Gandhi is a person who has influenced
どんな人かというと

スクリーン

導入で使う What's this? クイズで使用する。

3 関係代名詞 who を使った問題に取り組む

関係代名詞 who の主格について簡潔に明示的な説明をした後に、練習問題に取り組ませる。①単語のみを入れる②語句を入れる③文を書かせる④生徒が考えた内容の英作文をさせるというように難易度を少しずつ上げていくことで定着を図る。

4 ある人についての紹介文を書く

授業の最初に教師が行った Who's this? クイズを参考にしながら、生徒に問題を作らせる。アニメキャラクターや有名人など、クイズの対象はだれでもよいことにする。作成後、全員のクイズを回収し、その場で教師が問題をいくつか選んで出題する。

Read and Think ①

ガンディーについて深く知ろう

本時の目標

本文を読むことを通して概要や要点をつかみ、関係代名詞 that, which の主格について文脈の中で理解し、慣れ親しませる。

準備する物

・振り返りカード
・ワークシート
・プレゼンテーション資料

【「読むこと」における記録に残す評価】
◎ガンディーについてより深く知るために、彼の半生について書かれた文を読んで、概要や要点を捉えている。（思・判・表）

ワークシート活用のポイント

①Read and Think はまとまった内容について読んで概要や要点を理解する Part である。そのため、まずは、T or F question に答えさせることで、本文の概要を把握させる。
②その後、本文の内容をさらに理解するために、空欄補充に取り組んだり、本文の中で生徒に考えさせたい文（本時では、Gandhi's message）について日本語に訳させたりする。
③また、Write you own ideas では、What do you think about Gandhi's message? について、自分の考えを述べさせる。英語で書けることが望ましいが、生徒の実態に応じて、日本語で書かせてもよい。生徒が題材を自分の生活とリンクさせることで、当時の南アフリカの状況を想像させ、今の自分たちの置かれている状況を認識させたい。

本時の展開 ▷▷▷

1 ウォーミング・アップ：What's this? クイズに取り組む

This is a person who has been in 飛鳥 era. He is from China.

スクリーンに映っているお題についてヒントを出す人と答える人に分かれて行う。目的は、英語を使うことと相手にそれが伝わることであるため、すぐに答えが出るようなヒントは最初から出さないように伝えておく。

2 本文のオーラル・イントロダクションを聞く

We are going to learn more about Gandhi through this class.

オーラル・イントロダクションで、本文の内容に興味をもって抵抗なく読ませるための動機付けを行う。これまでに学習した内容（When was Gandhi born?）に加えて新しい内容（He got married when he was 13 years old.）などを導入し、生徒の関心を向ける。

3 本文の内容理解に取り組む

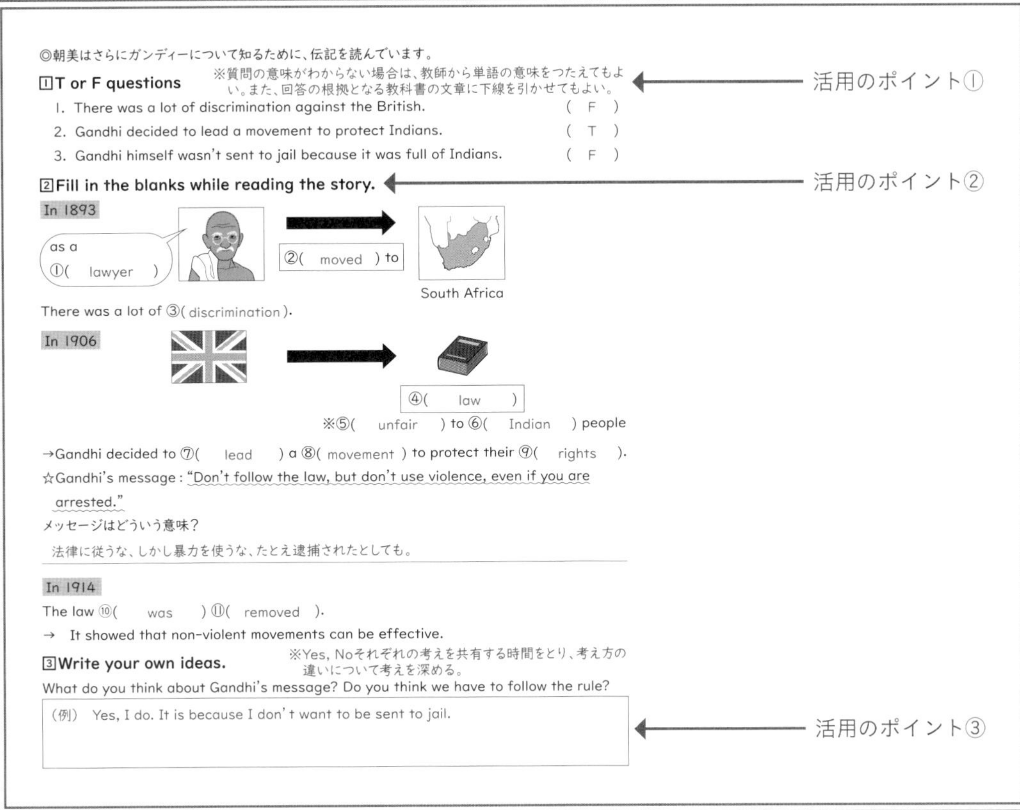
◎朝美はさらにガンディーについて知るために、伝記を読んでいます。

1 T or F questions　※質問の意味がわからない場合は、教師から単語の意味をつたえてもよい。また、回答の根拠となる教科書の文章に下線を引かせてもよい。

1. There was a lot of discrimination against the British. (F)
2. Gandhi decided to lead a movement to protect Indians. (T)
3. Gandhi himself wasn't sent to jail because it was full of Indians. (F)

2 Fill in the blanks while reading the story.

In 1893

as a ①(lawyer)

②(moved) to

South Africa

There was a lot of ③(discrimination).

In 1906

④(law)

※⑤(unfair) to ⑥(Indian) people

→Gandhi decided to ⑦(lead) a ⑧(movement) to protect their ⑨(rights).

☆Gandhi's message : "Don't follow the law, but don't use violence, even if you are arrested."

メッセージはどういう意味？

法律に従うな、しかし暴力を使うな、たとえ逮捕されたとしても。

In 1914

The law ⑩(was) ⑪(removed).

→ It showed that non-violent movements can be effective.

3 Write your own ideas.　※Yes, Noそれぞれの考えを共有する時間をとり、考え方の違いについて考えを深める。

What do you think about Gandhi's message? Do you think we have to follow the rule?

（例） Yes, I do. It is because I don't want to be sent to jail.

3 本文の内容理解に取り組む（ワークシート）

本文の概要をつかむために、T or F question に取り組ませた後、空欄補充に取り組ませ、内容理解を促す。教科書に載っている New Words の他にも分からない単語があれば、教科書の巻末から単語を調べたり、辞書を使ったりするよう指示する。

4 本時の振り返りをする

関係代名詞 that, which を使った問題を 3 問程度出題し、新出文法の理解度を各自でチェックをさせる（例：This is a dog (　　　) runs fast. など）。また、本時で分かったことを振り返りシートに書かせる。

第7時

Read and Think ①

ものについて紹介できるようになろう

本時の目標

関係代名詞 that, which（主格）や既習表現を使って、人物などを詳しく説明するような表現活動に取り組ませることで、定着を図る。

準備する物

・振り返りカード
・ワークシート（カルタカード）
・プレゼンテーション資料
・絵カード

【指導に生かす評価】
◎本時では記録に残す評価は行わないが、ワークシートやノートの記述などから学習状況を確認する。

本時で使用するワークシート(カルタカード)

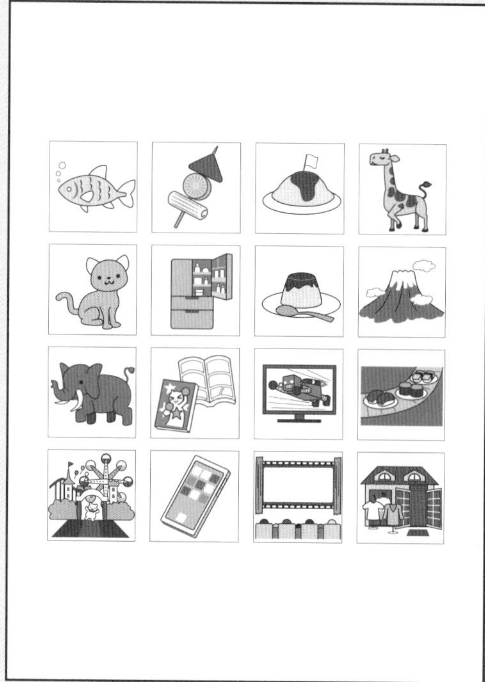

本時の展開 ▷▷▷

1 ウォーミング・アップ：クイズに答える

This is a food that is sold in the festival. It costs about 500 yen. It is round and brown. What's this?

ものについての紹介をする際の有用な表現を導入する。その際に、前時で扱った関係代名詞 that, which（主格）も使用する。授業の最後の活動で、生徒に実際に話す活動をすることを伝える。ヒントを3つ程度与えた後、ペア（席の前後、横など）で対話させることで理解を促す。

2 本文前半の音読、暗唱

There were also hotels that did not …

139語で書かれている本文である。本文の中に新出文法・単語が多く含まれているため、生徒にとって難度が高い。様々な音読指導を通して、スラスラ読めるようにしたい。また、暗唱については、全ての文を行うのではなく、本時のキーセンテンスや重要表現を暗唱させたい。

4 関係代名詞 that, which の主格を用いた What's this? クイズ

活動のポイント：与えられたお題に対して即興で文を作り相手に英語で伝える。

〈取り組み方〉

①４人１組で行う。
②16枚のカードをテーブルの真ん中に置く。
③引いたカードに書かれている絵について、関係代名詞 that, which（主格）を用いて表現する。
※すべてのヒントを関係代名詞にする必要はない
④ ①〜③を順番にくり返す。

〈クイズの例〉

S1：This is an animal that has long neck.
It lives in Africa.
It is yellow.
I have never seen it.
S2：Is it a giraffe?
S1：Yes, it is.

①カードを引く

②ヒントを出してクイズにする

3 関係代名詞 that, which（主格）を使った問題に取り組む

関係代名詞 that, which の主格について簡潔で明示的な説明をした後に、練習問題に取り組ませる。①単語のみを入れる②語句を入れる③文を書かせる④英作文をさせるというように難易度を少しずつ上げていくことで定着を図る。

4 What's this? クイズに取り組む

?
This is an animal which eat mice.

授業の導入で行ったことを取り組ませる。その際に、条件として、ヒントの中のどこかに必ず関係代名詞 that, which（主格）を使って行うことを指示し、新出文法の定着を図るのもよい。練習としての要素が大きいが、意識的に使わせることで、新出単語が定着するよう促す。

Read and Think ①

ガンディーの非暴力の戦いを読み取ろう

本時の目標

本文を読むことを通して、関係代名詞 that, which の目的格について文脈の中で理解し、慣れ親しませる。

準備する物

・振り返りカード
・ワークシート
・プレゼンテーション資料
・前時で使用のカルタカード

【指導に生かす評価】

◎本時では、記録に残す評価は行わないが、目標に向けて指導を行う。

ワークシート活用のポイント

英語を読むことに対して苦手だと思っている生徒も、ガンディーが行ったことは何か、「塩の行進」とはどういうことなのかについて教科書本文を読んで理解できるようにしたい。

Write your own ideas では、もしもあなたが当時のインドにいたら、塩の行進に参加をするかというテーマで表現をさせる。そのためには、生徒一人一人が題材を理解している必要がある。理解を補助するために、空欄補充については答え合わせをする前に、生徒同士で確認をし、読んで分かった内容を共有する時間を設けてもよい。

次時にガンディーについて印象に残っている内容について書く活動をするということについても知らせてから授業を始めると、生徒の読みに対する動機付けにもなる。

本時の展開 ▷▷▷

1 ウォーミング・アップ：関係代名詞のカルタに取り組む

This is an animal which we can see in the zoo.

既習の関係代名詞主格に加えて、目的格が含まれている文についても読ませる。定着させたい文法事項を読んだり聞いたりする機会を多くとり、生徒の苦手意識を減らしたい。読むことが難しい生徒がいる場合は、ペアで助け合って読ませるなど工夫する。

2 本文後半の内容理解をする

ワークシートの問題に取り組ませる。前時までの内容をスライドで簡単にティーチャー・トークをして、本時の内容に入る。T or F question、空欄補充、英問英答という順で取り組ませる。教師は生徒からの質問があれば、適宜答えていく。

2 3 内容理解をする／本文の内容に対する自分の意見を書く

2 Fill in the blanks while reading the story.

In 1915

①(returned) to

India

British colony : South Africa and India（教科書p.76参照）

At that time…

・Only the ②(British) could ③(produce) or ④(sell)
・British put a heavy ⑤(tax) on it
→India's money ⑥(went) ⑦(to) the British.
→It was unfair!

In 1930

・decided to walk to the sea ← It was called ⑧(Salt) ⑨(March).
・decided to ⑩(make) salt himself
・walked almost ⑪(400) kilometers（※=from Tokyo to Kyoto）
Salt March is a new way to fight against ⑫(discrimination).

In 1947

India won ⑬(independence).

3「非暴力の抗議運動はガンディーが残した遺産です。」にあたる一文を教科書から抜き出しましょう。

Non-violent protest is the legacy that Gandhi left.

4 Q and A

1. What did Gandhi think about the law for salt? He thought it was unfair.
2. When did Gandhi decide to walk to the sea? In 1930.

5 Write your own ideas. ※仮定法は未習であるが、自然な場面設定の中で使用できる機会である

If you were in India at that time, would you join the Salt March? And why?

（例） Yes, I would. It is because salt was too expensive at that time.

ライティング活動の基盤となる内容理解を補助する

3 本文の内容に対する自分の意見を書く

If I were in India …

内容理解に取り組んだ後、「当時のインドにもしもいたら、『塩の行進』に参加をするのか」ということについて自分の意見を書かせる。仮定法については未習ではあるが、質問文の意味、答え方も紹介しながら生徒に挑戦させたい。

4 本時の振り返りをする

This is a picture ( ) I took yesterday.
What will be in the branks?

関係代名詞 that, which（主格・目的格）を使った問題を３問程度出題し、新出文法の理解度を各自でチェックをさせる（例：This is a picture (　　　　) I took yesterday. など）。

また、本時で言語材料や題材について分かったことを振り返りシートに書かせる。

第9時

Read and Think ①

ガンディーについて考えを書こう

本時の目標

単元で扱ってきたガンディーについての内容の中で、自分自身が印象に残っていることとその理由を書く。

準備する物

・振り返りカード
・ワークシート
・プレゼンテーション資料
・調べられるもの（辞書・タブレットなど）

【「書くこと」における記録に残す評価】
◎単元で扱ってきたガンディーについて、自分の意見を書くことができる（知・技）。
◎これまで読み取った内容に基づいて自分の考えを整理して書くことができる（思・判・表）。

ワークシート活用のポイント

単元で扱ってきたガンディーについて理解したことを整理して、自分の意見を書く活動を行う。社会的な話題に対して、自分の意見をもち、それを英語で表現するということは負荷の高いことであるため、多くの生徒にとって難しく感じることが予想される。

したがって、これまでの Scene ①、Scene ②、Read and Think で生徒が書いてきた内容も振り返らせながら、書かせてもよい。30語以上としたため、①ガンディーの功績②それに対する自分の考え③そう考える理由の3点を書く必要がある。机間指導をしたり、生徒からの質問を聞いたりしながら、どういう表現を必要としているのかを教師が知り、それらの表現を板書し共有することで、生徒が書くことができるよう支援したい。

本時の展開 ▷▷▷

1 本文の音読、暗唱をする

Gandhi returned to India …

単語の意味や、文の意味を確認した上で、音読に取り組ませる。発音に困っている箇所があれば、そこにチェックを入れるように指示をする。机間指導の際に、教師はどの単語に困っているのかを確認し、全体で共有する。

2 自分の意見を書く

ワークシートの What do you think about Gandhi? And why? という質問に対して、自分の意見を表現させる。辞書を使ったり、タブレットを使ったりして、調べながら自分が言いたい表現を書くことができるように指導する。

2 自分の意見を関係代名詞目的格を用いた文で書く

1 Let's Write Your Idea

What do you think about Gandhi? And why?

◎Unit 5では、ガンディーが平和や人権のために成し遂げてきたことについて学習してきました。

あなたが、印象に残っていること、もしくは、読んだ感想について理由も含めて30語以上で書きましょう。これまでに使用したワークシートなどの表現も参考にしながら書いてみましょう。

（例） The most impressive thing is that Gandhi walked about 400 km.

If I were him, I couldn't do the same thing.

I think that he is a hero for Indian people.

※これまでに使用したワークシートなども振り返らせ、学んできたことのなかで最も印象に残っていることなどを英語で表現させる。

3 関係代名詞目的格の練習問題に取り組む

教科書などの関係代名詞目的格の問題に取り組ませることを通して、文法の定着を図る。また、明示的な説明をすることにより、生徒の理解を促す。並べ替えや英作文などに取り組ませる。関係代名詞主格で学習した that との違いについて、説明を加えておく。

4 本時の振り返りをする

関係代名詞の目的格の形について、もしくは単元のまとめとしての自分の考えを書くことについて、何が分かったのか、今後どうしていきたいかということが書かれているとよい。生徒が書いた意見について、授業後教師がまとめ、次の授業で生徒に共有してもよい。

第10時

Grammar for Communication 3

後置修飾の理解を深めよう

本時の目標

後置修飾の説明や問題を通して、理解を深め、実際に使って、ある商品の魅力を伝えるために紹介文を書くことができる。

準備する物

・振り返りカード
・調べられるもの（辞書・タブレットなど）

【「書くこと」における記録に残す評価】

◎クラスメートに商品の魅力を伝えるために、グループで後置修飾を使ったり、既習の文法を使ったりして、ある商品についての紹介文を書くことができる（知・技）（思・判・表）。

Unit 5 Grammar for

Today's Goal ： 後置修飾の

後置修飾とは…修飾する部分が後
The cat 〈on the bench〉 is
ネコ　ベンチの上の

U5 S1	接触節	This is a
U5 RT		The
	目的格	Mr. Sato
U5 S2	主格	This is
U5 RT	主格	This is a

That, who, which は（どんな

本時の展開 ▷▷▷

1 後置修飾に関する教師の説明を聞く

後置修飾に関する問題に個人で取り組ませ、理解度を確認する。問題に取り組ませている間に板書をし、生徒が自分自身の理解度を確認したら、教師は説明を始める。板書を写させるのではなく、説明の中で必要だと感じたことのみ書くよう指示する。

2 後置修飾の問題に取り組む

説明を聞いた後、空欄補充、並べ替え、条件英作文のような後置修飾の様々な問題に取り組ませる。

終了した生徒から教師のもとへ来てチェックを受けた後、「ミニ先生」として他の困っている生徒に教えに行くように指示する。

Communication
文構造を理解しよう

ろにある
so cute.
とてもかわいい

picture 〈my friend took〉.
写真　私の友達が撮った
people 〈we met yesterday〉 were very kind.
人　私たちが昨日会った
is a teacher 〈that I respect〉.
先生　私が尊敬する
the girl 〈who (that) won first place〉.
女の子　１位をとった
school 〈which (that) was built in 2000〉.
学校　2000 年に建てられた
人、ものかというと）と考える

the boy playing the piano
ピアノを演奏する男の子

寿司が好きな男の人
a man who likes sushi

ある商品をより魅力的に紹介しよう

・メリットを挙げる
・他の商品との違いを挙げる
・流行をとり入れる

3 各グループである商品についての紹介文を作る

この表現を入れたいな。

商品は、電化製品やゲームなど何でもよいことを伝える。各グループで紹介する商品が決まったら、それを紹介する文を作る。完成したら、それぞれのグループの作品を読み合い、どの商品が一番魅力的だと感じたのかを決める。

4 本時の振り返りをする

あの商品は魅力が
伝わってきたな。

一番魅力的だった商品紹介文を全体で共有する。表現の具体性や分かりやすさなどの、よかった点を生徒とやり取りをしながら確認をし、次回の単元のまとめにつなげられるようにする。紹介文の中で使われている関係代名詞が入った文を取り上げて、次時へつなげる。

第11・12時

Unit Activity

あこがれの人物について書き、発表しよう

本時の目標

平和・人権について考えてきた偉人や身近な人など、自分があこがれている人について、既習内容を用いて表現できる。

準備する物

・振り返りカード　　・ワークシート
・プレゼンテーション資料
・調べられるもの（辞書・タブレットなど）

【「話すこと［発表］」における記録に残す評価】

◎平和・人権について考えてきた偉人や身近な人など、自分があこがれる人について事実や思いを整理して紹介する発表ができる（思・判・表）。

ワークシート活用のポイント

あこがれの人物について第1時で書いた文を見返し、そのときの自分の書いた内容よりもよいと思えるものを作るよう声をかける。

より詳しく発表できるように、思い浮かぶ内容をできるだけ多く書くことができるよう段階を踏んで生徒に取り組ませる。

3を書き終えたら、教師のもとに作文を持ってこさせ、教師がチェックする。暗唱をして発表する際には、文法的な正しさも大切に指導を行いたいため、チェックは必ず受けるように指示をしておくとよい。

第12時では、全体での発表の前にペアでの練習に取り組ませることで、心理的負荷を下げる。また、さらによい発表になるようにどういう姿で行えばよいのかを伝える。小学校での「My Hero」紹介や中学1・2年生での人物紹介の活動を思い出せるとスムーズに表現活動に臨める。

本時の展開 ▷▷▷

1 紹介する文を書く（第11時）

ワークシートに自分が誰についての紹介文を書くのかを記入する。教科書 p.80の例文を参考にしながら、5文以上で書くことができるように指導する。教科書本文やこれまで書いた紹介文を用いて再度確認し、関係代名詞の形に着目させたい。

2 添削を受けて、発表内容を推敲する（第11時）

書き終わった生徒から、教師のチェックを受ける。その後、助言やコメントを基に発表内容を推敲し、発表に向けて練習に取りかかる。困っている生徒がいれば、チェックをしてもらった生徒が教えたりするように指示する。

1 紹介する文を書く

1 紹介してみたい人物を書いてみよう。

（例） イチロー選手

2 1から一人選んで、情報を整理していこう。

人物	
何をしたか	（例） 有名な野球選手
どんな人物か	（例） メジャーリーグで大きな功績を残した。
自分はどう思うか	（例） イチローのように努力を続けていきたい
そのために何をしていきたいか	（例） 毎日コツコツやるべきことに取り組む。

3 あこがれの人物について紹介文を書いてみよう。（教科書p.80の例文も参考にしてもよい）

※タブレット端末等を用いて、選んだ人物の言葉や信念などを表現する。

（例） The person that I respect is Suzuki Ichiro. He was a baseball player until a few years ago.
I respect him very much because he gave us a lot of impressive words.
For example; "If there is anything that gives me pride, it is that I overcome the daily challenges and I have an equal passion for each day, from 2001 to 2019."

3 ペアで練習をする（第12時）

もう少し紙から目を離してみよう！

本番を意識して、練習に取り組ませる。清書用紙はできるだけ見ないようにして、相手の顔を見て話すことができるように指示する。聞く側は、どこがよかったのかフィードバックをする。教師は生徒が話す様子を見て、どうすればもっとよくなるのかを伝える。

4 発表をする（第12時）

The person
I respect is
Suzuki Ichiro!

発表を終えた後、多くの生徒は達成感を感じるだろう。生徒の実態に応じて、廊下で一人ずつ発表し、タブレット端末で記録してもよい。あこがれの人物というのは、生徒自身の生き方も表れる部分だと考えているため、できるだけ発表の機会をもちたい。

本単元の Key Activity

第12時 あこがれの人物について発表しよう

活動の概要

第12時において、本単元の最終活動として、あこがれの人物について紹介をする。Unit 5で取り上げたガンディーのような、平和・人権について考えてきた偉人や、生徒の身近な人物であこがれている人について発表をする。本単元で学習した関係代名詞を使ったり、これまでに学習した文法事項を使ったりして、表現するために必要な文法事項を選択し、使えるようにしたい。英作文を終えた後は教師のチェックを受けて、正確性も高められるようにしたい。

活動をスムーズに進めるための 3 つの手立て

①ワークシート
生徒の思考を整理するために、段階を踏んで活動に取り組めるようにする。

②教師のチェック
英作文を終えた生徒から教師のチェックを受け、自信をもって発表できるようにする。

③ペアでの練習
全体で発表を行う前に、ペアで練習をして、全体での発表に生かすことができるようにする。

活動前のやり取り例

T ：Now, you are going to write the sentences about the person you respect. And then, you will have a presentation in front of us.
S ：Really!? Ha…
T ：Don't worry. You have studied English hard until now. If you have a problem, your classmate and I will support you.
S ：OK. I will.
T ：That's great. Through this activity, you can learn three things, English, classmates and yourself. I'm going to give you a handout. Here you are.
S ：Thank you.

活動前のやり取りのポイント

あこがれの人物についてすぐに書き始めることができない生徒がいることを想定する。その場合は、クラスメートに聞いたり、教師と対話をしたりしながら、活動にスムーズに取り組めるようにしたい。あこがれの人物を好きな人、応援している人などに言い換えてもよい。

活動のポイント

自分のあこがれの人物について伝えることで、一人一人が生きていく上で大切にしている考え方に触れられるようにしたい。あこがれの人物を発表するということは、自分が今大切にしていることを伝えることであると捉えている。他者との違いに触れ、自分自身の価値観についても気付くきっかけとなる活動にしたい。選んだ人物の紹介に加え、なぜその人物が自分にとってあこがれの人物なのか、理由を述べつつ発表できるように支援する。

メイン活動

活動中のやり取り例

S1 ：Hello.
S2 ：Hello.
S1 ：Now, I'm going to talk about the person I respect.
S2 ：OK.
S1 ：The person I respect is Mahatma Gandhi.
He fought against discrimination in South Africa. He never used violence.
I think the idea of non-violence is very important.
I think that I also want to do like him when I have a trouble.
I want to be a person like him. Thank you.
HRT：Well done. You have a nice presentation!
Thank you. You don't want to use violence, right?
S1 ：Right.

活動後のやり取りのポイント

教師は、生徒の発表を聞きながら、本単元で学習した関係代名詞がどういう場面で使われていたのかをメモをしておき、全員の発表が終わった後に板書をし、フィードバックをする。そうすることで、生徒に学習した文法項目を今後も自分からすすんで使ってみようというきっかけを与えたい。また、一人一人が発表に向けて練習にしっかりと取り組もうとした姿を認めたい。

1時間

Let's Write 3

興味のあることについてレポートを書こう

本時の目標

教科書本文に書かれているレポートを読んで、レポ－トの書き方を知ることを通して、自分で情報を選択し、レポートを書く。

準備する物

・振り返りカード
・ワークシート
・プレゼンテーション資料
・調べられるもの（辞書・タブレットなど）

【「書くこと」における記録に残す評価】
◎教科書本文を参考にしながら、自分が興味のある情報について事実と意見などを整理してレポートを書いている。（思・判・表）

ワークシート活用のポイント

1 では、自分が興味のある情報を表す図や表の写真を貼り付けたり、絵を描いて示したりするなど、興味のある情報について提示する。理科の資料集や歴史の資料集など、各自が興味のある教科についての図や表を使ってもよいことを伝える。

その後、2 に移る。本文と全く同じにならないように指導をしていきたい。また、情報をうまく探すことができない場合は、教科書のSTEP 3に載っている資料を使用して、レポートを書いてもよいこととする。

生徒が作った資料については、次の授業で回し読みをしたり、全てのレポートを印刷またはタブレット端末で共有し、リーディングにつなげられるようにする。レポートを書く際には、伝える相手としてどのような人々が対象となりうるのかについても合わせて考えさせてもよい。

本時の展開 ▷▷▷

1 教科書のSTEP 1に取り組む

What do you know about India?

教科書本文と資料を読んで、本文の中にある（　）に入る単語について答えさせる。インドと中国のグラフであるため、授業の導入でインド、中国について知っていることなどを生徒と英語でやり取りしてから読ませてもよい。

2 教科書のSTEP 2に取り組む

①個人→②ペアという順番でSTEP 2に取り組ませる。情報（事実）と感想や意見（解釈）を切り分けて本文を読むことが大切であることを伝える。個人で取り組ませる際に、事実と解釈、分からない単語にチェックを付けるよう伝える。

4 レポートを作成する

2 教科書の内容を参考にしながら、レポートを作成しよう。

（例）

導入 Do you know which foreign country is the most popular among Japanese students?

事実 According to the graph, the U.S. is the most popular of all. Then, Australia is the second most popular country.

意見 I think that the countries in which English is spoken [English-speaking countries] are popular with Japanese.

3 本文の音読、暗唱に取り組む

Do you know which country has …

レポートを自分で書くという目標を達成するために、自分が伝えたい内容についてレポートを書く場面で、有用だと思う表現を探して音読したり、暗唱したりする。時間があれば、暗唱した文を実際に書かせたり、ペアで問題を出し合ったりしてもよい。

4 レポートを作成する

ここは事実で、
ここからは解釈
かな。

レポートの作成に取り組む。タブレット端末を使って、自分の興味があることについて、“Do you know this?” というテーマで、ある情報について事実と解釈に分けてレポートを作成する。完成しなかった場合は、次回の授業までの課題と伝える。

Stage Activity

2 Discover Japan

4時間 【中心領域】書くこと、話すこと[発表]

＋Let's Listen 5 1時間

単元の目標

日本についてもっと知りたいと思っているALTに日本の魅力を知ってもらうために、日本や郷土の文化について、事実に加えて、自分の経験や感想を交えて伝えたり、パンフレットに分かりやすくまとめたりすることができる。

単元の評価規準

知識・技能	思考・判断・表現	主体的に学習に取り組む態度
・Unit 5までの学習事項を用いた文の形・意味・用法を理解している。 ・Unit 5までの学習事項を用いて、日本や郷土の文化について書かれた文章を参考にしたりやり取りをしたりすることで、詳しい情報を加えながら内容を整理して伝えたり、紹介文を書いたりする技能を身に付けている。	・日本についてもっと知りたいと思っているALTに日本の魅力を知ってもらうために、日本や郷土の文化について、事実に加えて、自分の経験や感想を交えて伝えたり、パンフレットに分かりやすくまとまりのある文章を書いたりしている。	・日本についてもっと知りたいと思っているALTに日本の魅力を知ってもらうために、日本や郷土の文化について、事実に加えて、自分の経験や感想を交えて伝えたり、パンフレットに分かりやすくまとまりのある文章を書いたりしようとしている。

単元計画

第1時（導入）	第2時（展開）
1．単元の見通しをもち、日本の行事や風物について説明しよう JTEによる日本の文化紹介を聞き、本単元の活動への見通しをもつとともに、本単元の中心となる言語活動への意欲を高める。紹介を聞く活動や紹介文を読む活動を通して、日本の魅力を聞き手に理解してもらうためには、事実を伝えるだけではなく、自分の経験や感想を伝えることが大切であることに気付く。 授業後半では、日本の行事や風物について英語で説明する活動を通して、日本文化への理解を深めたり、紹介するときに有効な表現を確認したりする。	**2．紹介したい内容を整理して、伝え合おう** ALTに紹介したい内容をマッピングしながら考え、整理する。また、聞き手に分かりやすい紹介にするために、紹介する内容の順序や使用する言葉を考える。 次に、マッピングを見ながら、ペアで日本文化の魅力について伝え合う。2組ほどのペア交流が終わったところで、クラス全体で中間交流を行う。そこで、日本の魅力を理解してもらうためには、自分の経験や感想を伝えることが大切であることに気付かせる。中間交流後には、さらに2組ほどのペアで交流し、紹介文を再構築する。 最後に、本時の活動で伝えた表現を英語で書きまとめる。

指導のポイント

Unit 5までの学びを生かし、日本についてもっと詳しく知りたいと思っているALTに向けて、日本文化の魅力を伝える活動を行う。日本文化のジャンルとしては、伝統行事や風物、食文化、「おもてなし」などの日本特有の考え方、スポーツやゲームなどが挙げられる。これらの中から、生徒がALTにぜひ伝えたいと思うものを選んで紹介することになるが、その際には歴史などの事実だけではなく、自分の経験や考え、感想なども交えて伝えることを大切にしたい。そうすることで、聞き手の興味をひき、より魅力を感じてもらえるものになる。単元導入では、JTEによるデモンストレーションを聞くことによって単元の見通しをもつとともに、日本文化について説明する活動をくり返し行い、終末活動につなげていく。終末活動では、ALTに向けて、日本の魅力を伝えるスピーチとパンフレットづくりを行う。どちらの活動も、活動の途中に中間交流を行い、困っていることや仲間のよさを共有することで、自分の考えや伝えたい内容を再構築し、よりよい表現になるようにする。

評価のポイント

第1時では、Unit 5までに学習した語句や表現を活用して、日本の行事や風物について説明しているかどうかを見取る。第2時では、ALTに紹介したい内容を精選して、話の内容や伝える順番を考えたり、自分の経験や感想を伝えたりするなど、聞き手に伝わるように工夫して活動できているか、その様子を見取る。第3・4時では、本単元のまとめの活動として位置付けてあるが、これまでの学びを生かしたり、仲間からのアドバイスを参考にしたりして、主体的な学習ができているかどうか、振り返りカードなどを活用して記録に残す評価としたい。また、第3時では、生徒のパフォーマンスをタブレット端末で撮影し、スピーチ内容を評価したい。

第3時（終末①）	第4時（終末②）
3．ALTに日本の魅力が伝わるようなスピーチをしよう 前時の反省を生かしながら、写真やイラストを交えて、日本の魅力についてペアで伝え合う活動を行う。その際、相手意識をもって、聞き手を巻き込むような問いかけ表現を入れるなどの工夫を行う。また、聞き手は、疑問に思ったことを質問したり、自分が感じたことを伝えたりする。2組ほどのペア交流が終わったところで、中間交流を行う。困ったことを共有したり、仲間の優れたパフォーマンスを見たりすることで、その後の活動がより充実したものになるようにする。中間交流後には、3組ほどのペアで交流し、スピーチを再構築する。最後に、ALTに見せるために、タブレット端末で自分のパフォーマンスを撮影する。 **記録に残す評価【発】** 知 思 主	**4．ALTに伝えたい日本の魅力をパンフレットにまとめよう** 前時に伝えた内容を想起しながら、日本の魅力についてのパンフレットづくりを行う。その際には、前時に仲間からもらった質問やコメントも参考にして書くようにする。また、読み手を意識しながら、書く内容や順序、タイトルの付け方などに気を付けて書くようにする。そして、写真やイラストも活用しながら、読み手の興味をひくようなレイアウトになるよう工夫する。 活動の途中で、中間交流を行い、困っていることを共有したり、Unit 4での標識の説明やUnit 5での人物紹介で工夫したポイントなどを思い出させ、気を付けるポイントを確認したりすることで、より伝わりやすいパンフレットづくりができるようにする。 **記録に残す評価【書】** 知 思 主 **Let's Listen 5**：1時間

※Stage Activity 2の全ての授業終了後に、Let's Listen 5(1時間)を行う。

第1時

単元の見通しをもち、日本の行事や風物について説明しよう

本時の目標

JTE による日本の文化紹介を聞き、単元の見通しをもち、日本の行事や風物について既習表現を活用しながら説明することができる。

準備する物

・ワークシート
・日本文化紹介のプレゼンテーション資料
・日本の行事・風物紹介カード

【指導に生かす評価】

◎本時では、記録に残す評価は行わないが、目標に向けて指導を行う。生徒の学習状況を記録に残さない活動や時間においても、教師が生徒の学習状況を確認する。

本時の言語活動のポイント

導入では、生徒との英語のやり取りを含むオーラル・イントロダクションを実施することで、JTE による日本の文化紹介を行う。スライド資料などで写真を見せながら、生徒とのやり取りを大切にしながら活動を行いたい。単元のゴールの活動を見せることで、単元終末で目指す姿を明確にする。

授業後半では、日本の行事・風物をクイズ形式で紹介し合う活動を行う。行事・風物に関わるカードを作成し、ヒントとなるキーワードを記載しておく。それを基に、即興でクイズを出し合うようにする。これらの活動を通して、日本文化への興味を高めるとともに、次時の活動への意欲付けをしたい。

また、クイズ後には教科書 p.87の Word Room ❷を参照させ、生徒自身が説明で使用した表現と比較させ、使えそうな表現に下線を引くなどインプットの機会を提供したい。

本時の展開 ▷▷▷

1 日本文化紹介を聞き、単元を貫く課題をつくる

教師が写真などを見せながら、日本文化紹介を行う。生徒とのやり取りを大切にし、生徒に問いかけながら日本文化を紹介する。その後、単元終末活動の目的・場面・状況を提示することで、単元のゴールを知り、終末活動で目指す姿を共有する。

2 日本文化を紹介する文を読み、伝える内容を確かめる

教師による日本文化の紹介文（教科書 p.84の日本文化の紹介文でもよい）を読み、読み取りの視点に沿って、大まかな内容をつかむ。聞き手の興味をひく紹介にするためには、事実に加えて、自分の経験や感想を交えた内容にすることが大切であることに気付かせる。

3 日本の行事・風物についてクイズを出し合う

活動のポイント：日本の行事や風物についてクイズ形式で紹介し合うことで、日本文化に対する理解を深めるとともに、それらを即興で分かりやすく伝えることができるようにする。その後、教科書 p.87 の表現と比較するなど新たに使える表現を増やせるようにする。

《カードについて》

・右のように、日本の行事・風物についてヒントとなるキーワードを書いたカードを作っておく。
・教科書 p.87の Word Room ❷を参考に作成するとよい。

《クイズの進め方》

・このカードを一人２枚ほど配付する。対話するペアに同じカードが配られないように留意する。
・クイズを行う際、必ずヒントを３つ言わせたい。そのため、途中で答えが分かっても最後までヒントを聞くようにする。
・ヒントは、キーワードを上手に活用して英文で伝えさせたいが、それが難しい生徒には、キーワードのみでもよいこととする。

〈カードの例〉

Shogatsu
① New Year
② wish for health and happiness
③ exchange New Year's card

Setsubun
① early February
② devil / good luck
③ throw dried soybeans

3 日本の行事・風物について、ペアでクイズを出し合う

Many people exchange New Year's cards.

日本の行事・風物について、ペアでクイズを出し合う。生徒に配るカードには、ヒントとなるキーワードを記載しておく。２回ほど対話活動を行ったら、中間交流で困っていることなどを共有し、全体で解決する。ペアを変えながら活動を進めた後に p.87の表現を参照させる。

4 本時の振り返りをする

ワークシートに本時の振り返りを書く。時間に余裕がある場合は、ALT に紹介したい日本文化について簡単にまとめておく。

次時は、ALT に紹介したい日本文化についてマッピングし、伝え合う活動を行うことを予告する。

紹介したい内容を整理して、伝え合おう

本時の目標

紹介したい日本文化をマッピングしながら整理し、それを基にペアで伝え合う活動を通して、相手意識をもって即興で伝えることができる。

準備する物

・ワークシート
・デモンストレーション時に示すためのマッピング

【指導に生かす評価】
◎本時では、記録に残す評価は行わないが、目標に向けて指導を行う。生徒の学習状況を記録に残さない活動や時間においても、教師が生徒の学習状況を確認する。

ワークシート活用のポイント

マッピングでは、観点を明確にしてまとめるようにするとともに、キーワードごとのつながりを書くなど工夫して整理するように指導する。また、対話活動を進めていく中で、気付いたことや改善点をマッピングの中に適宜書き加えるようにさせる。

対話活動では、聞き取ったことをメモさせるとともに、仲間のパフォーマンスで気付いた点なども記述させたい。そうすることで、自分自身のパフォーマンスにも生かせるようにする。

話したことを書きまとめる場面では、チェックリストを掲載しておくことで、文章の構成や内容、英文の正確性を自分自身で振り返ることができるようにしておく。

本時の展開

1 教師の日本文化紹介を聞き、紹介したい内容をマッピングする

前時に紹介した日本文化紹介を再度行う。その際に、内容をマッピングしたものを提示しながら行うことで、活動の見通しをもたせる。その後、ワークシートに自分の紹介したい内容をマッピングし、整理する。観点ごとに重要なキーワードのみ書くようにしたい。

2 マッピングを基にペアで日本文化について伝え合う

対話活動では、マッピングを参考にしながら、「その場で考えながら話す」ことを意識させる。また、相手の理解を確かめながら対話させることで、相手意識をもたせたい。聞き手は、メモを取りながら聞き、感想や質問を積極的に伝えるように、助言する。

1～4 マッピング～振り返り

Stage Activity 2 **Discover Japan ②**

Class(　　　) No.(　　　) Name

Today's Aim
（例） 紹介したい内容を整理して、伝え合おう。

1 Speaking：紹介したい内容をマッピングし、それを参考にしながら即興で伝え合おう。

（例）
Japanese Culture — Sumo — many people enjoy watching — the national sport of Japan — wrestling — interesting — short and simple — out of the ring — touch the ground — very powerful

2 Listening：活動報告を聞き、「紹介しているもの」「具体的な内容・考え」をメモしよう。

Name	紹介しているもの	具体的な内容・考え

3 Writing：日本文化紹介で話した内容を書き起こそう。

☆ **書き終わったら、次のことを自己チェックしよう！**
- □ 最初に、自分が紹介する概要（定義など）を書いていますか？
- □ 次に、紹介する文化についての詳細（用途・材料・原料・形状など）を書いていますか？
- □ 最後に、自分なりの考えやおすすめポイントを書いていますか？
- □ 英語のつづりや文法的なミスはありませんか？

4 Feedback：今日の学習で身に付いたことや努力したこと、これからの学習で頑張りたいことなどをまとめよう。

① 日本文化紹介を即興で行うことができましたか。　Very good · good · not bad · terrible
② 仲間の紹介内容について、聞き取ることができましたか。　Very good · good · not bad · terrible
③ 自分の日本文化紹介について、英語で書きまとめることができましたか。　Very good · good · not bad · terrible

3 中間交流を行い、伝える内容を見直す

やってみて困ったことはありますか？

中間交流では、対話活動で困ったことなどを出し合い、それらをクラス全体に問い返すことで、全員で解決する。また、ペアで発表についてのアドバイスをする時間を設けることで、より充実した内容になるようにする。生徒の優れた姿を紹介し、全体で共有する。

4 対話活動を再度行い、話した内容を書きまとめる

中間交流を踏まえ、再度対話活動を行う。対話をする中で気付いたことや直したいことは、適宜ワークシートにメモをするように助言する。対話活動後は、話した内容をワークシートに書き起こし、次時の活動に生かすことができるようにする。

第3時

ALTに日本の魅力が伝わるようなスピーチをしよう

本時の目標

ALT に日本の魅力を伝えるスピーチ活動を通して、自分の体験や問いかけ表現を取り入れながら相手意識をもって話すことができる。

準備する物

・タブレット端末　　・ワークシート

・活動時に使用する写真・絵など

【「話すこと［発表］」における記録に残す評価】

◎聞き手に分かりやすく適切な英語を話している。（知・技）

◎自分の体験や感想を交えながら、話している（思・判・表）

◎聞き手を巻き込む問いかけ表現を活用しながら、相手意識をもって話そうとしている。（主）

Stage Activity 2　Discover

Today's Aim　〇〇先生に日本

【目的・場面・状況】
来日して間もない〇〇先生は、日本のことをまだまだよく知りません。そこで、日本文化についてもっと知りたいと思っています。そんな〇〇先生に日本文化の魅力を伝えるスピーチをして、日本文化の素晴らしさを知ってもらいましょう。

【聞き手を巻き込む表現】
・Do you know ～？
・Do you like ～？
・Have you ever ～？
【質問】
・Why ～？　・What ～？

本時の展開 ▷▷▷

1 前時の学習を振り返り、本時の課題を把握する

前時に書いた英文を見て、学習内容を想起する。その後、活動の目的・場面・状況を再度確認し、本時の課題を把握する。日本の魅力を伝えるスピーチをするためには、自分の体験や感想を交えたり、問いかけ表現を取り入れたりすることが大切だと確認する。

2 前半の対話活動を行う

対話活動では、２組ほどのペア交流を行う。その際、話し手は前時に作成したマッピングを基に話し、聞き手は疑問点を質問したり自分の感想を伝えたりさせる。対話活動の様子は、タブレット端末で録画をし、後で振り返ることができるようにするとよい。

Japan
の魅力を伝えるスピーチをしよう

- 事実
- Japanese Culture Kawaii
  - cute or pretty in Japanese
  - Japanese manga
    - popular in foreign countries
  - clothes anime character
    - used for various things
  - Hello Kitty
    - many goods
  - Kimono
    - colorful
- 体験
- 感想

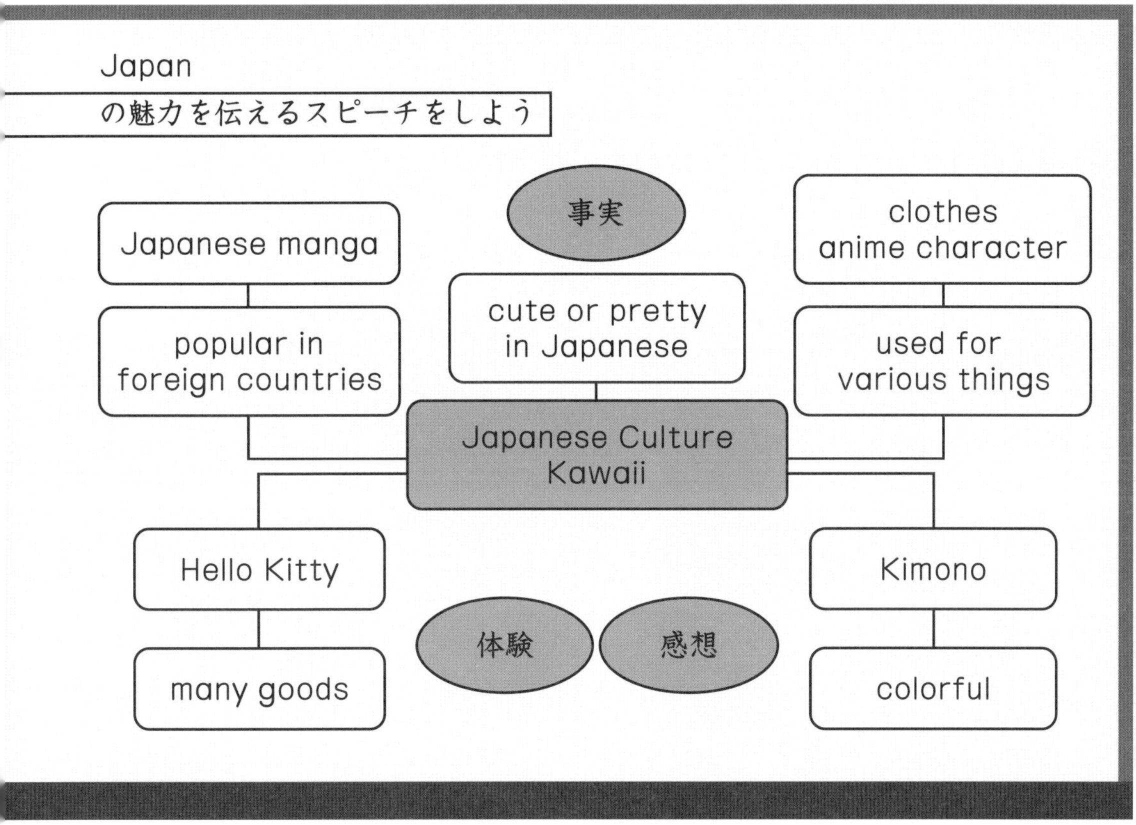

3 中間交流を行い、後半の対話活動を行う

中間交流では、対話活動で困ったことなどを出し合い、それらをクラス全体に問い返すことで、全員で解決する。また、タブレット端末で録画した自分の発話を視聴し、改善点を明確にする。その後、後半の対話活動（3組ほど）を進める。

4 タブレット端末で撮影し、本時の振り返りをする

これまでの学習の成果を生かして、ALT への日本文化紹介をタブレット端末で撮影する。その後、前半の対話活動でのパフォーマンスと見比べながら、表現力の伸びを実感させたい。最後に、本時の学習を振り返り、ワークシートに記入する。

ALTに伝えたい日本の魅力をパンフレットにまとめよう

本時の目標

日本の魅力をパンフレットにまとめる活動を通して、読み手を意識しながら、書く内容や構成を工夫して分かりやすく書くことができる。

準備する物

・ワークシート
・パンフレット作成のワークシート
・教師が作成したパンフレットのモデル

【「書くこと」における記録に残す評価】
◎読み手に分かりやすく適切な英語で書いている（知・技）。
◎自分の体験や感想を交えながら、パンフレットをまとめている（思・判・表）。
◎パンフレットの見出しやレイアウトを工夫して書こうとしている（主）。

ワークシート活用のポイント

パンフレットは、生徒が自由にアレンジしながら作成できるよう、A４判で方眼を薄く印刷したものを準備しておく。

授業用ワークシートには、教師が作成したパンフレットと作成上の留意点（大切なポイント）を書き込んでおく。また、パンフレットを書き終わった生徒のために、振り返りのチェックポイントを明記しておき、自分でパンフレットの内容を校正することができるようにする。

生徒によっては、本時内にパンフレットを完成させることがむずかしいことも予想されるため、その場合は家庭学習として取り組ませる。

本時の展開 ▷▷▷

1 教師が作成したパンフレットを見て、活動への見通しをもつ

モデルとなるパンフレットを見せながら、日本文化紹介を聞かせる。その際、パンフレットをTV画面に大きく映し出すなどするとよい。その後は、どんな工夫があったかを問い、大切なポイントを全体で確認し、板書する。

2 パンフレットづくりを進める

パンフレットづくりのポイントを意識しながら、活動を進める。活動を進めていく中で、前時のワークシートを振り返り、仲間からもらった質問やアドバイスを参考にするように助言する。活動中は机間指導を行い、生徒からの質問に答えたりアドバイスしたりする。

1～4 パンフレットづくり

DISCOVER JAPAN

導入で教師が作成したパンフレットを示すことで、見通しをもって活動することができる。

パンフレットはTVモニターなどに大きく映し出すか、拡大したものを黒板に掲示する。その際、子どもとのやり取りの中で確認した工夫やポイントを書き込んでもよい。

〈パンフレットづくりのポイント〉

・読み手の目を引く見出し
・写真やイラストを活用
・自分なりの考えやおすすめポイントを記載

Stage Activity 2　**Discover Japan ④**

Class(　　　) No.(　　　) Name

Today's Aim
（例） ALTに伝えたい日本の魅力をパンフレットにまとめよう。

1 Writing：日本文化紹介パンフレットをつくろう。完成した後には、Writing Pointに沿って見直そう。

【目的・場面・状況】
来日して間もない○○先生は、日本のことをまだまだよく知りません。そこで、日本文化についてもっと知りたいと思っています。そんな○○先生に日本文化の魅力を伝えるスピーチをして、日本文化の素晴らしさを知ってもらいましょう。

【Writing Point】
□ 目的・場面・状況を意識したパンフレットになっていますか？
□ 自分が紹介する概要（定義など）を書いていますか？
□ 紹介する文化についての詳細（用途・材料・原料・形状など）を書いていますか？
□ 自分なりの考えやおすすめポイントを書いていますか？
□ 読み手の目を引くタイトルをつけていますか？
□ 写真やイラストを活用していますか？
□ 原稿をジャンル別に分けて書いていますか？
□ 英語のつづりや文法的なミスはありませんか？

2 Feedback：今日の学習で身に付いたことや努力したこと、これからの学習で頑張りたいことなどをまとめよう。

① 日本文化紹介パンフレットをわかりやすく作成することができましたか。　Very good・good・not bad・terrible
② 仲間のパンフレットを読んでアドバイスや質問をすることができましたか　Very good・good・not bad・terrible

【本単元の学習を振り返って】

3 中間交流を行い、パンフレットの内容を見直す

中間交流では、ペアでパンフレットを読み合い、よさや改善点を伝え合う。また、机間指導中に見付けた生徒のよさを全体の場で紹介し、価値付けるとともに、困っていることを出させ、その場で解決することができるようにする。

4 もらったアドバイスをもとに、パンフレットづくりを進める

ここにもう少し自分の考えを入れた方がいいな。

中間交流でもらったアドバイスを参考にしながら、パンフレットを作成する。書き終わった生徒は、授業導入で確認したポイントを振り返ったり、パンフレットをもう一度読み返したりしながら、校正をする。その後本時の活動を振り返り、ワークシートに記入する。

1時間

Let's Listen 5

世界で活躍する人物の経歴を聞き取ろう

本時の目標

人物の経歴を聞いて、仕事内容などの概要を理解することができる。

準備する物

・ティーチャー・トークで使用するプレゼンテーション資料
・デジタル教科書（教材）

【指導に生かす評価】

◎本時では、記録に残す評価は行わないが、目標に向けて指導を行う。生徒の学習状況を記録に残さない活動や時間においても、教師が生徒の学習状況を確認する。

本時の言語活動のポイント

Small Talk では、"Let's talk about Japanese who work overseas" というトピックで対話をする。対話前には、スライド資料を見せながら、海外で活躍する人物（大谷翔平選手・大坂なおみ選手など）について生徒とのインタラクションを大切にしながら紹介することで、Small Talk への動機付けをしたい。

導入の活動としては、Small Talk ではなく、海外で活躍している日本人を題材に、Three Hint Quiz を行ってもよい。教師がスライドを見せながら行う方法もあるが、生徒に海外で活躍する日本人のヒントが書かれた１枚のカードをランダムに配付し、ペアでクイズを出し合う方法も考えられる。

本時の展開 ▷▷▷

1 ティーチャー・トークを聞き、Small Talk をする

Small Talk では、"Let's talk about Japanese who work overseas" というトピックで対話する。１回目の対話を終えたら、中間交流を行い、話した内容を出し合い全体で共有する。その後、２回目の対話活動を行い、中間交流での学びを活かす。

2 活動の目的・場面・状況を確認し、STEP 1を行う

リスニングを行う前に、生徒とのインタラクションを大切にしながら、本時の活動の目的・場面・状況を確認する。その後、デジタル教科書の STEP 1を流し、インタビューの前半内容を聞き取る。聞き取り後は、ペアで内容を確認し、クラス全体で正答を確かめる。

1 海外で活躍する日本人について伝え合う

活動のポイント：海外で活躍する日本人について知っている情報を即興で伝え合うことができるようにする。

○　いずれの活動も最初に教師によるティーチャー・トークを行い、活動への動機付けを図りたい。

【Small Talk】

①　まず隣同士のペアで1分程度の対話を行う。

②　中間交流を行い、どのような内容で話を継続したのか内容面を確認する。その後、「言いたいけれど言えなかった表現」を出し合い、どのように表現すればよいか全体に問いかけ、解決する。

③　前後のペアで再度対話活動を行う。

※　時間があれば、③の後に中間交流を行い、再度、隣同士のペアで対話を行い、表現力の伸びを実感させたい。

【Three Hint Quiz】

①　右図のような「海外で活躍する日本人」についてヒントが書かれたカードを配付する。

②　配付されたカードに書かれたキーワードを使って、即興でヒントを出す。

※　時間があればカードをペアで交換し、別のペアでクイズを出し合ってもよい。

［表］

（大谷選手の写真）

［裏］

Hints

①　from Iwate

②　baseball

③　pitcher and batter

3 STEP 2を行い、詳細な情報を聞き取る

まず、STEP 2 1 の英文を読ませ、聞き取りの視点を明確にする。その後、リスニングを行い、年表を完成させる。内容確認後、もう一度インタビューを聞かせ、2 を行う。各活動では、生徒の理解度に応じてペアで確認させたり、複数回インタビューを聞かせたりしてもよい。

4 STEP 3を行い、本時の活動の振り返りをする

インタビューを聞き、由美さんに質問したいことを考える。生徒の習熟度に合わせて、ペアやグループで質問を1つ考えさせるのもよい。質問を考えたら、全体で共有し、理解をさらに深める。最後に、Sound Box に取り組み、本時の活動の振り返りをする。

Unit 6

【中心領域】書くこと、話すこと［発表］

Beyond Borders （12時間）

＋Let's Talk 3 （1時間） ／ Let's Listen 6 （1時間）

単元の目標

SDGs 達成に向けて、自分たちにできることを伝えるために、国際社会や日本の現状について書かれた文章から問題の原因やどのような取り組みが行われているかを理解し、問題解決に向けてどんなことができるか自分の考えを事実と考えを整理して伝えることができる。

単元の評価規準

知識・技能	思考・判断・表現	主体的に学習に取り組む態度
・仮定法と主語を説明する関係代名詞を用いた文の形・意味・用法を理解している。 ・仮定法と主語を説明する関係代名詞を用いた文の理解をもとに、現実とは異なる願い事や架空の話などを伝える技能を身に付けている。	・SDGs の考えを広げ、目標達成に近づくために、国際社会や日本の状況について書かれた文章の概要を捉えたり、捉えた事実と自分たちができることを伝え合ったりしている。	・SDGs の考えを広げ、目標達成に近づくために、国際社会や日本の状況について書かれた文章の概要を捉えたり、捉えた事実と自分たちができることを伝え合ったりしようとしている。

単元計画

第1～4時（導入）	第5～8時（展開①）
1．SDGs のことについて考えよう JTE の SDGs に関わるプレゼンテーションを聞き、世界で起きている問題や、それを解決するために、自分たちにはどんなことができるかを考える。 **2．子どもたちの現実と願望を理解しよう** 国際協力のキャンペーン広告の内容を理解する活動を通して、仮定法で示された子どもたちの現実と願望を理解し、それに対する自分の考えや気持ちを伝え合う。 **3．よりよい世界に向けて何ができるだろう①** 世界の貧困問題について読み、その場所の現状やそこに住む人たちの願望を理解し、自分には何ができるか伝え合う。 **4．海を渡るランドセルについてどう思うか伝え合おう** 日本のランドセルが海外に送られていることを理解し、海を渡るランドセルについて自分の考えや気持ちを伝え合う。	**5．よりよい世界に向けて何ができるだろう②** 世界の食糧問題について読み、世界の食糧に関わる現状を知り、自分には何ができるか伝え合う。 **6．ランドセルを送る取組に対する考えをもとう** ランドセルを途上国に送る取組について書かれた文章の概要を理解し、その内容について自分の考えや気持ちを伝え合う。 **7．ランドセルを送る取組について説明しよう** ランドセルを途上国に送る取組について要約を作り、それを基にして、写真を使いながら取組について説明する。 **8．日本の貿易に対する考えをもとう** 日本が外国との貿易に頼っている現状について概要を捉え、それに対する自分の考えを伝え合う。

指導のポイント

本単元は３年生最後の単元である。国際社会に生きる一人として、世界で掲げられている SDGs を通して、世界の現状について触れ、自分自身には何ができるかを考えさせていきたい。教科書だけでは、SDGs の内の一部についてしか学ぶことができない。そこで、単元の導入部分では、SDGs の中で、生徒が身近に感じやすいものを選択する時間や、調べる時間を確保する。単位時間の中で、様々な SDGs を扱い、それに対する自分の考えを伝え合ったり、書きまとめたりする時間を確保する。そうすることで、SDGs を他人事でなく、自分事として捉え、自分に何ができるか考えられるようにしたい。

単元の最後には、「よりよい世界をつくるために」という題で、スピーチを行う。自分が選んだ SDGs に関わるスピーチをグループごとに行い、現状を述べられているか、また自分たちにできることが提案されているかを確認し合う。最後にはタブレット端末でスピーチの様子の動画撮影を行う。

評価のポイント

第１時の導入で、既習事項を用いて国際問題に関する事実とそれに対する思いを書かせ、診断的評価として活用する。また、第11時では、自分たちができることについて書きまとめた文と、導入で書いた文を比較させることで、内容面、表現面での伸びを実感させたい。

第11時でまとめた内容を基に、第12時では、タブレット端末でスピーチを動画撮影して終える。単元を終えた時には、自分が撮影した動画を客観的に見ることで、振り返りをさせたい。また、単元を通して、書きまとめることが多いので、それらを診断的評価で活用し、終末の記録した動画を記録に残す評価としたい。

第９～10時（展開②）	第11～12時（終末）
9．世界が100人の村だったら… 世界を100人の村だと仮定し、世界の現状やそれに対する自分の意見を、根拠を示したり、数字を用いたりしながら、伝える。 記録に残す評価【書】 知 思 **10．仮定法の形・意味・用法の理解をしよう〈Grammar for Communication〉** 教科書で学んだ表現や練習問題を通して、仮定法の形・意味・用法について理解を深める。	**11．SDGs 達成に向けて、自分たちができることを提案しよう** SDGs の達成に向けて、提案する活動を通して、より分かりやすく伝える方法を理解し、問題の事実と自分の意見を伝え合う。 記録に残す評価【書】 知 思 主 **12．SDGs に対する自分の考えや自分たちにできることを発信しよう** SDGs 達成に向けて、問題の事実や自分たちにできることを伝えることができる。 記録に残す評価【発】 知 思 主 Let's Talk 3 ：１時間 Let's Listen 6 ：１時間 記録に残す評価【聞】 知 思 主

※ Unit 6の全ての授業終了後に、Let's Talk 3(１時間)、Let's Listen 6(１時間)を行う。

第1時

SDGsのことについて考えよう

本時の目標

単元を貫く課題を知り、世界で起きている問題やSDGsについて理解し、問題を解決するために、自分にできることを考えることができる。

準備する物

・ワークシート
・ティーチャー・トークに使うプレゼンテーション
・Speed Input、ワード・リスト

【指導に生かす評価】

◎本時では、記録に残す評価は行わないが、単元最初にどのような考えをもっているかをしっかりと把握し、単元の最後の考えと比較できるようにする。

本時の言語活動のポイント

本時の最初のティーチャー・トークでは、ALTがインターネットで発見した記事の紹介と、それに対して、どう思ったかをJTEとALTがやり取りする場面からスタートし、生徒にどのように思うか問いかけながら行う。また、SDGsについて他教科で学んだことや知っていることを全体で共有した後に、"What are you doing for SDGs?"と問いかけ、自分事として考えられるようにする。

2では、仲間との対話を通して、自分たちが現段階でSDGsに向けて、どれくらい取り組めているか振り返り、もっと世界をよくするために、自分たちの行動を見直していかなければならないという気持ちを育てていきたい。

本時の展開 ▷▷▷

1 ティーチャー・トークを聞く

教師とALTがSNS上で見付けた投稿についてやり取りをする（投稿を模した資料を用意しておく）。そして、生徒にどう思うかを尋ねる。また、生徒が意見をもちやすいよう、また意見の伝え方が分かるように、教師とALTが貧困問題に対する自分の意見を伝える。

2 貧困問題やSDGsについて自分の考えを伝え合う

この投稿に対して自分はどのように思うか対話する。その後、中間交流を行い、もう一度対話をする。中間交流では、内容面を広げるようにする。対話が終わったら、現時点でどのような投稿をするか英語で簡単に書きまとめる。

2 貧困問題やSDGsについて自分の考えを伝え合う

活動のポイント：SDGsに関して知っている知識を出すとともに、今の取組の現状についてつかませる。さらに、投稿内容に対する思いを伝えられるようにする。

S1：What do you think about this?
S2：I didn't know there are many children who cannot go to school.
It is not special for us to go to school, but it is special for some children in the world. How about you?
S1：I agree with you. In Japan, many children can go to school every day. Do you know SDGs? I learned a little about it.
S2：I know a little. SDGs are 17 goals for a better world.

自分の考えを伝え合う前に、"If you replied to the message, what would you post?" と生徒に問いかけ、どんな内容を返信するかを考えさせる。その上で、内容を整理するためにも、仲間と話す必然性をもたせたうえで、言語活動を始める。中間交流では、「学校に行けない子どもがいることを知ってどう思ったか」、「SDGsのために普段何をしているか」という視点で交流し、内容面を広げていく。中間交流後、再び対話を行い、考えを深めさせていく。対話後、どのような返信をするか書きまとめさせる。

3 単元の課題を知る

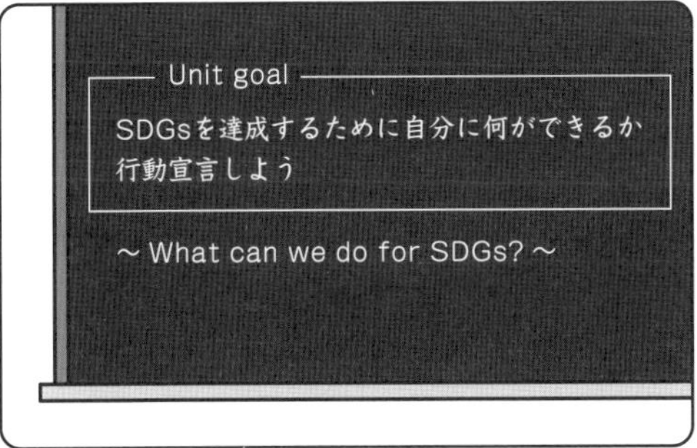

「日本や世界の現状を知ること」「SDGsのことをもっと知ること」「どんな取り組みができるか考えていくこと」を単元で大切にしていくことを伝え、最後には、「SDGsを達成するために、自分に何ができるか行動宣言をする」という目標を伝える。

4 単元に必要な表現や語彙を学ぶ (Speed Input とワード・リスト)

Speed Input とワード・リストは、教師→個人→ペア読みと段階を踏み、新出表現や語彙に慣れ親しませる。ペア読みの際は、一方が日本語で問題を出し、もう一方が英語で答える。生徒の実態に合わせて、紙を見て発音させてもよい。帯活動として取り入れていく。

第2時

Preview, Scene ①

子どもたちの現実と願望を理解しよう

本時の目標

国際協力のキャンペーン広告の内容を理解する活動を通して、仮定法で示された子どもたちの現実と願望を理解することができる。

準備する物

・ワークシート
・Speed Input、ワード・リスト

【指導に生かす評価】

◎本時では、記録に残す評価は行わないが、目標に向けて指導を行う。生徒の学習状況を記録に残さない活動や時間においても、教師が生徒の学習状況を確認する。

本時で使用するワークシート

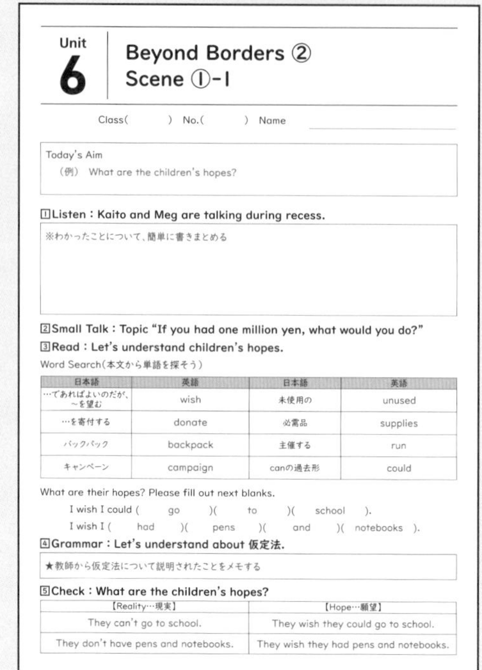

Unit 6 Beyond Borders ②
Scene ①-1

Class(　　) No.(　　) Name

Today's Aim
（例） What are the children's hopes?

①Listen：Kaito and Meg are talking during recess.

※わかったことについて、簡単に書きまとめる

②Small Talk：Topic "If you had one million yen, what would you do?"

③Read：Let's understand children's hopes.

Word Search(本文から単語を探そう)

日本語	英語	日本語	英語
…であればよいのだが、～を望む	wish	未使用の	unused
…を寄付する	donate	必需品	supplies
バックパック	backpack	主催する	run
キャンペーン	campaign	canの過去形	could

What are their hopes? Please fill out next blanks.

I wish I could (go)(to)(school).
I wish I (had)(pens)(and)(notebooks).

④Grammar：Let's understand about 仮定法.

★教師から仮定法について説明されたことをメモする

⑤Check：What are the children's hopes?

【Reality…現実】	【Hope…願望】
They can't go to school.	They wish they could go to school.
They don't have pens and notebooks.	They wish they had pens and notebooks.

本時の展開 ▷▷▷

1 Small Talk をする

教科書 p.90の Preview で海斗と Meg の会話の話題に注目をさせて聞かせ、そこから、「100万円を持っていたら何をするか？」について Small Talk をする。話す前に、教師から自分のしたいことについて仮定法を用いて伝える。

2 ワード・サーチを行いながら、内容理解をする

ワード・サーチを行い、本文に出てくる表現や新出単語の意味を確認する。ワード・サーチでは、意図的に、仮定法の部分と理解させたい部分を空欄にする。その後、"What are children's hopes?" と問い、子どもたちの願いについてつかませ、現実はどうなのかを尋ねる。

2 ワークシートのワード・サーチをする

活動のポイント：本文に出てくる表現や新出単語を意図的に空欄にして、単語に慣れ親しむだけでなく、内容面の理解をさせていく。

まずはワークシートを生徒に渡し、日本語を参考に、本文から該当する英単語を抜きださせ、記入させる。その後、"Where is「…を寄付する」in English?" と問いかけていき、順番に生徒に段落で答えさせる。そしてそのときに発音も一緒に確認し、二度くり返す。ワード・サーチを終えたときに、"Can you find the children's hopes?" と問いかけ、該当する場所に線を引かせ、空欄を埋めさせたい。このような活動を通じて、単語に親しむだけでなく、本文内容も理解させたい。

3 本文を音読する

音読は、①一語 Reading ② Chunk Reading ③ Sentence Reading ④一人読みの流れで行う。①をすることで、一語一語の読みを確認し、②で意味内容を捉えながら、読む。③で一文ずつの意味を確かめながら読み、最後は、自分で音読できるようにする。

4 本時を振り返る

教科書 p.91の文法説明の動画を見て、仮定法の理解を深める。その後、仮定法が使われている部分に線を引き、子どもたちの現実と願いを分けて英語で書く。最後に、自分がこの記事を読んでどう思うかを書きまとめさせる。

第3時

Scene ①

よりよい世界に向けて何ができるだろう①

本時の目標

世界の貧困問題について読み、世界の子どもたちの現状や願望を知り、自分には何ができるか伝え合うことができる。

準備する物

・ワークシート
・リーディング資料
・Speed Input、ワード・リスト

【指導に生かす評価】

◎本時では、記録に残す評価は行わないが、目標に向けて指導を行う。生徒の学習状況を記録に残さない活動や時間においても、教師が生徒の学習状況を確認する。

本時の言語活動のポイント

貧困問題について書かれたリーディング資料を読んで、貧困が引き起こす問題、前時のようにそこにいる子どもたちの願いを読み取らせ、そこに対する自分の気持ちや、自分には何ができるかを考えさせる。伝える前には、マッピングをさせ、伝える内容を整理した上で、ペアでやり取りをさせる。

中間交流では、貧困問題が引き起こす問題と、それに対して自分たちにできる手段は何があるかを交流する。自分たちにできることは現実的なものかどうかを問いかける。

最後には、自分の意見をまとめ、投稿する文を考えるという活動を行う。

本時の展開 ▷▷▷

1 復習をする（帯活動＋音読）

Speed Input とワード・リストにペアで取り組む。その後、①一人読み②サイト・トランスレーション読み③シャドーイングをして、前時の内容を振り返りながら読む。また、音読後、子どもたちがどのような願いをもっていたか、仮定法で確認する。

2 貧困問題についての資料を読む

貧困問題についての資料を読み、①問題点、②子どもの願いの 2 つの視点で資料を読む。②では、現実と願望を分けて線を引かせる。現実を書かせたら、その現実を基に、世界の子どもたちはどのような願望をもっているか仮定法で書かせる。

2 3 貧困問題についての資料を読んで、自分の考えを伝え合う

活動のポイント：自分にできることを考える中で、本当に普段の自分ができそうなことなのかを深く考えさせる切り返しの質問を用意しておく。

自分たちにできることが、本当に現実的なものなのかどうかを生徒とともに考える。また、"The action is easy for us. Do you do it every day?" と問いかけ、ただの意見だけでなく、自己を振り返らせる問いかけをする。また、"No." と答えた場合には、"Why can't you do that?" と迫り、よりよい世界に向けて自分が本当にできることを考えさせていきたい。

3 自分たちには何ができるか考え、伝え合う

資料を読んで、貧困問題の事実と思ったこと、貧困問題を解決するために何ができるかを、マッピングで簡単にまとめ、ペアで伝え合う。中間交流では、内容面と表現面を取り上げる。その後、もう一度、ペアで伝え合う。

4 本時を振り返る

マッピングや伝え合ったことを基にして、貧困問題について紹介する文と、気付いたことや、その問題を解決するために、自分たちができることを記入させる。事実だけを記述するのではなく、自分の思いや考えを書くように指導する。

Scene ②

海を渡るランドセルについてどう思うか伝え合おう

本時の目標

日本のランドセルが海外に送られていることを知り、その取組について感想を交えて伝えることができる。

準備する物

・ワークシート
・Speed Input、ワード・リスト
・ワード・カウンター

【指導に生かす評価】
◎本時では、記録に残す評価は行わないが、目標に向けて指導を行う。生徒の学習状況を記録に残さない活動や時間においても、教師が生徒の学習状況を確認する。

本時で使用するワークシート

Word Counter

Class(　　　) No.(　　　) Name

1	2	3	4	5	6	7	8	9	10
20	19	18	17	16	15	14	13	12	11
21	22	23	24	25	26	27	28	29	30
40	39	38	37	36	35	34	33	32	31
41	42	43	44	45	46	47	48	49	50
60	59	58	57	56	55	54	53	52	51
61	62	63	64	65	66	67	68	69	70
80	79	78	77	76	75	74	73	72	71
81	82	83	84	85	86	87	88	89	90
100	99	98	97	96	95	94	93	92	91
101	102	103	104	105	106	107	108	109	110
120	119	118	117	116	115	114	113	112	111
121	122	123	124	125	126	127	128	129	130
140	139	138	137	136	135	134	133	132	131
141	142	143	144	145	146	147	148	149	150

Date	WPM	Topic	Date	WPM	Topic

本時の展開 ▷▷▷

1 One Minute Speech をする

第３時に話したことや書きまとめたことを参考に、１分間で写真を使って貧困問題について伝える。ペアの生徒は、１分間で相手が何語発話したかをワード・カウンターを使って、計測する。１分後、役割を交代する。

2 本文内容を理解し、自分の考えを伝え合う

海斗との会話であることから、聞く活動からスタートする。ワークシートの Conversation Ordering を通して、話の順番と話の内容を理解させる。また、理解した内容を基に、自分がどう思ったかをペアでやり取りする。その後、どのようなことを思ったか全体交流をする。

1 One Minute Speech をする

活動のポイント：前時に学んだことや考えたことを１分間でアウトプットさせ、自分が１分間でどれぐらい発話できるかをつかむとともに、どれぐらい言えるようになったか成長を実感させる。

Poverty is a big problem.
There are currently 700 million people in the world living in poverty. They can't get enough food, drink clean water, or go to school. I think we should donate our unused things. For example, school backpacks and pencils. …

１分間で、写真などを使いながら、お題について自分の意見や考えをペアに伝える。ペアは、話し手のスピーチを聞きながら、何語話しているか数える。１分経ったら、記録を相手に伝える。その後、役割を交代し、同じように取り組む。何度も行い、記録を残していくことで、自分の成長を実感させたい。

3 本文を音読する

音読は、①一語 Reading ②役割読み③穴あき Reading の流れで行う。4 でリテリングすることを踏まえて、取組の内容やどのように協力できるかにあらかじめ線を引かせる。次のリテリングを意識して音読できるようにさせる。

4 SNS に投稿する原稿を書く

自分が投稿するなら、
今までどれくらい送られ
ているか伝えたいな。

リテリングの際には、「日本がランドセルを海外に送っていることを多くの人に知ってもらい、協力してもらえるように伝えよう」という課題を与え、自分が SNS に投稿するなら、どういう内容を載せるか考えさせて書きまとめさせる。

第5時

Scene ②

よりよい世界に向けて何ができるだろう②

本時の目標

世界の食糧問題について読み、世界の食糧に関わる現状を知り、自分には何ができるか伝え合うことができる。

準備する物

・ワークシート
・リーディング資料
・Speed Input、ワード・リスト
・ワード・カウンター

【指導に生かす評価】
◎本時では、記録に残す評価は行わないが、目標に向けて指導を行う。生徒の学習状況を記録に残さない活動や時間においても、教師が生徒の学習状況を確認する。

ワークシート活用のポイント

2 では、資料から食糧問題と、南スーダンの人々の願いを読み取らせ、そこから「自分にできることは何か？」を考えさせる。マッピングを使って、自分の考えを整理させる。

3 では、“What can you do about this problem?” という視点で考えさせる。自分の生活と比較させて意見が述べられるようにするために、教師から、“Do you eat lunch all every time?” などと思考を深める発言を用意しておく。

本時の展開 ▷▷▷

1 復習をする（帯活動＋One Minute Speech）

Speed Input とワード・リストにペアで取り組む。One Minute Speech を行い、前時の確認をする。前時に作成した投稿文を紹介し、本時の最後の活動への動機付けをする。生徒とやり取りしながら、食糧問題について知っていることを出し合い、食糧問題を読む意味をもたせる。

2 食糧問題についての資料を読む

食糧問題についてのリーディング資料を読み、①問題点②人々の願いの２つの視点で資料を読ませ、問題点と事実に分けて線を引かせる。２つの視点で読み取った上で、自分には何ができるかマッピングを使って、ワークシートに考えの整理をさせる。

2 3 食糧問題についての資料を読み、自分たちにできることを考える

Unit 6 Beyond Borders ⑤ Scene ②-2

Class(　　　) No.(　　　) Name

Today's Aim
（例） What can you do for the food problem?

1 Read : Let's read the text.

What is the food problem? What are the people's hopes in South Sudan?

Let's write the people's hopes in South Sudan by 仮定法.

（例） They wish they could eat enough food.

2 Write your idea by mapping. ※食糧問題を解決するために何ができるか書く

（例） happy — send food — food loss　buy food — send money

3 Small Talk : Topic "What do you think about this problem? What can you do about this problem?"

（例） I can send money by buying food from the country.

4 Write : What can we do about this problem?

（例） There are many children in the world who are facing food problem. Do you know this fact? In Japan, we can eat breakfast, lunch and dinner. But children in some foreign countries do not have enough food, so they cook wildflowers and eat them. What can we do for them? I think we can eat our food all. It's not a difficult thing. Let's do it together.

There are many children in the world who are facing many problems. One of them is food problem. If the world were a classroom of 40 students, there are 4 students who have nothing to eat and do not know if they will be able to eat tomorrow.

Ms. Nibel in South Sudan is facing a serious food problem. She says, "I have nothing to eat nearby and I cook the same wildflowers and eat them for days and days." Many people like Nibel are facing food problem. Food problem causes a variety of problems. For example, malnutrition and illness. In the worst case, these problems will lead to death.

In Japan, 6.12 million tons of food are thrown away every year. In the world, 1.3 billion tons of food are thrown away every year.

Did you know this fact?
What can you do to solve the food problem?

【日本語文】

世界では多くの問題に直面している子どもたちがたくさんいます。そのひとつが食糧問題です。世界を教室にいる４０人の生徒と例えると、食べるものがない、明日食べられるかわからない生徒が４人います。

南スーダンのナイベルさんは、深刻な食糧問題に直面しています。「近くに食べるものがなく、家の近くで取れる同じ野草を料理して、何日も何日も食べます」と彼女は言います。ナイベルさんのように、食糧問題に直面している人は数多くいます。食糧問題はさまざまな問題を引き起こします。例えば、栄養失調や病気です。最悪の場合には、死に至ります。

日本では、毎年６１２万トンの食糧が捨てられています。世界では、毎年１３億トンもの食料が捨てられています。

みなさんはこの事実を知っていましたか？
食糧問題を解決するために、あなたは何ができますか？

3 自分たちには何ができるか考え、伝え合う

食糧問題の事実と思ったこと、問題を解決するために、何ができるかをペアで伝え合う。中間交流では、内容面と表現面を取り上げる。特に、願望を伝える時には、仮定法を使うとよいことを指導する。その後、もう一度、ペアで伝え合う。

4 本時を振り返る

「世界の多くの人に食糧問題について伝え、自分の決意を発信する」という課題を与え、マッピングや話したことを基に、自分が SNS に投稿するならどういう内容を載せるか考えさせて、ワークシートに書きまとめさせる。

第6時

Read and Think ①（前半）

ランドセルを送る取組に対する考えをもとう

本時の目標

日本のランドセルを途上国に送る取組について書かれた文章（p.94）の概要を理解し、その内容について自分の考えをもつことができる。

準備する物

・ワークシート
・Speed Input、ワード・リスト
・教科書 p.94を各段落で分けたプリント

【指導に生かす評価】

◎本時では、記録に残す評価は行わないが、目標に向けて指導を行う。生徒の学習状況を記録に残さない活動や時間においても、教師が生徒の学習状況を確認する。

ワークシート活用のポイント

教科書を使わず、教師から配付する英文を使って、活動に取り組ませる。**2**の Title Matching では、日本のランドセルを途上国に送る取組についての概要を理解させるために、教科書 p.94の4段落をバラバラにした資料を配付し、タイトルを基にして、段落ごとに切って、タイトルの下に貼り付けさせる。活動の難易度を調整するためにパラグラフのタイトルを日本語で示すこともできる。

Picture Matching では、内容をより詳細に理解させるために、各段落に合う写真を選ばせる。どちらの活動においても、どの部分を根拠にして考えたか、線を引かせるようにしたい。

Paragraph Matching、Picture Matching ともに、タブレット端末を用いて画面上で行わせることも可能である。

本時の展開 ▷▷▷

 Small Talk をする

“If we had no school, what would happen?”という話題で、ペアで対話をする。話す前には、JTE と ALT のやり取りを聞かせ、どんなことが起きそうか考えをもつことができるようにする。

2 海斗のスピーチを読み、自分の考えを伝える【教科書 p.94のみ】

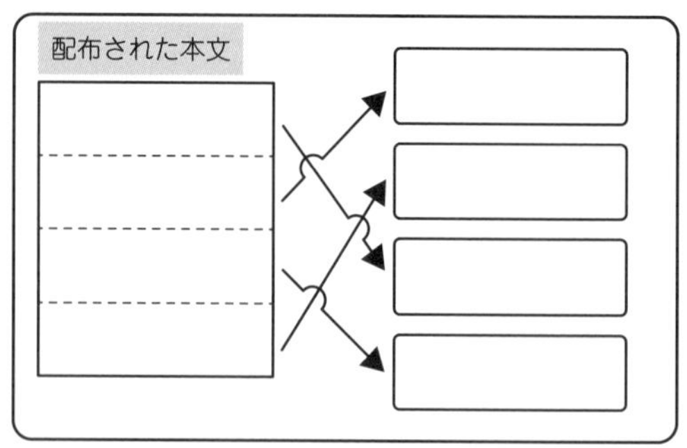

教科書 p.94の本文を段落ごとに4分割し、Title Matching を行い、概要をつかませる。次に、Picture Matching を行い、内容をつかませる。その後、日本の取組に対する、自分の考えを簡単にまとめ、ペアで伝え合う。

2 海斗のスピーチを読み、自分の考えを伝える

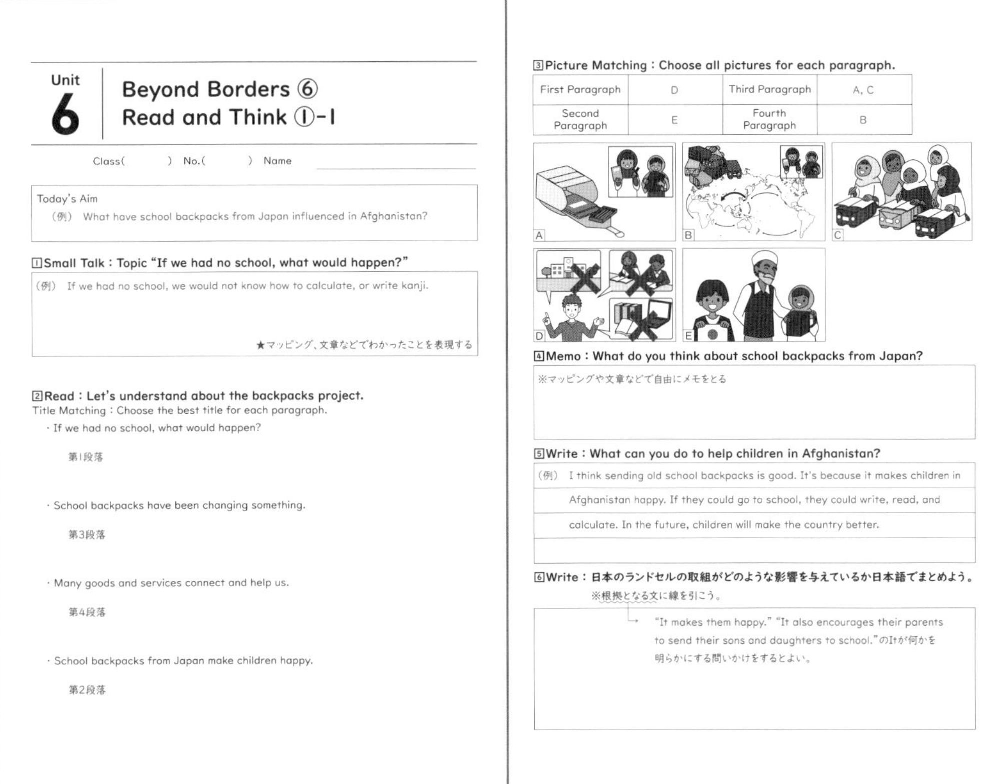

Unit 6 Beyond Borders ⑥ Read and Think ①-1

Class(　　　) No.(　　　) Name

Today's Aim
（例） What have school backpacks from Japan influenced in Afghanistan?

①Small Talk : Topic "If we had no school, what would happen?"
（例） If we had no school, we would not know how to calculate, or write kanji.
★マッピング、文章などでわかったことを表現する

②Read : Let's understand about the backpacks project.
Title Matching : Choose the best title for each paragraph.

・If we had no school, what would happen?
第1段落

・School backpacks have been changing something.
第3段落

・Many goods and services connect and help us.
第4段落

・School backpacks from Japan make children happy.
第2段落

③Picture Matching : Choose all pictures for each paragraph.

First Paragraph	D	Third Paragraph	A, C
Second Paragraph	E	Fourth Paragraph	B

A B C D E

④Memo : What do you think about school backpacks from Japan?
※マッピングや文章などで自由にメモをとる

⑤Write : What can you do to help children in Afghanistan?
（例） I think sending old school backpacks is good. It's because it makes children in Afghanistan happy. If they could go to school, they could write, read, and calculate. In the future, children will make the country better.

⑥Write : 日本のランドセルの取組がどのような影響を与えているか日本語でまとめよう。
※根拠となる文に線を引こう。
→ "It makes them happy." "It also encourages their parents to send their sons and daughters to school."のItが何かを明らかにする問いかけをするとよい。

3 本文を音読する

音読は、① Chunk Reading ② Sentence Reading ③一人読みの流れで行う。本文が長く、授業の時間が限られているので、本時の「日本のランドセルはどのような影響を与えているか」に関係する部分を読む前に線を引き、その箇所のみ①～③の音読を行う。

4 本時を振り返る

海斗のスピーチを読んだり聞いたりして、初めて知ったことや、思ったこと、自分にできそうなことを英語で書きまとめさせる。日本の取組がどのような影響を与えているか、日本語で簡単に書きまとめる。

第7時

Read and Think ①（前半）

ランドセルを送る取組について説明しよう

本時の目標

ランドセルを途上国に送る取組について要約を作り、それを基にして、写真を使いながら取組について説明することができる。

準備する物

・ワークシート
・Speed Input、ワード・リスト
・ワード・カウンター

【指導に生かす評価】

◎本時では、記録に残す評価は行わないが、目標に向けて指導を行う。生徒の学習状況を記録に残さない活動や時間においても、教師が生徒の学習状況を確認する。

本時で使用するワークシート

Unit 6

Beyond Borders ⑦
Read and Think ①-2

Class(　　　) No.(　　　) Name ＿＿＿＿＿＿

Today's Aim
（例） Let's talk about the Japanese School Backpacks Project!

1 One Minute Speech：Topic "What influence have school backpacks from Japan had in Afghanistan?"

2 Today's Situation：目的・場面・状況をつかもう。

日本のランドセルの取組を知らない人が多くいます。そこで、取組のことを知らない人に取組の内容を説明し、さらに協力を呼びかける発信をしよう。

Memo：どんなことを伝えるとよいだろう。

※事実（ここでは、子どもたちが苦しんでいる状況）を伝えるときは、数字を用いるなど具体性をもたせるとよいことを伝える

3 Mapping：自分の伝えたい内容を整理しよう。

※必要に応じて、マッピングで自分の考えを整理する
（整理のためなので、簡単なものでよい）

4 Activity：Let's share your idea.

※ALT、JTEからアドバイスを受けたことや、クラスメイトとの中間交流で学んだことを記述する

本時の展開 ▷▷▷

1 One Minute Speech をする

第6時で学んだ、日本のランドセルが与える影響について、英語で1分間話す。その後、JTE が生徒の前で本時で目指したい姿として、日本の取組について写真を使って説明するモデルを示す。ワード・カウンターで発話語数を記録する。

2 本時で達成したい目的・場面・状況を把握し、メモを作る

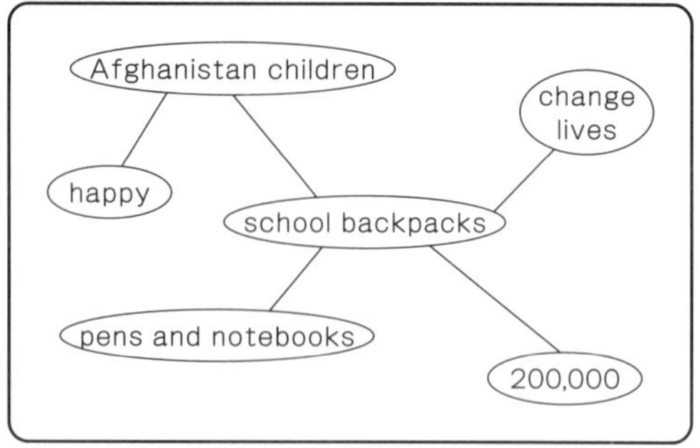

「日本のランドセルの取組を多くの人に知ってもらい、協力を呼びかける発信をしよう」という目的・場面・状況を作り、伝える必然性を作る。この取組を知らない人に、どのような内容を伝えるとよいか全体で交流し、伝えるべき内容をマッピングに簡単にまとめる。

4 ランドセルの取組についてSNSで発信する

活動のポイント：第４時に書いたSNSと比較させ、今回学んだからこそ書けるランドセルを途上国へ送る取組について記述させる。

（例） It's a good idea. I have unused backpacks. I will send them to Afghanistan.

★自分ごととしてとらえてコメントを書けるよう助言する

【生徒の作品例】

Japan has sent more than 200,000 backpacks to children in Afghanistan. It makes them happy like the picture. In areas with no school buildings, children can use them as desks in the open air. School backpacks from Japan have been changing children's lives.
You can help the children and change their future. It's easy! Just send your old backpacks or unused pencils.

第４時で書いた作品と比較させ、今回付け足して書けることを意識させる。「数字」「ランドセルを受け取ったアフガニスタンの人々の様子」などの内容を含み、さらにそこから周りに協力を呼びかける投稿をさせたい（タブレット端末利用可）。
完成した投稿文は、班で回し読みをし、投稿に対するコメントを残させ、互いを評価する。

3 ペアで伝え合ったことを基に、書きまとめる→交流

まずは、相手が日本のランドセルを知らないという状況で伝え合う（３回）。伝え合った後、アドバイスタイムを設け、よりよく伝わる発表になるようにする。伝え合ったことやマッピングを基に書きSNSで発信することを想定して、書きまとめる。

4 SNSで発信するという状況でランドセルの取組について書く

書きまとめたものをグループで確認する。相手意識や目的意識に合っている内容かどうかを時計回りに原稿を回して見合う。原稿を読んだ感想を、取組を知らない人になりきり、投稿に対してコメントをする。※タブレット端末があれば、同じチームを作って、投稿をしてもよい。

第8時

Read and Think ①（後半）

日本の貿易に対する考えをもとう

本時の目標

Read and Think ①の後半（p.95）で日本が外国との貿易に頼っている現状について読み、助け合うことの大切さを理解し、日本の貿易に対する自分の考えを伝え合うことができる。

準備する物

・ワークシート
・Speed Input、ワード・リスト
・教科書 p.95を各段落で分けたプリント

【指導に生かす評価】
◎本時では、記録に残す評価は行わないが、目標に向けて指導を行う。生徒の学習状況を記録に残さない活動や時間においても、教師が生徒の学習状況を確認する。

本時で使用するワークシート

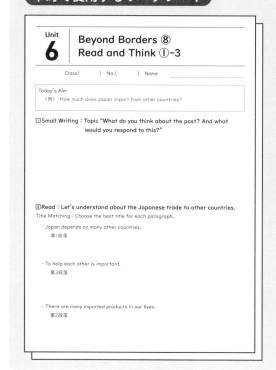

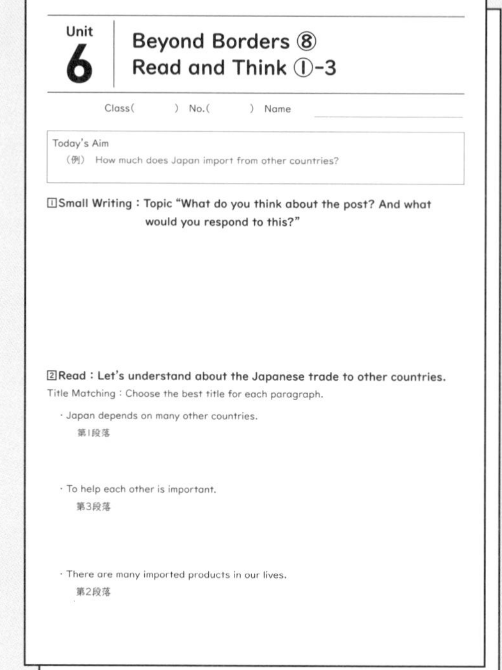
Unit 6 Beyond Borders ⑧
Read and Think ①-3

Class(　　) No.(　　) Name

Today's Aim
（例） How much does Japan import from other countries?

1 Small Writing : Topic "What do you think about the post? And what would you respond to this?"

2 Read : Let's understand about the Japanese trade to other countries.
Title Matching : Choose the best title for each paragraph.

・Japan depends on many other countries.
第1段落

・To help each other is important.
第3段落

・There are many imported products in our lives.
第2段落

本時の展開 ▷▷▷

 Small Writing をする

リサイクル問題について書かれた投稿を見て、問題を解決するために、自分には何ができるかを投稿に返信する形で書く（4分間）。その後、ペアで交流→全体交流をする。交流をする際は、表現ではなく、内容にフォーカスしていくよう注意する。

2 本文の内容を理解し、自分の考えをもつ【教科書 p.95のみ】

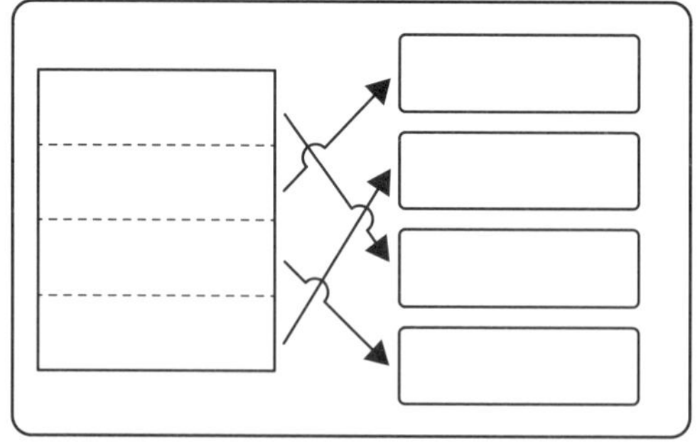

Title Matching、Graph Matching に取り組む。その後、教師が日本の貿易に対する意見を、生徒の前で伝え、"What do you think?" と話を振る。そして生徒たちに、自分がどう思うかを簡単にペアでやり取りさせる。

2 本文の内容を理解し、自分の考えをもつ（Title Matching, Graph Matching）

活動のポイント：生徒には教科書を開かせない状態で、英文を頼りに、本文の内容を読み進めさせ、日本の貿易の様子について理解させる。

2Read：Let's understand about the Japanese trade to other countries.
Title Matching：Choose the best title for each paragraph.

・Japan depends on many other countries.
第1段落

・To help each other is important.
第3段落

・There are many imported products in our lives.
第2段落

【Title Matching】
教科書 p.95の文を段落で３分割してバラバラにした資料を配付し、タイトルをもとに適した段落を考え、タイトルの下に貼り付けさせる。そうすることで、本文の概要を理解させる。活動の難易度を調整するためにタイトルを日本語で示すことも可能。

【Graph Matching】
本文の内容とグラフが一致するものを選ばせる。マッチングさせることで、詳細を理解しているかどうかをつかむことができる。

3 本文を音読する

Let's do sentence reading!

音読は、① Chunk Reading ② Sentence Reading ③一人読みの流れで行う。本文が長く、授業の時間が限られているので、読む前に「日本が外国に頼っている事実」に関係する部分に線を引き、その箇所のみ行う。※タブレット端末で QR コードを読み取り個人練習をさせる。

4 本時を振り返り、書きまとめる

3 で線を引いた事実と 2 で話したことを基に、日本がどれくらい外国との貿易に頼っているかや、それに対する自分の考えを書きまとめさせる。書きまとめた後、ペアで書きまとめた内容を見合い、どんな考えをもっているか学び合う。

Unit Activity

世界が100人の村だったら…

Unit 6 Beyond Borders

Today's Aim: Let's think

Teacher's Talk

If the world were a village

教科書 p.98
STEP1の図を拡大したものを掲示する

本時の目標

世界を100人の村だと仮定し、世界の現状を踏まえて、根拠を示したり、数字を用いたりして、自分の意見を伝えることができる。

準備する物

- ワークシート
- ティーチャー・トークに使うプレゼンテーション
- Speed Input、ワード・リスト

【「書くこと」における記録に残す評価】

◎世界の現状について根拠を示したり、数字を用いたりして、自分の考えを伝えている。本時では、書きまとめたワークシートの記述を見て、評価を行う（知・技）（思・判・表）。

本時の展開

1 世界の現状を聞く

教師が、世界の人口、言語使用などについて実際の数値で伝える導入から入り、仮定法を使って「もし、世界が100人の村だったら…」と問いかけ、予想させることを通して、生徒に本時の内容を意識させる。教科書 p.98の STEP 1を聞き、空欄を埋めさせ、理解を深める。

2 聞いた内容を整理し、自分の意見を伝える

聞いた内容を全体で交流し、特に自分が気になることに対して、事実とそれに対する自分の考えを伝え合う。１回目は聞いた内容（事実）のみを、２回目は事実と自分の考えを伝える。考えを伝えるときには仮定法を使うこと、表を用いて具体的な数値で伝えることを指導する。

板書のポイント：活動のポイントを示し、世界のために何ができるか分かりやすく示す。

what we can do for the world.

of 100 people, …

Activity: 世界の現状を伝えよう。
First Time　：事実
Second Time：事実＋自分の考え

What can we do for the world?

- We should know each culture.
- We need to understand other's feelings.
- We learn more languages to know each country.
- We should search the facts of the world.

Point

❶事実
❷感想や考え
❸自分たちにできること

3 世界の現状を踏まえて、自分たちに何ができるか考える

What do you think?
It's good, but I have a better idea.

世界の現状を踏まえて、「何をしていくことが国を越えて助け合うことにつながるか」という共通の視点で考える。自分の意見を伝え合う活動を何度もすることを通して、よりよい世界にするためのアイディアを再構築させる。

4 本時の振り返りをする

話したことを基にして、ワークシートに書きまとめる。書きまとめる際には、①事実②感想や考え③自分たちにできることの３部構成で書くように、板書で示すなど視覚で理解しやすい援助を行う。

第10時

Grammar for Communication 4

仮定法の形・意味・用法の理解をしよう

本時の目標

教科書で学んだ表現や練習問題を通して、仮定法の形・意味・用法について整理し理解を深めることができる。

準備する物

・ワークシート
・Speed Input、ワード・リスト

【指導に生かす評価】

◎本時では、4コマ漫画の内容、ワークシートの記述を見て、今後の指導に生かす。

ワークシート活用のポイント

教科書で出てきた仮定法の文、主語を説明する関係代名詞の文を意味から導入するために、日本語を見て、教科書から見つけ出す活動を行う。そこから、それぞれの形式に注目させ、文法の理解を深めさせたい。

また、次に間違い探しをさせることで、さらに表現形式に意識を向けさせ、定着を図りたい。

最後には、仮定法を用いて、意味に注目した4コマ漫画を作成させる。4コマ漫画のどこかに1回は、仮定法を使用するという条件を加えて、場面や状況を考えさせ、活動に取り組ませる。

本時の展開 ▷▷▷

Small Talk をする

「タイムマシーンが使えるなら何をしたいか」というお題でペアで対話をする。話す内容を生徒がイメージできるように、最初に教師からお題について話す。対話後、うまく伝えられなかったことや、話したことを全体で交流する。

2 Key Sentence を見て、仮定法について復習する

Unit 6でこれまで教科書に出てきた仮定法の文に線を引き、仮定法の形・意味・用法をおさえる。その後、教師側から、いくつか間違いのある文を提示し、どこが間違っているかを探させる。この活動を通して、仮定法の形を意識できるようにする。

2 3 仮定法について復習し、4コマ漫画を作成する

Unit 6

Beyond Borders ⑩
Grammar for Communication

Class(　　　) No.(　　　) Name

Today's Aim
（例） Let's understand 仮定法 more.

1 Small Talk：Topic "If you had a time machine, what would you do?"

2 Review：次の日本語文の意味の、仮定法や関係代名詞の文を探そう。

日本語	英語
学校に行くことができればよいのに。	I wish I could go to school.

（解説）

もし、私が日本の学生であれば、私の古いランドセルを送るだろう。	If I were a Japanese student, I would send my backpacks.

（解説）

もし、私たちがこれらの国から鶏肉を輸入しなければ、フライドチキンは日本で、もっと高いだろうに。	If we didn't import chicken from these countries, fried chicken would be quite expensive in Japan.

（解説）

私たちが毎日見る食べ物や服のように多くのものは、海外から来ています。	Many things that we see every day come from overseas, such as food and clothes.

（解説）

3 以下の英文で間違いのある部分を見つけ、正しい文に書き直そう。

① If I have a lot of time, I would go to see a movie.
（もし、多くの時間があれば、映画を見にいくだろう）

If I had a lot of time, I would go to see a movie.

② If I am a bird, I can fly all over the world.
（もし、私が鳥であれば、世界中をとぶことができるのに）

If I were a bird, I could fly all over the world.

③The restaurant that often visit is famous for pancakes.
（私がよく訪れるレストランは、パンケーキで有名です）

The restaurant that I often visit is famous for pancakes.

4 Write：仮定法を使って4コマ漫画を書こう。

※学級の実態に応じて条件を加えるとよい
（例） 仮定法を1回は用いる。
3コマ目のみで仮定法を用いる。
など

5 Check：練習問題に取り組んで、仮定法と関係代名詞の理解を深めよう。
※教科書CDデータを使用

3 仮定法を使って4コマ漫画を作る

4コマ漫画を作成することを通して、仮定法の意味・用法の理解を深めさせる。4つの話のつながりを意識させ、どこか1コマに必ず仮定法をいれる条件を設定する。活動前には、2～3個の4コマを教師側から提示し、4コマ漫画をイメージしやすいようにする。

4 本時の学びを確かめる

生徒が書いた4コマ漫画をタブレット端末で撮影し、共有データに入れて、全員で見られるようにする。教科書CDデータに付随している復習プリントに取り組ませ、仮定法が理解できているか確かめる。

Unit Activity

SDGs達成に向けて、自分たちができることを提案しよう

本時の目標

自分たちができることを提案する活動を通して、より伝わりやすい方法を考え、問題の事実を含めながら、自分の意見を伝えることができる

準備する物

・ワークシート
・Speed Input、ワード・リスト

【「書くこと」における記録に残す評価】
◎SDGs達成を目指すために自分たちができることについて、事実や具体例を用いながら、意見を書こうとしている（知・技）（思・判・表）（主）。

本時の言語活動のポイント

単元の導入で使用したSNSの投稿について、どんな返信をするかもう一度考えさせる。

交流の前に、これまで学んだことや、調べたことを簡単に整理させてから話させる。やり取りの中では、“Why do you think so?”と聞き返すようにし、根拠をもった、説得力のある内容になるようにする。中間交流では、分かりやすく伝えるために、問題について、事実や原因、自分の感想や考え、解決するための方法などについて説明することや、具体的な事例や数値を出すことでより説得力が増すことについて指導を行う。

導入の時間で書いた文と見比べ、どのような表現をさらに付け加えたほうがよいかを考えさせるとともに、内容面、表現面での伸びを実感させたい。

本時の展開 ▷▷▷

1 One Minute Speech をする

We should think about other's feeling.

「どのようなことをしていけば、他者とよい関係を築くことができるか」というお題をペアで対話をする。生徒の考えが膨らみやすいように、教師からお題に対する考えを話す。

対話後、どのような意見が出たか全体で交流する。

2 オリエンテーションで扱った題材にもう一度取り組む

オリエンテーションで扱ったSNSの投稿を提示し、自分の興味があるSDGsのことや、どんな取り組みをしているかペアで話し合う。急に話すことは難しいので、事前に宿題として、自分の興味のあるSDGsについて調べておくように指示する。

3 中間交流をする（SDGs の達成に向けて、自分たちができることを提案する）

活動のポイント：今まで書きまとめてきたものや、単元の導入で書いたものを上手に活用しながら、自分たちができることを提案させる。

【中間交流で大切にしたい４つのポイント】

★より分かりやすくするために

①問題について

②事実や原因

③自分の感想や考え

④解決するための方法

【生徒の対話例】

S1：What can you do for SDGs?

S2：I can tell about SDGs to my family and friends.

S1：Why do you think so?

S2：I have heard of SDGs on TV. But I didn't care about them. Many people don't know SDGs. Before learning Unit 6, I didn't know about SDGs. So, I want to tell about them to my family and friends. I think knowing them is the first step to reach SDGs.

3 中間交流をする

中間交流では、伝え方に的を絞って伝える。特に、分かりやすく伝えるために、①問題について②事実や原因③自分の感想や考え④解決するための方法など順番に説明することや、具体的な出来事や数値を出すことでより説得力が増すことを指導する。

4 本時の振り返りをする

今日の発表は、４つのポイントのうち、①～③について伝えられた。④はもっと具体的にしたい。

話したことを基に、自分の伝えたいことを書きまとめる。そして、最後には、SNS に投稿するという形で、タブレット端末でチームを作り、自分の考えを発信する。次の時間には、話したことを基に、SDGs 達成に向けての行動宣言をすることを伝える。

第12時

Unit Activity

SDGsに対する自分の考えや自分たちにできることを発信しよう

本時の目標

SDGs 達成に向けて、問題の事実や自分たちにできることを伝えることができる。

準備する物

・ワークシート
・タブレット端末
・Speed Input、ワード・リスト

【「話すこと［発表］」における記録に残す評価】

◎SDGs 達成を目指すために自分たちができることを、事実や具体例を用いながら伝えようとしている（知・技）（思・判・表）（主）。

ワークシート活用のポイント

最初に One Minute Speech を行い、スピーチをしながら、自分の考えを整理させる。今まで書きまとめたもの、考えてきたことを基に、簡単にスピーチ原稿を作らせる。

グループ交流では、具体性、説得力、現実性がある提案になっているかを評価の窓として、ABC の 3 段階で評価し合う。

最後には、発表したことを基に、ユニセフのサイトにある行動宣言に投稿するための文を書きまとめる。

スピーチについてグループで交流する 3 では、本時までに確認した各生徒の学習状況に基づいて、習熟の程度が多様なメンバーでグループを指定し、個々の生徒がより活発にコミュニケーションできるようにする。

本時の展開 ▷▷▷

 1 One Minute Speech をする

前回まとめたことを基にして、「SDGs 達成に向けて、自分たちに何ができるか」という内容についてペアで 1 分間伝え合う。活動後、数名を意図的指名し、伝える順番やより分かりやすい伝え方を再確認する。

2 自分の原稿、スピーチを見直す

自分の原稿を、グループで見直し、相手に伝わる内容であるか確認する。また、意図的に組まれたグループで確認する前に、ペアでスピーチの練習をするとともに、タブレット端末で動画を撮影し、視聴することで、客観的に自分の姿を見直せるようにする。

2 3 自分の原稿を見直し、グループ交流をする

1 One Minute Speech：Topic "What can you do for SDGs?"

2 Write：スピーチ原稿を作成しよう。

3 Speech：グループごとで行動宣言を発表し合おう。　※一緒に撮影もしましょう。

Name	具体性	説得力	現実性
	A･B･C	A･B･C	A･B･C
	A･B･C	A･B･C	A･B･C
	A･B･C	A･B･C	A･B･C
	A･B･C	A･B･C	A･B･C
	A･B･C	A･B･C	A･B･C

4 Write：ユニセフのサイトにあるSDGsを達成するための行動宣言に投稿する文を書こう。

（例）I am interested in the food problem. I didn't know the fact that there are many children in the world facing the food problem. What can we do for them?
I can't do big things for them. We have to do something to help them. I will eat all the food. If we could do it, the situation would be better than now.

3 グループ交流をする

より活発な活動となるよう、習熟度などに応じて意図的に組んだグループでスピーチ活動を行う。スピーチの様子は、評価ができるようにタブレット端末で記録させる。また、説得力のある話し手は誰であるかという視点を聞き手に与え、聞くポイントを意識して聞けるようにする。

4 本時の振り返りをする

ユニセフのサイトにある SDGs を達成するための行動宣言に投稿できるように、単元を通して学んできたこと、考えてきたことを基に書きまとめる。また、考えがどのように変わっていったか、単元最初と比較させ、成長を実感させる。

本単元の Key Activity

SDGs達成に向けて、自分たちができることを提案しよう

活動の概要

第11時では、自分たちができることをより説得力をもって提案するために、自分たちができることを具体的に伝え合う。生徒は、興味のあるSDGsを、イメージしやすい写真やプレゼンテーションで示しながら、やり取りをする。ただ「～することができる」と伝えるだけでなく、根拠をもち、具体例を提示しながら、より説得力のある提案を目指す。問題の事実や原因、感想、解決するための方法を伝え合うことができるようにしたい。

活動をスムーズに進めるための３つの手立て

①教師のモデル
生徒がどのようなことを伝えればよいか見通しをもち、やり取りできるようにする。

② SDGsについてのプレゼン
自分の興味のあるSDGsや達成する上での問題点が分かる写真の準備をしておく。

③中間指導
説得力のある提案をするために、話す内容や伝え方を指導する。

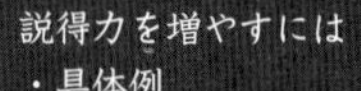

活動前のやり取り例

ALT：Do you remember the message? Look at this! What do you think?

JTE：I think many people don't know SDGs. We should know SDGs more. We learned about SDGs. We can tell about the meaning of SDGs. What can you do for SDGs?

ALT：I'm interested in SDGs. I think food problem is a big problem. In the world a lot of food are thrown away every year. You know, about 1.3 billion of food. It's terrible. So I can eat all. And don't order too much at restaurants.

JTE：Wow, it's a wonderful idea. I think recycling is a big problem. In my city, we can put many things into a garbage bag. It's not a good way. We have many things to recycle and reuse. So, I should know what can be recycled and will be reused. Everyone, what can you do?

活動前のやり取りのポイント

SDGsのために何ができるかについて、まずはJTEとALTのやり取りを見せる。そのやり取りの中で、問題だと思う行動の具体例、数値を示すなどして、相手に説得力のある提案や、身近でできることを話すようにする。やり取りの際は、写真や大型モニターなどで、写真を示しながら行うと、生徒の理解も進むだろう。

活動のポイント

SDGs 達成に向けて、自分たちができることを提案し合うことで、よりよい世界にするために、自分にできることがあり、それを実践していく意欲を高めたい。また、仲間の提案を聞くことで、自分が気付かなかった身近でありながら、簡単に実践できることを知ることができる。ALT がいる場合は最後に ALT に聞いてもらい、発表を聞いてどのように思ったか、説得力のある発表になったかコメントをもらう。

メイン活動

Look at this picture.
This action is not
difficult. It can help …

活動のやり取り例

S1：What can do you for SDGs?
S2：I can talk about the SDGs with my family and friends.
S1：Why do you think so?
S2：I have heard about SDGs on TV many times. Many people don't know the fact of SDGs. Before learning Unit 6, I didn't know about SDGs. So, I want to tell them to my family and friends. For example, 6.12 million tons of food are thrown away in Japan every year. It is the first step for SDGs to know. How about you?
S1：I think food problem is a big problem. It's because …

活動後の振り返りのポイント

対話を通して、出し合った提案を ALT の前で説明させ、説得力のあるものになっているか評価をする。具体的な例を提示しているか、自分たちができる現実味のある提案になっているか、自分の考えや思いを伝えられているかというポイントで振り返りを行わせたい。

1
時間

Let's Talk 3

どちらがよいか自分の意見を伝えよう

本時の目標

食品の選択に対して、相手の意見を受けて、自分の立場を明らかにしながら、自分の主張を述べることができる。

準備する物

・ワークシート
・リーディング教材
・ティーチャー・トーク用のプレゼンテーション

【指導に生かす評価】

◎本時では、記録に残す評価は行わないが、目標に向けて指導を行う。生徒の学習状況を記録に残さない活動や時間においても、教師が生徒の学習状況を確認する。

本時の言語活動のポイント

本時の最初の活動であるSmall Talkでは、「映画を見るなら映画館？それとも家？」について話す。やり取りをする前に、映画館派、家派のそれぞれの意見を読み、それらを参考にして、自分立場をはっきりさせ、どちらがよいか意見を伝え合う。

ティーチャー・トークでは、ALTがスーパーマーケットで国産か海外の野菜のどちらを買えばよいか分からないという状況を設定し、自分の立場を決め、どちらがよいかをALTに伝える活動を設定し、話す必然性を作り出す。

2 **3** のやり取りでは、相手の意見を受け入れることを、特に大切にしていきたい。そのうえで、自分の立場を明らかにして、主張できる活動にしたい。このようなやり取りの基本を理解することがStage Activity 3のディベートでの議論の基礎的な力を育成することにつながる。

本時の展開 ▷▷▷

1 Small Talkをする

「映画を見るなら、映画館？それとも家？」というお題で、Small Talkの前に、資料を読んで、自分の立場を決めて、読んだことや自分の考えを基に、ペアで対話し合う。対話の前には、JTEとALTがそれぞれの立場で意見を言う。

2 ティーチャー・トークを聞く

ALTからスーパーマーケットに買いに行ったときに、日本産のものと外国産のもののどちらを買えばよいのか分からないという話題を出し、ペアで即興的にやり取りをさせる。そして、どちらを買うべきかALTに意見を伝えようという課題化をする。

2 ティーチャー・トークを聞いて、やり取りをする

活動のポイント：JTE と ALT のやり取りから、どのようなことが言えそうかイメージをもたせ、生徒を巻き込みながらティーチャー・トークを行う。

ALT：Which is better to buy, domestic vegetables or imported vegetables?
JTE：I always buy cheaper vegetables. So imported vegetables are better for me. Domestic vegetables are more expensive than imported vegetables. Which vegetables do you often buy?
ALT：I choose imported vegetables. But some Japanese people buy domestic vegetables. Why?
JTE：Do they have any good points? Everyone, what do you think? Which is better to buy, domestic vegetables or imported vegetables?

上記のようなやり取りをしながら、自分事として捉えさせ、「自分の家族では…」などの意見が出るようにしたい。また、なぜ、そのような立場なのか、根拠や具体例を出させながら、説得力のある主張にさせたい。

3 ペアでの対話をしながら、自分の考えをまとめていく

ペアとの対話をしながら、自分の考えをまとめていく（2回）。中間交流では、国産野菜派、輸入野菜派の意見を3人ほど聞く。教科書の STEP 2を取り入れ、意見を補強する。また、Tool Box の表現を用いて相手の主張を受け入れながら、自分の主張をする練習をする。

4 自分の話したことや、考えたことを書きまとめる

ペアで対話したことを基に、国産野菜と輸入野菜のどちらがよいか自分の立場をはっきりさせ、具体的な理由を交えて書きまとめる。最後には、チャレンジタイムとして、ALT にどちらがよいか自分の意見を伝える機会を設ける。

1時間

Let's Listen 6

中学校生活の思い出について伝え合おう

本時の目標

中学校生活の思い出のスピーチを聞いて、概要を理解し、スピーチの構成を考えながら、中学校生活の思い出について伝えることができる。

準備する物

・ワークシート
・ティーチャー・トーク用のプレゼンテーション

【「聞くこと」における記録に残す評価】
◎スピーチの内容や構成を理解している（知・技）。
◎伝わりやすいスピーチにするために、スピーチを聞いて概要を理解している／しようとしている（思・技／主）。

Today's Aim: What is your
Small Talk
Best Memory in Junior High School
School Trip
Shopping
Good Hotel
Shinkansen
Akashiyaki

本時の展開 ▷▷▷

1 Small Talk をする

JTE と ALT の心に残る中学校生活の思い出についてのやり取りを見せ、どのような内容を話しているか理解させる。話題は生徒がなじみのあると考えられる部活動や修学旅行などを扱う。ペアでの対話の後、どのような話題が出たかを全体で交流する。

2 STEP を聞いたり、読んだりする

1、2回目は、スピーチを聞き、日本語でメモを取り、内容理解中心に行う。3回目は、内容を伝えるために、どのような表現が用いられたかを聞き取る。内容、表現を交流後、スピーチ原稿を配付し、構成や表現に注目させる。

板書のポイント：生徒がどのように伝えればよいかわかるように示す。

best memory in junior high school?

Brain Stroming

- Sports Festival
- School Festival
- Field Trip
- Term Exams

Structure
①Name
②Best Memory
③Episode
④Impressions and thoughts
⑤Summary

My Best Memory in JHS
Name

3 自分の中学校生活の思い出について話す

スピーチの構成を基に、自分の思い出についてマッピングを作る。マッピングを基にペアで対話をする（2回）。中間交流では、伝えたくても伝えられない表現を交流したり、自分で調べたりする時間をとる。

4 中学校生活の思い出について書きまとめる

ペアで対話したことを基に、「卒業文集に載せるあなたの中学校一番の思い出」というお題で、思い出について書きまとめる。書きまとめたものは、簡単な卒業文集のような形にして、全員に配る。書ききれない場合は、卒業前の学級活動の時間などで完成させたい。

Stage Activity

3 Let's Have a Mini Debate

（4時間）【中心領域】話すこと［やり取り］、書くこと

＋Let's Read 2（4時間）／Let's Read 3（4時間）

単元の目標

物事を論理的・多角的に考え、説得力のある主張をできるようにするために、"Japan is a good country to live in." という論題についてディベートを行い、主張とその理由を明確にしながら話したり、意見文をまとめたりすることができる。

単元の評価規準

知識・技能	思考・判断・表現	主体的に学習に取り組む態度
・Unit 6までの学習事項を用いた文の形・意味・用法を理解している。 ・Unit 6までの学習事項を用いて、ある論題について賛成・反対の立場を決めて、主張とその理由を明確にしながら、意見を伝え合う技能を身に付けている。	・物事を論理的・多面的に考えて説得力のある主張ができるようになるために、社会的な話題について書かれた文章を参考に、賛成・反対の立場を決めてグループでディベートを行い、論点に沿った主張をしている。	・物事を論理的・多面的に考えて説得力のある主張ができるようになるために、社会的な話題について書かれた文章を参考に、賛成・反対の立場を決めてグループでディベートを行い、論点に沿った主張をしようとしている。

単元計画

第1時（導入）	第2時（展開①）
1．単元の見通しをもち、論題についての意見文を読もう デジタル教科書（教材）に搭載されている映像資料を通して、ディベートの目的や進め方について理解を深める。 次に、論題についての意見文を読み、賛成と反対の立場の意見を理解する（STEP 1－1）。また、論題に対する様々な英文を読み、どちらの立場の意見にあたるのかを考える（STEP 1－2）。	**2．ディベートで使える表現を学び、使いこなせるようにしよう** ディベートで使える表現（Word Room ❸－①）をくり返し音読し、実際の活動で使えるようにする。 次に、論題の内容に当てはめて、実際のディベートの手順で英文をくり返し音読する。 そして、論題を Word Room ❸－②の4つに変え、ペアで様々な表現を練習する。 最後に、次時のディベートに向けて、グループの中で役割分担を行い、論題についての意見メモを作成する。

指導のポイント

Unit 6までの学びを生かし、“Japan is a good country to live in.” という論題について、ディベートを行う。外国語学習を通して、日本や海外の生活について理解を深めてきた生徒たちにとって、日本の生活を見つめ直すよい機会になる。ここでは、論題について、賛成派と反対派に分かれて主張し合うことで、論理的思考力・表現力を高めたい。単元の導入では、デジタル教科書（教材）に搭載されている映像資料を通して、ディベートについて理解を深め、学習の見通しをもつ。その後は、ディベートで使える表現をくり返し音読し、実際の場面で使いこなせるようにしていく。単元後半では、グループ内で各立場の意見を深め、質疑応答もできるように準備する。第3時の後半から、実際にディベートを進め、説得力のある意見を主張できるようにする。ディベートの様子は、毎回タブレット端末で撮影し、次に活かせるようにするとともに、自らの表現力の伸びを実感できるようにしたい。ディベート後には、論題について主張と理由を明確にして、意見文をまとめるよう指導したい。

評価のポイント

第1・2時では、ディベートの流れを理解し、ディベートで使う表現を使いこなせるようになっているかを見取る。第3時では、実際にディベートを進めていく様子をタブレット端末で撮影し、活動後に視聴することで、よさや改善点を明確にし、次時に活かすことができるようにしていく。また、学級全体でも次時に向けての改善点を焦点化し、よりよい活動になるように方向付ける。単元終末においても、パフォーマンスをタブレット端末で撮影し、第3時と見比べることで、生徒の学習調整力を評価するようにする。また、意見文については、説得力のある主張ができているかという内容面と単元前半に学習した表現を使いこなせているかという言語面で評価したい。

第3時（展開②）	第4時（終末）
3．それぞれの役割を理解して、ディベートをしよう 授業前半は、グループ内でディベートの準備を進める。それぞれの立場の意見を整理し、誰がどのような意見を主張するのかを決める。また、それぞれの意見メモを交換して、反論意見を考える。主張および質疑応答の練習が終わったところで、司会と審判の進め方を練習する。 授業後半は、それぞれの役割に分かれて、実際にディベートを進める。ディベートの様子をタブレット端末で撮影し、活動後に視聴することで、次時の活動に生かすことができるようにする。 記録に残す評価【や】 知 主	**4．前時の活動を生かしてディベートを行い、意見文を書こう** 前時に行ったディベートの映像を見て、よさや改善点を共有する。前時の役割を交代して、ディベートの準備を進め、実践する。その様子をタブレット端末で撮影する。終了後に、前時と本時のパフォーマンスを見比べ、表現力の伸びを実感できるようにする。 授業後半では、ディベートの内容を踏まえて、論題についての意見文を書く。活動途中で、中間交流を入れて、気付いたことをアドバイスし合い、より説得力のある文章になるようにする。授業の最後には、書き上げた英文をグループで回し読みをする。 記録に残す評価【書】 思 主 Let's Read 2：4時間 記録に残す評価【や】 知 思 主 Let's Read 3：4時間 記録に残す評価【読】 知 記録に残す評価【書】 思

※ Stage Activity 3の全ての授業終了後に、Let's Read 2（4時間）・Let's Read 3（4時間）を行う。

第1時

単元の見通しをもち、論題についての意見文を読もう

本時の目標

ディベートの目的や進め方を理解し、論題についての意見文を読みながら、賛成派・反対派それぞれの意見を整理することができる。

準備する物

・デジタル教科書（教材）
・ワークシート

【指導に生かす評価】

◎本時では、記録に残す評価は行わないが、目標に向けて指導を行う。生徒の学習状況を記録に残さない活動や時間においても、教師が生徒の学習状況を確認する。

ワークシート活用のポイント

論題についての意見文を読む際には、「日本での生活のよさ（Good Points）」「日本での生活の不便さ（Not Good Points）」の２つに筆者の考えを分類させるようにする。個人での読み取り・まとめを終えた後、ペアで情報共有を行い、内容理解を確かめる。最後に、全体の場で、筆者の意見を分類し、内容を整理する。

次に、教科書に示された様々な意見文を読み、論題に対して、賛成の意見なのか、反対の意見なのかを明確にする。また、意見に対する反論を分類する。早く終わった生徒には、論題についての他の理由や意見に対する反論を考え、自由に記述させる。賛成・反対の双方の立場から考えさせることで、今後の活動に生かすことができるようにする。

本時の展開 ▷▷▷

1 映像資料を通して、ディベートについて理解を深める

まず、生徒たちに “Do you know debate? What is a debate?” と問い、ディベートについて知っていることを自由に発言させる。その後、デジタル教科書（教材）の映像資料を見せる。それを通して、ディベートの目的や進め方について理解を深める。

2 論題についての意見文を読み、内容を理解する

教科書 p.102の “Living in Japan” を聞かせ、概要を把握させる。その後、文章をくり返し読ませながら、ワークシートを活用して、賛成派・反対派の意見の要点を個人でまとめさせる。その後、ペアで情報共有をし、内容理解を深める。最後に全体の場で確認する。

1～4 ディベートについて理解を深める

Stage Activity 3

Let's Have a Mini Debate ①

Class(　　　) No.(　　　) Name ＿＿＿＿＿＿

Today's Aim
（例） ディベートの目的や進め方を知り、論題についての意見文を読もう。

1 Memo：ディベートとは何だろう。分かったことをメモしよう。

（例） 賛成側、反対側、判定（審判）に分かれて行う。

2 Reading：論題についての意見文を読み、内容を整理しよう。

Good Points	Not Good Points
・日本食はすばらしい（すし、天ぷら、すきやき） ・文房具の種類が多く、カラフル ・多くの人が親切で助けてくれる	・満員電車を我慢しなければならない ・大都市の家は小さすぎる ・学生は同じ服（制服）を着なくてはいけない

◈ 他にも説得力のある理由を考えてみよう！

"Japan is a good country to live in." に対して	Opinion
Agree ・ Disagree	
Agree ・ Disagree	
Agree ・ Disagree	

◈ 他にも説得力のある反論を考えてみよう！

どの意見に対して？（番号）	Opinion

3 Feedback：今日の学習で身に付いたことや努力したこと、これからの学習で頑張りたいことなどをまとめよう。

① ディベートの目的や進め方を理解することができましたか。　Very good・good・not bad・terrible
② 論題についての意見文の内容を読み取ることができましたか。　Very good・good・not bad・terrible
③ 自分なりに考えた主張を書くことができましたか。　Very good・good・not bad・terrible

3 様々な意見文を読み、賛成派・反対派に分類する

教科書 p.103の様々な意見文を「賛成派」「反対派」に分類する。その際には、分類した根拠を明確にするように伝える。その後、考えられる反論を選択肢の中から選ぶ。これらの活動も生徒の理解度によってペアでの活動にしてもよい。

4 他に考えられる意見をまとめ、本時の振り返りをする

こんな意見も考えられるといいと思うよ。

論題について、他に考えられる意見を英語で簡単にまとめさせる。その後、ペアで自分の意見を伝え合う。次時では、意見や理由の述べ方、事例のあげ方などを学ぶことを伝える。最後に、ワークシートに本時の学習の振り返りを書く。

ディベートで使える表現を学び、使いこなせるようにしよう

本時の目標

ディベートで主張する表現や質問する表現、反論する表現を知り、それらの表現を使いこなすことができるようにする。

準備する物

・黒板に示す英文例
（文量が多いため、簡単に貼れるものを用意するとよい）

【指導に生かす評価】
◎本時では、記録に残す評価は行わないが、目標に向けて指導を行う。生徒の学習状況を記録に残さない活動や時間においても、教師が生徒の学習状況を確認する。

Stage Activity 3　Let's

Today's Aim　ディベートで使

① 主張するとき

意見を述べる

・I think that Japan is a good
・In my opinion, Japan is not a

理由を述べる

・I think that Japan is a good
because the food in Japan is
・I have three reasons.　First,
Second, a great variety of
Third, the food in Japan is

例を述べる

・For example,
・Let me give you an example.

本時の展開 ▷▷▷

1 フラッシュカードを用いて新出語句をくり返し練習する

フラッシュカードを活用して、新出語句をくり返し練習する。練習の仕方としては、教師の後に続けて音読する Chorus Reading、個人の速さで音読する Buzz Reading などを行う。他にも、生徒に順番に音読させ、その後に続いて生徒全員に音読させる方法もある。

2 Word Room ❸を使ってディベートで使える表現を確認する

「主張するとき」「質問するとき」「反論するとき」の表現を確認する。ここでは、単に文型を示すだけでなく、前時に扱った論題に合わせた英文を提示するのがよい。その後は、文型をしっかりと定着させるために、くり返し音読させる。

Have a Mini Debate

える表現を使いこなせるようにしよう

country to live in.
good country to live in.

country to live in,
Fantastic.
many people are friendly.
things are sold in Japan.
Fantastic.

② 質問するとき

- I have a question about your opinion.
- What do you mean by …?
- What do you think about …?
- You said that …, but don't you think that ～?

③ 反論するとき

- I see what you mean, but ….
- That may be a good point, but ….
- You may be right, but ….
- It's also important to consider ….

3 Word Room ❸の表現を使って、意見・理由・例などを伝える

論題について、ペアで賛成側・反対側を決め、学んだ表現を活用しながらそれぞれの立場から主張を伝える。その後、その意見に対する質問や反論も行う。実際に学んだ表現を活用させることで、実際の活動につなげていく。論題はWord Room ❸－②に変えてもよい。

4 次回のディベートに向けた役割分担をする

次回のディベートに向けて、グループで賛成側・反対側を決める。また、他グループのディベート運営をする場合の司会・審判も決めておく。その後、それぞれの立場の意見メモを作成し、準備を進める。

第3時

それぞれの役割を理解して、ディベートをしよう

本時の目標

"Japan is a good country to live in." という論題について、グループでディベートを行い、主張とその理由を明確にしながら話すことができる。

準備する物

・タブレット端末
・ワークシート

【「話すこと［やり取り］」における記録に残す評価】

◎聞き手に分かりやすく適切な英語を話している。（知・技）
◎疑問点を進んで質問したり反論したりしようとしている。（主）

本時の言語活動のポイント

ディベートは、1グループ4～6人の6グループで行う。仮にグループをA～Fとすると、右図のような順序で進めていくとよい。例えば、「前半のディベート」では、A, B, Cグループ内を賛成派・反対派に半数ずつ分け討論を行う。D, E, Fグループでは、司会担当と審判役に分けディベートの進行や判定を行う。

初めてのディベートになるため、円滑に進まないことが想定されるが、できる限りグループの仲間と協力しながら生徒自身の力でディベートを進めさせたい。今回の活動を通して、自分たちの課題を明確にし、第4時の活動につなげていけるようにする。

また、ワークシートを工夫し、相手の意見をメモできる欄を設け、どの意見に対して、どんな質問や反論をするのかを明確にするとともに、具体的な英文を書けるようにする。

本時の展開 ▷▷▷

1 それぞれの立場で主張する意見を整理する

前時の最後に書いた意見メモを参考にしながら、「賛成側」「反対側」それぞれの立場で、誰がどんな意見を主張するのかをグループ内で話し合って決める。また、相手側の意見メモを交換して質問や反論意見を考え、整理する。

2 司会と審判の進め方を確認する

教科書 p.104の Step 3を活用しながら、司会と審判の進め方を確認する。具体的にどのような英語表現を使って進行するのかを確認し、くり返し練習する。その後、グループ内で、司会役と審判役を決めておくようにする。

3 4 グループでディベートをする

活動のポイント：すべての生徒が討論、司会・審判を経験することができるように、グループ編成や時間配分をあらかじめ決めておく。また、作戦タイムの時間を効果的に活用させる。

〈タブレット端末の活用〉

・全てのディベートをタブレット端末で録画しておき、次時の活動に生かすことができるようにしたい。

〈作戦タイムの充実〉

・質疑応答・反論の時間を充実させるためにも、相手側の主張を必ずメモするようにさせる。それを基に、作戦タイムでは、「誰がどの順番でどんな質問をするのか」「相手のどの主張にどんな反論をするのか」を明確に決めておくように指導する。

【前半のディベート】

【グループA】	【グループB】	【グループC】
賛成・反対討論	賛成・反対討論	賛成・反対討論
【グループD】	【グループE】	【グループF】
司会・審判	司会・審判	司会・審判

【後半のディベート】

【グループD】	【グループE】	【グループF】
賛成・反対討論	賛成・反対討論	賛成・反対討論
【グループA】	【グループB】	【グループC】
司会・審判	司会・審判	司会・審判

3 グループごとに役割分担をしてディベートを行う

意見メモを参考にしながら、相手を見ながら話すことを大切にしたい。また、質疑応答や反論意見を充実させるために、相手の意見を注意深く聞いて、必ずメモを取っておくようにする。そして、作戦タイムでは、グループで協力して質問や反論意見を考えさせる。

4 本時の振り返りをする

タブレット端末で録画したディベートの様子を見返して、本時の頑張りと課題を明確にし、ワークシートに振り返りを記入する。また、教師による活動の評価も伝える。次回は、本時の反省を生かしてさらに充実したディベートにしていくことを伝える。

前時の活動を生かしてディベートを行い、意見文を書こう

本時の目標

“Japan is a good country to live in.” という論題について、グループでディベートを行い、自分の意見を分かりやすくまとめることができる。

準備する物

・タブレット端末
・ワークシート

【「書くこと」における記録に残す評価】
◎理由や事例を挙げながら、論題についての主張を読み手に分かりやすく書いている。（思・判・表）
◎論題についての主張を読み手に分かりやすく書こうとしている。（主）

ワークシート活用のポイント

ディベートに関しては、「自分たちの主張」「予想される相手側の主張」「相手側への質問・反論」を書く欄を設けておく。その際には、誰が話すのかを明確にしておくように指導する。（自分が話す部分には☆を付けるなどすぐ見て分かるように工夫する）また、相手側の主張をメモする欄を作っておく。

意見文については、書き終わった後に自分でしっかりと見直すことができるように、チェックリストを載せておく。また、回し読みした際に、コメントを書いた付箋紙を貼れるような欄を作っておく。生徒によっては、本時で意見文を書き終えることが難しいことも予想されるため、その場合は家庭学習として仕上げさせる。そして、次時にグループで回し読みする。

本時の展開 ▷▷▷

1 前時のディベートの様子を見て、よさや改善点を共有する

前時に撮影したディベートの様子を見て、よさや改善点をグループ内で明確にする。その後、全体の場で、優れたパフォーマンスをしていたグループの様子を提示する。意見の主張をする際には、根拠を明確にすると説得力が増すことを確認する。

2 前時の役割を交代して、ディベートを行う

役割を交代し、前時と違う立場でディベートを行う。ディベートを行う前には、準備の時間を設け、誰がどんな意見を主張するのか作戦を明確に決める。ディベート中は、相手の意見を注意深く聞き、メモすることを意識させたい。

2～4 ディベート～意見文の作成

Stage Activity 3 **Let's Have a Mini Debate ③**

Class(　　　) No.(　　　) Name ＿＿＿＿＿＿

Today's Aim
（例） ディベート大会を開き、説得力のある主張をしよう。

1 **Speaking：ディベートに向けた準備をしよう。**

☆ 2回目の役割 → 賛成側 ・ (反対側)

《自分たちの主張》 誰が何を話すのか明確にしておこう！

(Cさん) Crowded trains ⇒ I can's stand.

(Dさん) Houses ⇒ too small
especially in big cities

《予想される相手側の意見》
Ⓒに対して
電車が混むのは都会だけ。
地方はそんなに混んでいない。
Ⓓに対して
あまり広すぎるとそうじが大変。
日本の家庭ちょうどよい広さ。

《相手側への質問・反論》
Ⓒ都会に住む人にとっては我慢するのは大変。
Ⓓ大家族にはせまい。
都心で大きな家を建てることは難しい。

意見メモ・作戦メモ

2 **Writing：論題に対する自分の意見をまとめよう。**

【Let's check!】 書き終わった人は、確認しよう！
□ まず、自分の立場(賛成・反対)を明確にしていますか？
□ 主張を裏付ける理由や事例を挙げていますか？
□ 英語のつづりや文法的なミスはありませんか？

《仲間からのコメント》

3 **Feedback：今日の学習で身に付いたことや努力したこと、これからの学習で頑張りたいことなどをまとめよう。**

①	根拠を明確にして説得力のある主張をすることができましたか。	Very good · good · not bad · terrible
②	相手側の意見に対して質問や説得力のある反論をすることができましたか。	Very good · good · not bad · terrible
③	理由や事例を挙げながら説得力のある意見文を書くことができましたか。	Very good · good · not bad · terrible

【本単元の学習を振り返って】

3 議論を踏まえて、論題に対する意見文を書く

"Japan is a good country to live in." という論題について、立場を明確にした上で、意見文を書く。その際、理由や事例を具体的に述べながら書くように指導する。また、ディベートで出てきた様々な意見を参考にして、説得力のある意見文になるようにしたい。

4 書いた意見文を回し読みし、学習の振り返りをする

書き上げた意見文をグループで回し読みする。その際、読んだ感想（よさや改善点など）を付箋紙に書いて、書き手に返すようにする。その後、数名の生徒に意見文を発表させて、クラス全体で多様な意見を共有する。最後に学習の振り返りをワークシートに記入する。

Let's Read 2

日本が抱えている問題について知り、自分の意見をもとう

本時の目標

単元を貫く課題を理解し、日本が抱えているエネルギー問題に対する自分の考えをもつことができる。

準備する物

- ワークシート
- ティーチャー・トーク用のプレゼンテーション
- Small Talk 用の電気を使うものの写真

【指導に生かす評価】

◎本時では、記録に残す評価は行わないが、目標に向けて指導を行う。生徒の学習状況を記録に残さない活動や時間においても、教師が生徒の学習状況を確認する。

本時で使用するワークシート

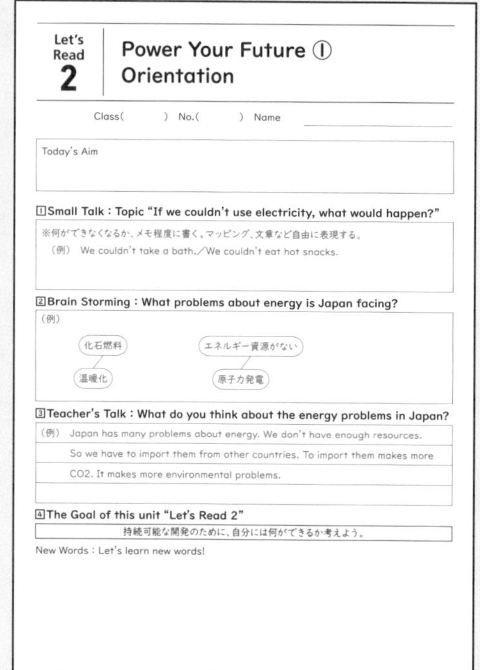

Let's Read 2

Power Your Future ①
Orientation

Class(　　　) No.(　　　) Name

Today's Aim

1 Small Talk : Topic "If we couldn't use electricity, what would happen?"

※何ができなくなるか、メモ程度に書く。マッピング、文章など自由に表現する。
（例） We couldn't take a bath.／We couldn't eat hot snacks.

2 Brain Storming : What problems about energy is Japan facing?

（例）
化石燃料 — 温暖化
エネルギー資源がない — 原子力発電

3 Teacher's Talk : What do you think about the energy problems in Japan?

（例） Japan has many problems about energy. We don't have enough resources.
So we have to import them from other countries. To import them makes more
CO2. It makes more environmental problems.

4 The Goal of this unit "Let's Read 2"

持続可能な開発のために、自分には何ができるか考えよう。

New Words : Let's learn new words!

本時の展開 ▷▷▷

1 Small Talk をする

「もし、1週間電気がなくなるなら、どんなことが起こるか」というお題をペアで対話をする。対話後、全体で意見交流をし、電気があるからこそ、今の便利な生活ができていることを意識させ、Let's Read 2を読む意欲を高める。

2 ティーチャー・トークをする

日本が抱えているエネルギー問題に関わるブレイン・ストーミングをする。他教科で学んだ知識を生かし、どんな問題があるかを共有する。教師の日本のエネルギー問題に関わるプレゼンテーションを聞き、自分の考えや今の自分を見つめる。

1 Small Talk をする

活動のポイント：Let's Read 2の中心の話題である「電気」についてやり取りを行い、我々の生活を支えているものがほぼ電気を使うものばかりだと気付かせる。

Which other electric products are there in our daily lives?

【生徒の意見例】

・We cannot use our smartphones.
・We cannot play video games.
・We cannot watch TV.
・We cannot spend my time at night.

【教師の声かけ】

・If we couldn't use electricity, what would happen?
・Electricity makes our lives comfortable.
・What electric products do we use in our daily lives?（生徒の答えに対して）Anything else?
・Can we enjoy our lives without electricity?

3 日本のエネルギー問題への考えを伝え合う

ティーチャー・トークで聞いたことを受け、自分の考えをペアで伝え合いながら、自分の考えを構築させていく。その後、現段階で全体交流を行い、どんな意見をもっているか共有する。対話を終えた後には、自分の考えや意見を簡単に書きまとめさせる。

4 ワードリストを使って、必要な語彙を学ぶ

単元で必要となる単語をワードリストを使って確認する。最初は①リピート②一人読み③ペア読みと段階的に新出単語に慣れ親しませる。状況によっては、日本語から英語、活動に必要な語彙をたくさん出し、慣れ親しませる。

第2時

Let's Read 2

日本が抱えている問題を説明しよう

Today's Aim How can we

Teacher's Talk

How to make electricity.

本時の目標

日本が抱えているエネルギー問題について、エネルギー源の長所や短所、解決するための自分の考えや、意見を交えて説明することができる。

準備する物

- ワークシート
- ティーチャー・トークに使うエネルギー源の写真

【指導に生かす評価】

◎本時では、記録に残す評価は行わないが、目標に向けて指導を行う。生徒の学習状況を記録に残さない活動や時間においても、教師が生徒の学習状況を確認する。

本時の展開

1 ティーチャー・トークを聞く

電気を作るためにどんな方法があるかを生徒とやり取りをしながら、風力発電、火力発電、原子力発電などの発電方法があることをおさえ、“What are their good points and bad points?” と問いかけ、本時の課題化を図る。

2 本文内容を理解する

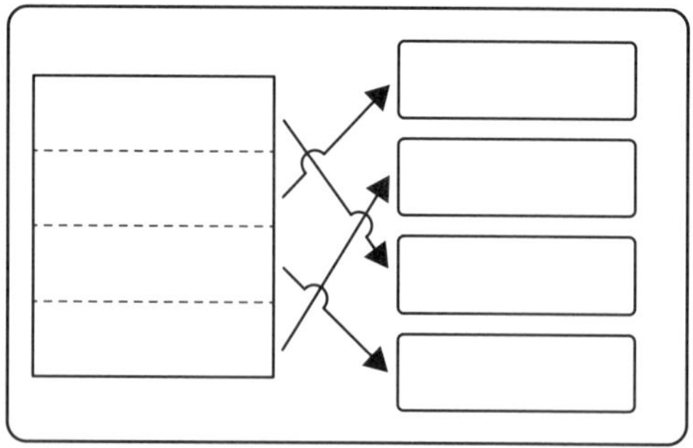

第１～５段落で Title Matching を行い、大まかな概要をつかませる。その後、エネルギー源の長所と短所の空欄を埋め、教科書の表を完成させる。視覚的に理解しやすくさせるために、本文中に長所は赤、短所は青で下線を引かせる。

板書のポイント：ワークシートの流れと同じものを再現し、どのような学びをしたかわかるようにする。

make electricity for our future?

Title Matching

・Can you imagine your life without no electricity?

教科書を段落ごとに分割し拡大したものを貼る

・Good and bad points of using fossil fuels.

教科書を段落ごとに分割し拡大したものを貼る

・Nuclear power has good and bad points.

教科書を段落ごとに分割し拡大したものを貼る

・Renewable energy is being used in many countries.

教科書を段落ごとに分割し拡大したものを貼る

・Some examples of research in other renewable energies.

教科書を段落ごとに分割し拡大したものを貼る

Energy Resource	Good points	Bad points
Fossil fuels	・ ・They can be used for many things.	・They may run out of them in 100 years. ・
Nuclear power	・Nuclear power produces a large amount of energy. ・	・It is difficult to control radiation. ・
Water power	・Water is renewable. ・	・

What can we do for energy problems?

・We should know the good points and bad points.
・Don't use energy too much.
・We should think of nature.
・We should use clean energy.

3 日本が抱えている問題について、自分の考えを伝え合う

読み取ったことを基に、写真を用いながら、日本が抱えている問題、それぞれのエネルギー源の長所や短所、それに対する自分の考えを伝え合う（2回）。中間交流では、「それらの問題を解決するために何が必要？」と問いかけ、新たな思考を促す。

4 本時のまとめと振り返りをする

話したことを用いて、日本が抱えているエネルギー問題に対する事実と、それに対する自分の考えを書きまとめさせる。2名ほど、意図的に指名し、問題を解決するために、日常生活から、見直していくことが大切であることを認識させる。

第3時

Let's Read 2

ジャマロバの発明を紹介しよう

本時の目標

ジャマロバが発明したものの概要を読み取り、発明品に対する自分の考えをもち、自分たちにできることを考えることができる。

準備する物

- ワークシート
- Small Talk で使う世界の一次エネルギー自給率の写真

【指導に生かす評価】

◎本時では、記録に残す評価は行わないが、目標に向けて指導を行う。生徒の学習状況を記録に残さない活動や時間においても、教師が生徒の学習状況を確認する。

本時で使用するワークシート

Fill out the blanks：ジャマロバが作成したものについてまとめたメモです。
空欄を埋めましょう。

発明品	（　　雨　　）から電気を作る装置
機能	・（　　50秒　　）の間、（　22個のLED　）に動力を供給することができる。 ・たった7リットルの（　　雨水　　）しか使用しない。 ・バッテリーは、後で使用する電力を（ 保存する／ためる ）ことができる。 ・値段は（　　高くない　　）。 ・（　　電力線　　）でさえも必要としない。

③Memo：What can you do as a consumer of electricity?

（例） We must not use electricity too much.

④Activity：Let's share your idea.

⑤中間交流

⑥Write：Let's write your impressions and what you can do to save electricity in our daily life.

（例） We usually use much electricity.
If there were no electricity, I couldn't live a comfortable life.
I think that we depend too much on electricity.
When we don't watch TV, we should turn it off.

（2枚目）

本時の展開 ▷▷▷

1 Small Talk をする

教科書 p.108にある世界の一次エネルギー自給率のグラフを提示し、それを見て分かったことや、それに対して思ったことをペアで対話する。

対話後は、どのような事実が分かったかと、それに対する考えを全体交流する。

2 本文内容を理解し、リテリングする

Title Matching を行い、その後第6段落のジャマロバさんが発明したものの長所について線を引かせる。ワークシートの表を完成させ、概要理解ができたところで、ジャマロバさんの発明品について写真を使いながら長所とジャマロバさんに対する自分の考えをペアで伝え合う。

2 ジャマロバの発明品のリテリングと自分の考えを伝える

活動のポイント：ジャマロバの発明品の写真を使いながら、長所について説明し、さらに、ジャマロバさんについて自分が思うことを伝える。

【生徒の伝える内容（例）】
Look at this picture. She is Reyhan Jamalova, a young inventor. When she was fifteen, she invented this machine. It can power 22 LED lamps for 50 seconds. It has a battery too. It is not expensive. I think she is great. She made the machine to help poor people. I can't make the machine like her, but I want to do something for people.

リテリングの後に、教師が "Is there anything we can do for a sustainable energy in the future? We may not make the machine like her. But we can do something for the future! Let's think about it!" と言い、次は自分たちができることを考えさせる。

3 電気を節約するために、日常生活で何ができるか伝え合う

What can you do to save energy?
I can turn off the switch when I don't use it.

電気を節約するために、日常生活でどんなことができそうか、ペアで対話をする。対話をしながら、自分にできることについて考えを深めていく。中間交流では、どのような行動が可能かについて理解を深める。

4 本時の振り返りをする

3 で話したことを用いて、電気を節約するために、日常生活でできること、ジャマロバさんに対する気持ちを書きまとめる。単元の最終活動では、未来のために、自分たちは何ができるかというお題でスピーチすることを伝える。

第4時

Let's Read 2

持続可能な開発を目指して、自分たちができることを伝えよう

本時の目標

本文の内容に基づき、自分は未来のために、今何をすることができるかを考え、意見を述べたり、書いたりすることができる。

準備する物

・ワークシート
・タブレット端末

【「話すこと［やり取り］」における記録に残す評価】

◎持続可能な開発を目指すために未来のために何ができるか、事実や具体例を出しながら、伝えることができる（知・技）（思・判・表）（主）。

本時で活用するワークシート

Let's Read 2　Power Your Future ④

Class(　　　) No.(　　　) Name

Today's Aim
（例） Let's talk about things that you can do for Sustainable Development!

1 Teacher's Talk
2 One Minute Speech：Topic "What can you do in daily life for sustainable development?"
3 Write：スピーチ原稿を作成しよう。

4 Speech：グループごとで未来のために何ができるかを発表し合おう。
※一緒に撮影もしましょう。

Name	具体性	説得力	現実性
	A·B·C	A·B·C	A·B·C
	A·B·C	A·B·C	A·B·C
	A·B·C	A·B·C	A·B·C
	A·B·C	A·B·C	A·B·C
	A·B·C	A·B·C	A·B·C

5 Write：Let's write your actions to power of future.

Our Actions can make the world brighter!
（例） What can we do in daily life for sustainable development? I think we should walk and use our bicycle everywhere. If we use our cars, they will make CO2. Walking and riding a bicycle is good for our health too. It's not difficult. There are many things we can do in our daily lives to save the earth.

6 Review：単元を通して、できるようになったことを振り返ろう。

本時の展開 ▷▷▷

1 ティーチャー・トークを聞く

日本が抱えている問題を復習することや、単元の最初に話した電気が1週間なければどうなるかというテーマを思い出させ、未来のために、持続可能な開発をするために、自分たちができることを考えることを再度意識付けをする。

2 One Minute Speech をする

"What can you do for sustainable development?" というお題で、自分の意見を1分で伝える。伝える前に、少考える時間を与え、即興的に話せるようにさせたい。活動終了後、生徒を指名し、なぜ大切なのかを問いかけ、深く考えさせたい。

3 スピーチの内容を深める対話活動、グループ活動

活動のポイント：今まで学習してきた日本が抱える問題や根拠を示すことで、説得力をもって、持続可能な開発のために自分たちにできることを伝えることができる。

★交流のポイント★

単に、自分たちにできることを伝えるのではなく、なぜそう考えたのか、なぜその行動をすることが持続可能な開発につながるのか、そして、その行動をすることによってどんなよいことがあるのかという説得力をもたせる視点をもたせ、交流をさせる。

"Why do you think so?"

"What are good points of the action for sustainable development?"

"Please tell me some examples."

3 スピーチ原稿を作り、ペアやグループで伝え合う

One Minute Speech で伝えたことを基にして、簡単なスピーチ原稿を作成させる。完璧なものを作るのではなく、仲間との対話の中で、伝える内容を再考し、意見を深めていけるようにする。

4 本時の振り返りをする

ALT に「持続可能な開発を目指して、今できること」を伝え、フィードバックをもらう。また、伝えたことを基に、書きまとめる。世界に住む同学年の人たちへのメッセージという相手意識をもたせる。

第1時

Let's Read 3

Steve Jobsのメッセージを読み取ろう

本時の目標

Steve Jobs のスピーチを読み、「自分自身を信じること」、「自分のすることを愛すること」、「自分の人生を生きること」の3つのメッセージがあることに気付き、理解することができる。

準備する物

・ワークシート

【「読むこと」における記録に残す評価】

◎「自分自身を信じること」、「自分のすることを愛すること」、「自分の人生を生きること」の3つのメッセージを読み取っている(知・技)。

ワークシート活用のポイント

2 Picture Ordering は以下の手順で行う。

①読む前に、それぞれの絵が何を表しているか確認する。例えば、Bは膵臓であるが、sick や cancer という平易な言葉で膵臓ガンだと理解させる。CはApple がたくさんのフォントを開発したことを表している。many kinds of fonts や calligraphy という言葉を導入していく。

②一度読み終わった後に、生徒と確認する。C→B→Aと答えるだろうが、「よく分からない」と言う子どももいるだろう。Cは何を表しているか考える。

③ "You could use only one font, but now we can use different types of fonts because of Apple." と補足を入れ、理解につなげていく。

本時の展開 ▷▷▷

1 Small Talk をする

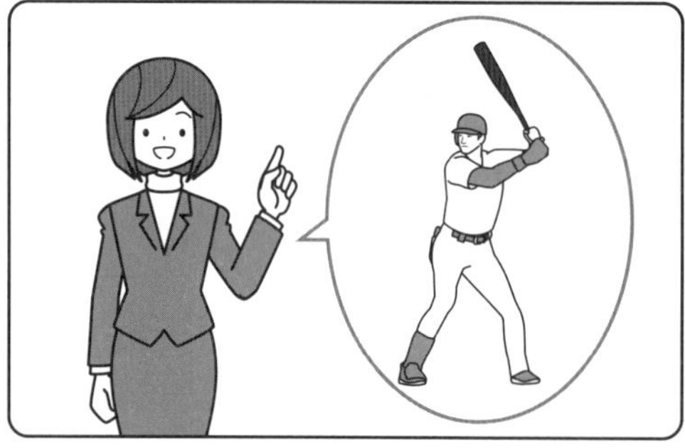

"Who do you look up to?" という話題で Small Talk をする。JTE から "Do you have a person you look up to? I look up to Ohtani Shohei, because he always tries his best. He has been a great player. How about you?" と話題提起をし、偉人について意見を交流する。

2 ウォーミング・アップをした後に課題化する

Steve Jobs の写真を見せ、"Do you know him?" と問う。生徒から "Steve Jobs!" と引き出したら、"What was he doing?" と問い、"He was making a speech at Stanford University. What did he say? What was his message?" と課題を導入する。

3 Steve Jobs のスピーチの内容理解を深める

2 **Picture Ordering** （ C → A → B ）

A.

B.

C.

ABCDEFG HIJKLM NOPQRS TUVWXYZ	ABCDEFG HIJKLM NOPQRST UVWXYZ
ABCDEFG HIJKLMN OPQRST UVWXYZ	*ABCDEFG HIJKLMN OPQRSTU VWXYZ*

イラストの意味がつかみづらい場合は、What does this picture mean? など、生徒に問いかけていく。それぞれが３つのメッセージと関連することに気付かせたい。

3 ワークシートの 1 2 をする

1 では実際の Steve Jobs のスピーチ動画を１分ほど見せ、いくつストーリーがあるか見通しをもてるようにする（動画サイトなどで視聴できる）。一度で難しければもう一度聞かせ、３つのメッセージがあることに生徒が気付けるようにする。

4 ワークシートの 3 4 をする

ワークシートにあるように、“So here's my advice to you.” の後にメッセージがあることに気付かせ、下線を引くように指導する。どの部分が大切かを読み取らせたい。

例）1 Trust yourself./ 2 You must love the thing you do./ 3 Live your own life.

第2時

Let's Read 3

Steve Jobsの人生についてまとめよう

本時の目標

Steve Jobs の人生について読み取る活動を通して、"Stay Hungry. Stay Foolish." の名言に込められた意味に気付き、Steve Jobs のスピーチから学んだことを表現できる。

準備する物

・ワークシート

【「書くこと」における記録に残す評価】
◎Steve Jobs のスピーチから学んだことを表現できている（思・判・表）。

Let's Read 3 A Graduation

Greeting | Today's Aim:

when
After high school
When he was (④ 20)
When he was 30
(⑨ 2004)
2005

本時の展開

1 課題化する

What do these words mean?

前時の "Stay Hungry. Stay Foolish." を想起させ、"What do these words mean?" と問う。「あきらめないことが大切？」などのつぶやきから、"Why did he say 'Stay Hungry. Stay Foolish'?" と課題化する。

2 ワークシートの 1 で Life Table を完成させる

"About a year ago"
だから…

教科書をもう一度読み、Steve Jobs の半生を表にまとめる。板書内⑨の「2004」は教科書に直接書いていないが、"About a year ago" という表現に着目させ、ガンの発覚がスピーチの1年前だと気付かせる。生徒の実態に合わせ、読み取らせるポイントをしぼってもよい。

Gift from Steve Jobs

Why did he say "Stay Hungry. Stay Foolish."?

what
He attended (① college).
He loved the (② artistic) posters at ①.
He learned (③ calligraphy).
He dropped out ①.
He and Woz started (⑤ Apple).
⑤ grew into a big company with (⑥ 4,000) employees.
He was (⑦ fired), and made a company, (⑧ Pixar).
His doctor found that Jobs had (⑩ cancer).
He made a speech at Stanford University.

Greeting

6 : A, B, C, D

Speaking Time

What did you learn from his speech?

Writing Time

3 ワークシートの 2 英問英答をする

"Why did he say 'Stay Hungry. Stay Foolish.'? Choose all." に答える。

ワークシートでは、A～D 全てが答えに該当するため、生徒は戸惑うかもしれない。この問題を通して、Jobs のメッセージに気付かせたい。

4 Speaking Time → Writing Time スピーチから学んだこと

スピーチから学んだことを話したり、書いたりする。2 や教科書の英語表現を有効に活用させ、自分自身の感想を英語で書けるようにする。

例）I learned that I have to look for the thing I love. I've not found it yet, so I will try to find one.

Let's Read 3

ALTにSteve Jobsのメッセージを伝えよう

本時の目標

Steve Jobs のメッセージについて ALT に紹介する活動を通して、メッセージとその裏にある経験を伝えるとよいことに気付き、3つのメッセージをその裏にある経験とともに表現することができる。

準備する物

・タブレット端末

【指導に生かす評価】
◎本時では、記録に残す評価は行わないが、目標に向けて指導を行う。生徒の学習状況を記録に残さない活動や時間においても、教師が生徒の学習状況を確認する。

本時の言語活動のポイント

リテリングは生徒に表現を定着させるための非常に有用な学習方法である。理由は以下の3点である。

・内容が分かっていなければ、話すことはできないので、内容理解がより深まる。
・教科書の表現を用いて、自分の言葉として話すことで、教科書の重要表現が生徒に記憶される。
・音読などは生徒にとっては「練習」であるが、リテリングというゴールがあることで、音読練習を行うことにも必然性が生まれる。

ただし、リテリングにも必然性がなければ真の意味での「言語活動」とは言えない。目的・場面・状況を適切に設定し、生徒が主体的に活動に向かえるようにしたい。

本時の展開 ▷▷▷

1 ALT の要望を聞き、課題化する

ALT から "I've never heard Steve Jobs's speech. What did he say?" と投げかける。「自分自身を信じること」「自分のすることを愛すること」といった生徒のつぶやきを受け、"Can you talk in English?" と投げかけ、"Let's talk about Jobs's messages!" と課題化する。

2 1回目の Speaking Time → 中間交流→ Copy Reading

ペアの生徒に向かって Steve Jobs のメッセージを伝える。聞く側の生徒は、よく伝わったら "I see."、あまり伝わらなかったら "Tell me more." とコメントする。中間交流では、"Tell me more." と言われた生徒に振り返りをさせ、教科書表現に立ち戻る必然を生む。

2 3 4 教科書表現を自分の言葉として発信するリテリング

活動のポイント：教科書本文の表現から、生徒が主体的に必要な表現を選び取ってリテリングに生かすよう指導する。

まずは生徒にやらせてみる。ペアに向かって説明する上で、うまくいかないことに気付かせる。

その上で、使えそうな表現を教科書から見付け、どのように使うか考えさせる。１人に１台タブレット端末がある場合は、教科書の音声を聞き、練習する時間を設定することで、個別最適化を図ることもできる。

３つのメッセージについて説明できるようになったら、メッセージの裏にある Jobs の経験についても話す仲間のよさに気付かせ、メッセージを Jobs の経験とともに表現できるようにさせたい。

例）

He told us three stories.

First, we have to try many things. He tried calligraphy and he put it into the Mac.

Second, we have to look for the thing we love. He had a really tough time, but he never gave up.

3 2回目の Speaking Time →中間交流→３回目の Speaking Time

ペアを替え、Steve Jobs のメッセージを伝え合う。中間交流では、Steve Jobs の経験を伝えている仲間のよさを紹介し、経験を交えて紹介できるように教科書表現をリード・アンド・ルックアップで練習させる。３回目には、全員が “I see.” と言ってもらえるようにしたい。

4 Writing Time

Good experiences!
・He had a really tough time, but he never gave up. (Takuya)
Takuya wrote about Jobs' experience.

ALT に向けて Steve Jobs のメッセージを紹介する文章を書く。適宜、よい表現を板書し、参考にできるようにする。

例）・He had a really tough time, but he never gave up.

・He was told that he could not live long.

第4時

Let's Read 3

後輩に学校生活で学んだことを伝えよう

本時の目標

後輩に学校生活で学んだことを書く活動を通して、自分の経験を交えてメッセージを書くと伝わりやすくなることに気付き、経験を交えて後輩へのメッセージを書くことができる。

準備する物

・ワークシート

【「書くこと」における記録に残す評価】
◎経験を交えて後輩へのメッセージを書くことができている（思・判・表）。

本時の言語活動のポイント

書く活動は、いきなり始めるとうまく書けないであろうことが予想される。そこで、書く前にペアに内容を話す活動を行う。

1回目）まずは話してみる。

中間交流）メッセージとその裏にある経験を書くとよいことに気付く。
- When I was ～,（いつ）
- I couldn't ～.（経験）
- I was depressed.（感情）

などの表現を確認する。

2回目）メッセージとその裏にある経験について話す。

中間交流）言いたいけど言えない表現を共有する。

3回目）メッセージとその裏にある経験について話す。

中間交流）段落を用いて書くと分かりやすくなることに気付く。

本時の展開 ▷▷▷

1 課題化する→ Idea Mapping

"Now, you are going to graduate from this school. What message will you leave for your 後輩?" と投げかけ、5分間でアイディアをまとめる。楽しかったことや努力したことなど、広いイメージでまずはアイディアをふくらませる。

2 Speaking Time →中間交流の流れを2回行う

My message is …
Nice message!

1回目の Speaking Time に入る前に、聞く側に話す側のメッセージを評価するように指導する。よいメッセージだと思ったら "Nice Message!"、もっと説明が欲しいなら "Tell me more." と評価し、その理由も説明する。この評価が中間交流に生きるので、大切にさせる。

2 3 中間交流

活動のポイント：メッセージとその裏にある経験を書くとよいことに気付く。

〈例〉

JTE：Who's got "Nice message!"? Raise your hand, please.
(挙手している生徒を数名指名して)
What's the point?

S1 ：分かりやすいメッセージにすることが大切。

S2 ：そのメッセージがどんなエピソードに由来するかを話すとよいと思う。

JTE：Tell me more!

S2 ：部活で勝てなくて落ち込んでいたとき、友達が「あきらめるな！」と言ってくれて、大会ではいい成績を収められたから、「あきらめるな」が僕のメッセージです。

S3 ：そうか。(つぶやき)

JTE：S3?　何が「そうか」なの？

S3 ：経験を基にメッセージを伝えるということは、Jobs の手法に似ているなと思った。

JTE：That's right!　Let's talk about your message with your experience!

3 3回目の Speaking Time → 中間交流をする

3回目の中間交流では、段落を用いて書くと分かりやすくなることに気付かせたい。Steve Jobs のスピーチを見直し、「①経験→② Here's my advice to you. →③メッセージ」という流れになっていることに気付かせ、書くときに分かりやすく書けるようにする。

4 Writing Time

話した内容をメッセージカードに書きまとめる。生徒に共通した誤りがあれば、適宜指導を行う。また、書き始めと書き終わりを工夫している生徒の英文を黒板に貼り付けるなどして、紹介し、表現の幅を広げていく。

監修者・執筆者紹介

[監修者]
大城　賢
琉球大学教育学部名誉教授

琉球大学教育学部卒業。琉球大学大学院教育学研究科（教育学修士）修了。教育学部附属中学校・公立中学校・高等学校教諭として15年間勤務した後、沖縄国際大学総合文化学部教授、琉球大学教育学部教授を経て現職。教育学部附属中学校校長、同附属教育実践総合センター長、中教審初等中等教育分科会外国語専門部会委員、文部科学省研究開発学校企画評価会議委員、学習評価 WG 委員、英語教育強化地域拠点事業企画評価会議委員、学習指導要領（外国語活動）作成協力委員、学習指導要領解説（外国語活動編）作成協力委員など歴任。2017年度は、新学習指導要領解説書作成協力委員、小学校新教材開発検討委員、文部科学省「小学校外国語活動・外国語研修ガイドブック」執筆・編集協力委員、研究開発学校企画評価委員、日本児童英語教育学会副会長、小学校英語教育学会常任理事などを務める。

巽　徹
岐阜大学教育学部教授

上智大学文学部卒業。埼玉県公立中学校教員・長期研修教員（東京学芸大学）を経て渡英。英国教員資格 QTS(Qualified Teacher Status) 取得。英国デボン州 Tavistock College 勤務の後、2007年より岐阜大学教育学部勤務。専門は英語教育学。英語科教育法、英語コミュニケーション等を担当。文部科学省研究開発校、岐阜県英語教育強化地域拠点授業、鳥取県英語教育推進会議、愛知県英語教育改善プラン、滋賀県英語発信力育成事業、運営指導委員。主な著書に『アクティブ・ラーニングを位置づけた中学校英語科の授業プラン』（明治図書出版、2016）、『New Horizon English Course』『New Horizon Elementary』（編集委員、東京書籍）

[執筆者] ＊執筆順。所属は令和４年２月現在

		[執筆箇所]
河合　美保	岐阜大学教育学部附属小中学校教諭	Unit 0／Unit 1
國枝　秀祐	岐阜県岐阜市立長良中学校教諭	Unit 2／Let's Read 3
中村　　満	鳥取県鳥取市立北中学校教諭	Unit 3
三上　佳彦	愛知県稲沢市立治郎丸中学校教諭	Stage Activity 1／Let's Read 1／Stage Activity 2／Stage Activity 3
田中　真由子	岐阜県岐阜市立陽南中学校教諭	Unit 4
花木　柾哉	愛知県一宮市立丹陽中学校教諭	Unit 5
宮川　拓也	岐阜県岐阜市立陽南中学校教諭	Unit 6／Let's Read 2

『イラストで見る全単元・全時間の授業のすべて　外国語　中学校３年』付録資料について

本書の付録資料は、東洋館出版社ホームページ内にある「マイページ」からダウンロードすることができます。なお、本書のデータを入手する際には、会員登録および下記に記載しているユーザー名とパスワードが必要になります。入手の方法は以下の手順になります。

【東洋館出版社 HP】

URL https://www.toyokan.co.jp　　東洋館出版社　検索

❶「東洋館出版社」で検索して、「東洋館出版社オンライン」へアクセス

新規会員登録　ログイン

会員登録済みの方は「ログイン」、会員登録がまだの方は「新規会員登録」をクリック

❷会員者はメールアドレスとパスワードを入力後「ログイン」。非会員者は必須項目を入力後「アカウント作成」をクリック

アカウントにログイン

新規会員登録

❸マイアカウントページにある「ダウンロードギャラリー」をクリック

クリック

❹対象の書籍をクリック。下記記載のユーザー名、パスワードを入力

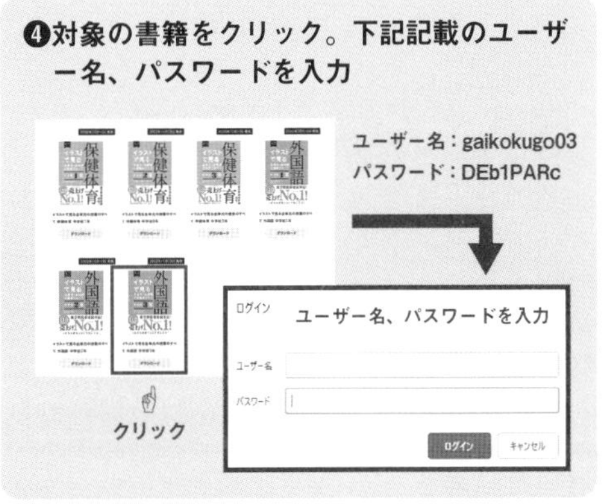

【使用上の注意点および著作権について】

- リンク先にはパソコンからアクセスしてください。スマートフォンではファイルが開けないおそれがあります。
- PDFファイルを開くためには、Adobe AcrobatまたはAdobe Readerがインストールされている必要があります。
- PDFファイルを拡大して使用すると、文字やイラスト等が不鮮明になったり、線にゆがみやギザギザが出たりする場合があります。あらかじめご了承ください。
- 収録されているファイルは、著作権法によって守られています。
- 著作権法での例外規定を除き、無断で複製することは法律で禁じられています。
- 収録されているファイルは、営利目的であるか否かにかかわらず、第三者への譲渡、貸与、販売、頒布、インターネット上での公開等を禁じます。
- ただし、購入者が学校での授業において、必要枚数を生徒に配付する場合は、この限りではありません。ご使用の際、クレジットの表示や個別の使用許諾申請、使用料のお支払い等の必要はありません。

【免責事項・お問い合わせについて】

- ファイル使用で生じた損害、障害、被害、その他いかなる事態についても弊社は一切の責任を負いかねます。
- お問い合わせは、次のメールアドレスでのみ受け付けます。tyk@toyokan.co.jp
- パソコンやアプリケーションソフトの操作方法については、各製造元にお問い合わせください。

イラストで見る　全単元・全時間の授業のすべて
外国語 中学校３年
～令和３年度全面実施学習指導要領対応～

2022（令和４）年３月10日　初版第１刷発行

編 著 者：大城 賢・巽 徹
発 行 者：錦織　圭之介
発 行 所：株式会社東洋館出版社
〒113-0021　東京都文京区本駒込５丁目16番７号
営 業 部　電話 03-3823-9206　FAX 03-3823-9208
編 集 部　電話 03-3823-9207　FAX 03-3823-9209
振　　替　00180-7-96823
U　R　L　https://www.toyokan.co.jp

印刷・製本：藤原印刷株式会社

装丁デザイン：小口翔平＋後藤司（tobufune）
本文デザイン：藤原印刷株式会社
イラスト　：すずき匠（株式会社オセロ）

ISBN978-4-491-04792-8　Printed in Japan